Avenidas

Beginning a Journey in Spanish

Cuaderno de actividades y Manual de laboratorio

Patti J. Marinelli
University of South Carolina

Mirta Oramas
University of South Carolina

HEINLE & HEINLE

THOMSON LEARNING

Australia • Canada • Mexico • Singapore • Spain • United Kingdom • United States

HEINLE & HEINLE

★

THOMSON LEARNING ™

Avenidas
Cuaderno de actividades
Manual de laboratorio
Marinelli • Oramas

Publisher: Wendy Nelson
Senior Developmental Editor: Glenn A. Wilson
Senior Production & Development Editor Supervisor: Esther Marshall
Marketing Manager: Jill Garrett
Manufacturing Manager: Marcia Locke
Production/Editorial Assistant: Diana Baczynskyj
Compositor: Greg Johnson/Art Directions
Project Manager: Angela Castro
Illustrator: Len Shalanski, Dave Sullivan
Cover: Diane Levy
Printer: Patterson Printing

Text Credits

p. 39 "address" reprinted from *Floricanto en Azatlán,* with the permission of the UCLA Chicano Studies Research Center; **p. 58** "Sala de espera" reprinted from *El gato de Chesire,* Editorial Losada, S.A., Buenos Aires; **p. 89** courtesy of Leon Toia, Pablo Manriquez and Bill Trotter, Leona's, Chicago; **p. 94** "Las frutas maravillosas de la naturaleza" from *Imagen,* Casiano Communications, San Juan; **p. 101** "Pirulí" reprinted from *Obras incompletas,* with permission from Ediciones Cátedra, S.A., Madrid; **p. 122** "Las estatuas" reprinted from *El gato de Chesire,* Editorial Losada, S.A., Buenos Aires; **p. 138** "Para viajar sin problemas" from *Imagen,* Casiano Communications, San Juan; **p. 143** "Primer encuentro" reprinted from *La ilustre familia androide,* Ediciones Orion, Buenos Aires; **p. 146** from *The Larousse Spanish Dicitonary,* Havas Education & Reference, Paris; **p. 156** reprinted with permission from *¡Éxito!,* The Spanish weekly published by *The Chicago Tribune;* **p. 167** "El tiovivo" reprinted from *Los niños tontos,* Ediciones Destino, S.A., Barcelona; **p. 186** "Historia de horror" reprinted from *Tú,* courtesy of Editorial Televisa, Mexico City; **p. 188** "Romance de la niña negra" reprinted from *Sensemayá: La poesía nega en el mundo hispanohablante,* Ediciones Orígenes, Madrid; **p. 196** "Las virtudes de la siesta" reprinted courtesy of *Clara,* Barcelona; **p. 226** "Sila María Calderón" from *Éxito,* The Spanish weekly published by the Chicago Tribune; **p. 230** *Cajas de cartón* reprinted by permission of Francisco Jiménez; **p. 247** "Horarios en España" reprinted with permission from Escuela Internacional, Madrid; **p. 249** "El alojamiento" reprinted with permission from Escuela Internacional, Madrid

Photo Credits

p. 335 *(top)* courtesy of U.S. House of Representatives, *(bottom)* © Mario Ruiz/TimePix, Inc.

Printed in the United States of America.
2 3 4 5 6 7 8 9 10   07 06 05

For more information contact Heinle & Heinle, 25 Thomson Place, Boston, MA 02210 USA,
or you can visit our Internet site at http://www.heinle.com

ISBN: 0-8384-2314-0

Índice de materias

Cuaderno de actividades

Manual de laboratorio

Cuaderno de actividades

Primeros encuentros

Paso 1

Vocabulario temático: La clase de español

CA1-1 ¿Qué es? Here is a drawing of Alice's room in her dorm. Refer to it as you complete the following activities.

Primera parte: Alice is studying Spanish this semester. To help her remember new vocabulary words, she has prepared labels in Spanish for many of the items in her room. What words has she written on the numbered items below? Write the Spanish word, together with its correct article: **un, una, unos, unas.**

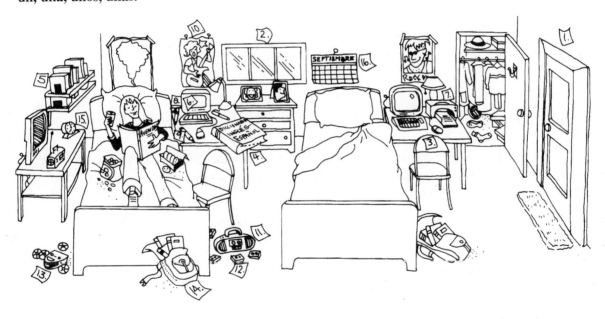

1. una puerta _____
2. _____
3. _____
4. _____
5. _____
6. _____
7. _____
8. _____

9. _____
10. _____
11. _____
12. _____
13. _____
14. _____
15. _____
16. _____

Segunda parte: Here are some additional labels that Alice has prepared. Write a number on the appropriate item in the drawing on page 1.

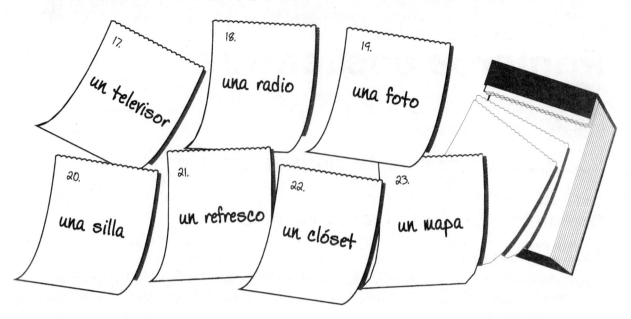

Tercera parte (opcional): You've decided to follow Alice's example and prepare labels for items in your own room. Use note cards or sticky notes to prepare the actual labels.

Vocabulario temático: La primera semana de clases

CA1-2 En clase. It's the first week of classes. What might these students and professors be saying to each other? Complete each short dialogue with a logical question or statement. Refer to the *Vocabulario temático* section in your textbook for ideas.

1. RAMONA: Hola. Soy Ramona Otero.

CRISTINA: _____.

RAMONA: Mucho gusto, Cristina.

2. GUILLE: _____.

EL PROFESOR: No pasa nada.

3. ANA MARIA: ¿_____?

LA PROFESORA: Estamos en la página 9 (nueve).

4. EL PROFESOR: ¿Hay preguntas?

LUIS: Sí, _____.

5. ALBERTO: ¿Cómo se dice *backpack* en español?

LA PROFESORA: _____.

6. LA PROFESORA: Ymañanavamosatenerunexamen.

MARCOS: ¡¡¡¿¿¿ _____ ???!!!

7. SANTIAGO: _____, profesora.

LA PROFESORA: De nada.

8. LA PROFESORA: Trabajen con sus compañeros.

ADALBERTO: ¿Tienes compañero?

CASANDRA: _____.

9. ADALBERTO: ¿Quieres trabajar conmigo?

CASANDRA: ¡_____!

Gramática: Los sustantivos y los artículos

CA1-3 Clasificaciones.

Primera parte: Here are some common nouns for people and things. Classify each one according to its gender and number by writing it in the appropriate column in the chart together with its definite article: **el, la, los, las.**

compañero	hojas de papel	profesora	libros
estudiantes	diccionario	sala	mesas
pizarra	mochilas	reloj	discos compactos

masculino singular	masculino plural	femenino singular	femenino plural
el compañero			

Segunda parte: What other nouns can you add to the chart? Write two additional noun phrases in each column of the chart.

Paso 2

Vocabulario temático: Para conocer a los compañeros de clase y a los profesores

CA1-4 ¿Formal o informal? On the first day of class you strike up conversations with a classmate, Susana, and with your professor. With whom should you use the following questions and expressions?

Primera parte: Examine carefully the list of questions in the box below and decide whether each is using the **tú** or **usted** form of address. Then write each question from the list under the appropriate drawing.

¿Cómo te llamas?	¿De dónde es?	¿De dónde eres?
¿Eres estudiante?	¿Dónde vives?	¿Cómo se llama Ud.?

Susana

el profesor Hill

_____

_____

_____

_____

_____

_____

_____

_____

Segunda parte: What else would you like to ask Susana and Professor Hill? Write one or two additional questions for each person under the corresponding drawing.

CA1-5 Primer encuentro. Bill Prince is a student at the University of Iowa. On the first day of class, he introduces himself to a classmate, Anita Robles. Use the information suggested in the drawing to write an original dialogue between Bill and Anita.

Primera parte:

Bill: _____ . ¿_____?

Anita: _____ .

Bill: _____ .

Anita: _____ .

Segunda parte:

Bill: ¿_____?

Anita: _____ . ¿_____?

Bill: _____ .

Vocabulario temático: Más datos, por favor

CA1-6 El abecedario. Do you remember learning the alphabet when you were a child? You probably learned phrases like "A is for Apple," "B is for Bear," etc. Carmen is writing a children's alphabet book in Spanish as a class project. Help her complete the following pages of the book by writing in the first blank the word for each picture and in the second blank the way the letter is pronounced.

MODELO: B b

borrador
be

1.
C c
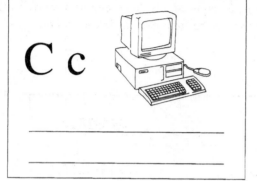

_____

_____

2.
D d

_____

_____

3.
G g

_____

_____

4.
L l

_____

_____

5.
M m

_____

_____

6.
R r

_____

_____

7.

S s

_____

_____

8.

V v

_____

_____

CA1-7 Los números de teléfono. Here are some emergency telephone numbers for San Juan, Puerto Rico. Write each number in words, dividing the number into pairs as in the model.

MODELO: Policía Emergencia 343-20-20
          tres-cuarenta y tres-veinte-veinte

🔥	**1. BOMBEROS**	**343-2330**
🏥	**2. CENTRO MÉDICO**	**754-3535**
🌐	**3. SERVICIO SECRETO FEDERAL**	**766-5539**
➕	**4. CRUZ ROJA AMERICANA**	**729-6785**
☠	**5. ENVENENAMIENTO**	**748-9042**
👁	**6. FBI**	**316-0915**

1. _____

2. _____

3. _____

4. _____

5. _____

6. _____

CA1-8 Datos, por favor. You have called the tourism office of Mexico to get some travel brochures, and the operator needs to get some information from you. Answer his questions in complete sentences. Write out all numbers in words (**cinco, tres, etcétera**) and answer requests for spelling by using the Spanish alphabet.

1. ¿Cuál es su nombre completo?

   _____

2. ¿Cómo se escribe su apellido?

   _____

3. ¿Cuál es su dirección?

   _____

4. ¿Cuál es su número de teléfono?

   _____

Gramática: Las oraciones, los pronombres personales, el verbo *ser*

CA1-9 Los pronombres y el verbo ser. Magda and her classmates are studying English in the United States for a year. Where is each person from? Using the cues and the list of capital cities below, write two sentences for each person. Follow the the model; write sentences using a subject pronoun and a form of the verb **ser**.

MODELO: mi amigo Wilfredo / Nicaragua
   Mi amigo Wilfredo es de Nicaragua. Él es de Managua.

CIUDADES:

Bogotá	**Managua**	**Lima**	**México, D.F.**
Santiago	**Buenos Aires**	**Madrid**	
Caracas	**Montevideo**	**San José**	

1. mi compañera Rosa / Chile

   _____

   _____

2. mis compañeras Anita y Beatriz / Colombia

   _____

   _____

3. mi compañero Alejandro / Argentina

   _____

   _____

4. mi amiga Olga y yo / México

   _____

   _____

5. mis compañeros Federico y Juan / Uruguay

_____

_____

6. mis amigos Roberto y Patricia / Perú

_____

_____

7. la profesora de la clase / España

_____

_____

8. el director del programa / Costa Rica

_____

_____

CA1-10 Tú, Ud. y Uds. You have decided to spend the summer studying Spanish in Mexico. Here are some questions that you might ask your new acquaintances during the first week of classes. How would you change each question to reflect the appropriate use of **tú**, **usted**, or **ustedes**? Complete each row of the chart by rewriting each question in the correct form of address for the people mentioned below.

Tu compañera de clase, Alicia	Tus compañeros, Luis y Ana	Tu profesora de español
1.	¿Cómo se llaman Uds.?	**2.**
3.	¿De dónde son Uds.?	**4.**
5.	**6.**	¿Es Ud. de Guadalajara?
7.	**8.**	¿Es Ud. profesora aquí?
¿Eres mexicana?	**9.**	**10.**
¿Eres de la capital?	**11.**	**12.**

Paso 3

Vocabulario temático: Cómo saludar a los compañeros y a los profesores

CA1-11 Situaciones. How should you respond in the following common classroom situations? Write your answers in complete sentences in Spanish. Refer to the *Vocabulario temático* in your textbook for ideas; note carefully the use of punctuation.

1. You walk into Spanish class and see one of your friends. To greet her and ask how she is doing, you say:

   _____

2. Your teacher walks into class. To greet him/her, you say:

   _____

3. Your teacher asks how you're feeling. You didn't sleep at all last night! You say:

   _____

4. After class, you say good-bye to the classmate you've been working with. You say:

   _____

5. The next afternoon, you walk into your teacher's office. You greet him/her and ask how he/she is by saying:

   _____

6. Your teacher asks how you're doing today. You reflect on the day's activities: not only did you get an "A" on your physics test, but you may have just met the man/woman of your dreams. You say:

   _____

Gramática: Los adjetivos

CA1-12 ¿Cómo están? How are these people probably feeling? Read each sentence and complete it with the most logical adjective. Be sure to use the appropriate adjective ending (masculine or feminine, singular or plural).

cansado	enfermo	nervioso	preocupado
contento	enojado	ocupado	triste

MODELO: Anita tiene *(has)* apendicitis.
Anita está *enferma*.

1. Inés y Gloria sacan *(get)* una "A" en el examen de biología. Están _____.

2. Iván necesita una operación. Sus padres *(His parents)* están _____.

3. Daniel tiene *(has)* un accidente en el auto de su papá. Daniel está bien, ¡pero *(but)* el auto, no!

   El papá de Daniel está _____.

4. Alberto y Adán tienen *(have)* un examen importante en la clase de anatomía. Su profesor es muy exigente *(demanding)*. Ellos están _____.

5. Es el aniversario de Wigberta y Paco, pero él no se acuerda *(doesn't remember it)*. Wigberta está _____.

6. El profesor Moreno tiene seis clases hoy *(today)* y necesita calificar *(correct/grade)* unas composiciones. Él está _____.

7. Ana y Miguel tienen mononucleosis. Están _____.

8. Sarita gana *(win)* $100.000 en la lotería. Está _____.

Gramática: El verbo *estar* en el presente

CA1-13 ¡Qué maravilla! You and your friends are spending the summer in South America. Read the scenarios describing the different places everyone is visiting. Find these places on the map and write sentences telling what country each person is in.

MODELO: Tú estás admirando *(are admiring)* las misteriosas líneas de Nazca. *Estoy en Perú.*

1. Tú y tu amigo están visitando la fabulosa ciudad colonial de Cartagena de Indias.

   _____

   _____

   _____

2. Tu amiga Sara está visitando las islas Galápagos.

   _____

3. Tus amigos José y Lina están explorando las ruinas de la ciudad inca Machu Picchu.

   _____

4. Tú estás admirando las gigantescas estatuas en la isla de Pascua *(Easter Island)*.

   _____

5. Tu compañero Rafael está visitando las cataratas *(waterfalls)* más altas del mundo *(world)*, el Salto del Ángel.

   _____

Integración

CA1-14 Conversaciones en el campus. The following conversations take place around campus during the first week of classes. Complete them with the most logical words from the list. Use each word only once.

1. Es el primer día de clases. Dos estudiantes hablan antes de la primera clase.

   me llamo   te llamas   soy   eres   yo   tú

   GRACIELA: Hola. Yo soy Graciela Martín.

   PATRICIA: Yo _____ Patricia López. ¿De dónde _____, Graciela?

   GRACIELA: De San Juan. ¿Y _____?

   PATRICIA: Yo _____ de Santurce.

2. Carlos y Rosita se conocen *(get to know one another)*.

   soy   eres   estoy   estás   vivo   vives

   CARLOS: ¿_____ estudiante en la universidad?

   ROSITA: Sí, _____ en mi primer año de estudios.

   CARLOS: Yo también. ¿Dónde _____?

   ROSITA: _____ en la residencia Snowden.

3. El profesor Bernal llega *(arrives)* a su oficina.

   estás   está   estamos   están   ellos   ellas

   SECRETARIA: Buenos días, profesor. ¿Cómo _____ hoy?

   PROF. BERNAL: Bastante bien, Teresa. ¿Y cómo _____ Ud. y su familia?

   SECRETARIA: _____ todos bien, gracias a Dios. Eh, Ud. tiene una reunión

   hoy con el profesor Murillo y la profesora Rossi.

   _____ ya *(already)* están en su oficina.

CA1-15 Entrevista. You have a job interview for a position in a summer camp for Spanish-speaking children. The administrative assistant talks with you first to record some basic information. Complete your conversation with her; write in complete sentences whenever possible.

SRTA. CALVO: Buenos días. ¿Cómo está Ud.?

    (1) TÚ: _____. ¿_____?

SRTA. CALVO: Bien gracias. Eh... Ud. está aquí para la entrevista del puesto que anunciamos *(the job announced)*, ¿verdad? ¿Cómo se llama Ud.?

    (2) TÚ: _____

SRTA. CALVO: Por favor, ¿cómo se escribe su nombre de pila?

    (3) TÚ: _____

SRTA. CALVO: ¿Y su apellido?

(4) TÚ: _____

SRTA. CALVO: Muy bien. Necesito algunos datos más para este formulario. ¿Cuál es su dirección?

(5) TÚ: _____

SRTA. CALVO: ¿Nació Ud. en los Estados Unidos?

(6) TÚ: _____

SRTA. CALVO: Muy bien. Y, por favor, ¿cuál es su número de teléfono?

(7) TÚ: _____

SRTA. CALVO: Bueno. Espere aquí *(Wait here)*, un momentito, por favor. Voy a llamar al director.

Un paso más

Vistazo gramatical

CA1-16 El viejo mundo. Where are these people from? What language do they speak? For each of the nationalities listed, write one sentence with the name of the country of origin and another with the language spoken there. Follow the model.

MODELO: francés
Los franceses son de Francia. Hablan (They speak) *francés.*

PAÍSES:

Alemania *(Germany)*
Dinamarca *(Denmark)*
Finlandia
Grecia *(Greece)*
Inglaterra *(England)*

Italia
Noruega *(Norway)*
Portugal
Suecia *(Sweden)*
Suiza *(Switzerland)*

1. inglés

_____

2. italiano

_____

3. alemán

_____

4. portugués

_____

5. suizo

_____

6. danés

_____

7. sueco

_____

8. noruego

_____

9. griego

_____

10. finlandés

_____

Rincón literario

Greguerías: Ramón Gómez de la Serna

Born in Madrid, Spain, in 1888, Ramón Gómez de la Serna wrote numerous novels, essays, and journal articles. His fame lies in his unique literary creation, the **greguería**. Sometimes called a miniature prose poem, a **greguería** is a prose image that presents a personal and often surprising or humorous commentary on reality. The subjects of **greguerías** range from the moon to women's stockings, and from life and death to love and mistrust.

CA1-17 Antes de leer: Recombinar. The English translations of six **greguerías** are presented below in scrambled order. Match the first half of each one (**Columna A**) to its proper conclusion (**Columna B**).

Columna A

_____ **1.** Large refrigerators are . . .

_____ **2.** One who has been x-rayed . . .

_____ **3.** Milk is . . .

_____ **4.** Only the deaf . . .

_____ **5.** Fleas make a dog . . .

_____ **6.** The worst thing about nudists is that . . .

Columna B

a. has been given an advance glimpse of the Last Judgment.

b. whipped sleep.

c. they stick to the chairs.

d. into a guitarrist.

e. can cure a liar.

f. like cages for polar bears.

CA1-18 Comprensión: Más greguerías. The following **greguerías** offer humorous images of some very familiar items. After reading them, complete their translations in English with an appropriate number, letter of the alphabet, or common object. Which of the greguerías correspond to these drawings?

El seis es el número que va a tener familia.

1. _____ is the number that is going to have a baby.

La **q** es la **p** que vuelve del paseo.

2. The _____ is a _____ on its way back from a walk.

Soda: agua con hipo.

3. _____: water with hiccups.

4 4 4 4: números haciendo flexiones gimnásticas.

4. _____: numbers doing deep knee bends.

La **i** es el dedo meñique del alfabeto.

5. The *i* is the little finger of the _____.

El libro es el salvavidas de la soledad.

6. A _____ is the life preserver of loneliness.

La **ñ** es la **n** con bigote.

7. The *ñ* is an *n* with a _____.

CA1-19 Después de leer: Mi greguería. Working with a classmate, write an original **greguería** in English about a number, letter of the alphabet, or classroom object.

_____

_____

_____

¡Vamos a escribir!

Estrategia: Filling out simple forms

Filling out forms seems to be one of the tasks people have to do on a regular basis, no matter where they are from! If you stop and think about the kind of information that is usually requested, it is generally not too difficult to complete most basic forms.

CA1-20 *People, en español.* There are dozens of magazines and newspapers published especially for Spanish speakers in the United States. Below you see a subscription form for one of these publications. Study the form and write down the Spanish equivalents of the following phrases. Then fill it out with your personal information.

1. Name (first name)_____
2. Last name _____
3. Address_____
4. City _____
5. State _____
6. Zip code _____
7. "Please bill me" _____

CA1-21 Más información, por favor. The publishers of *People, en español* magazine would like to know more about the readers of their magazine. Write a short paragraph describing yourself. Use the following questions as a guide.

¿Cómo te llamas?   ¿De dónde eres?   ¿Dónde vives ahora?   ¿Eres estudiante?

_____

_____

_____

_____

_____

_____

_____

_____

_____

_____

_____

_____

Atajo Software (CA1-21)

Vocabulary:
People, Personality
Grammar:
Adjective agreement; Adjective position; Verbs: **ser**, **estar**
Phrases:
Introducing, describing people

¡Vamos a mirar!

Vídeo 1: En el cibercafé

CA1-22 Anticipación. In this video segment you will meet Susana Martínez and Carlos Sánchez, two students from Ecuador. Before viewing the segment, answer the questions below.

1. ¿Con qué frecuencia usas una computadora para tus clases?

_____

2. ¿Tienes una computadora en casa? ¿en tu residencia o apartmento?

_____

3. ¿Hay un cibercafé en tu ciudad?

_____

CA1-23 Comprensión. Watch the video segment and complete the sentences with the correct information.

1. Carlos estudia en _____.

   a. la Universidad Católica del Ecuador

   b. la Universidad Central

2. Carlos está en el _____ año de estudios.

   a. primer

   b. segundo

3. Carlos estudia _____.

   a. psicología

   b. administración de empresas

4. Carlos necesita información para una clase de _____.

   a. psicología de adolescentes

   b. economía

5. Carlos es de _____.

   a. Quito

   b. Guayaquil

6. La señora en el cibercafé es la mamá de _____.

   a. Susana

   b. Carlos

Vídeo 2: Imágenes del mundo hispano

CA1-24 Preparación. The Spanish-speaking world is a kaleidoscope of cultures and peoples. In this video, you will catch glimpses of Spain and of many Central and South American countries as you learn a bit about their history. Before you watch the video, familiarize yourself with some of the key vocabulary by completing the activity that follows. Complete each sentence by choosing the most appropriate word from the list and writing it in the blank.

administrativos *administrative*   **mayoría** *majority*
gente *people*   **países** *countries*
idiomas *languages*   **península** *peninsula*
indígenas *indigenous, native*   **siglo** *century*

1. Respecto a la geografía, España y Portugal están en la _____ Ibérica.

2. El español y el portugués son _____ derivados del latín.

3. Cristóbal Colon (*Christopher Columbus*) viaja a las Américas en el _____ XV, precisamente en el año 1492.

4. Los aztecas y los incas son grupos _____ de las Américas.

5. Durante (*During*) el período colonial, España tiene tres centros _____ en las Américas.

6. La influencia africana es evidente en la _____ y en la cultura de Cuba y de la República Dominicana.

7. José de San Martín es el libertador de varios _____ —Argentina, Chile, Perú, Bolivia y Ecuador.

8. En la _____ de las naciones de América del Sur se habla español, pero en Brasil se habla portugués.

CA1-25 Comprensión: Observar y reconocer. The information in this video may be organized into five topics. Read the list of topics below and then watch the video. Indicate in which order the topics are presented by numbering them from 1 to 5.

_____ Los principales grupos indígenas de las Américas

_____ La independencia de los países hispanoamericanos

_____ La variedad *(variety)* cultural de las Américas

_____ Los centros administrativos durante el período colonial

_____ La extensión del español en el mundo *(world)*

CA1-26 Comprensión: ¿Qué recuerdas? What did you learn about the Spanish-speaking world in this video? Watch the video again and answer the questions below in English.

1. How did Spanish come to be the language for large parts of Central and South America?

_____

_____

2. In addition to the influence of Spain, what other influences are evident in the people and cultures of Central and South America?

_____

_____

3. Who were some of the leaders in the fight for independence in Central and South America?

_____

_____

Gramática: El verbo *tener;* más condiciones físicas y emocionales

CA2-2 El verbo *tener.* Amanda and her mother are talking with a neighbor about their respective families and friends. Complete their conversation with the appropriate forms of the verb **tener** in the present tense.

1. La vecina: ¡Qué grande *(How big)* está su hija!

   La mamá de Amanda: Sí, Amanda ya *(already)* _____ seis años.

2. La vecina: Ud. _____ otros dos hijos pequeños, ¿no?

   La mamá de Amanda: Sí, mi esposo y yo _____ tres hijos, Amanda y los gemelos Tomasito e Inés.

3. La vecina: ¿Cuántos años _____ Tomás e Inés?

   La mamá de Amanda: _____ tres años.

4. Amanda: Mamá, (yo) _____ hambre. Quiero un helado *(I want an ice-cream cone)*.

   La mamá de Amanda: Ahora no. Si *(If)* (tú) _____ hambre, te compro *(I'll buy you)* un sándwich.

5. La mamá de Amanda: ¿Por qué no nos acompaña *(Why don't you come with us)* al café para un sándwich?

   La vecina: Gracias, pero (yo) _____ que ir al hospital ahora. Mi amiga Rosalía está enferma.

CA2-3 Condiciones físicas y emocionales. You and two of your friends have decided to spend spring break in Puerto Rico. How do the three of you feel in the following circumstances during your trip? Respond to each situation by writing a complete sentence with a conjugated form of the verb **tener** and one of the following expressions:

tener... calor, frío, sed, hambre, prisa, sueño, miedo, razón, ganas de + *infinitive*

1. You and your friends have just stepped off the plane. It's a beautiful sunny day with a temperature of 88 degrees. Whew! Time to take off those heavy sweaters!

   (Nosotros[as]) _____

2. Your friends slept through breakfast on the plane and now they are starving. As they pass a **fonda** —a modest, local restaurant—the inviting aroma of **biftec criollo** *(steak)* and **tostones** *(fried plantains)* lures them in.

   (Ellos[as])_____

3. After several hours on the beach, the three of you are parched. The tall chilled glasses of mango and papaya juice are enticing to your dry lips.

   (Nosotros[as]) _____

4. After a quick shower, your friends decide to stay in the hotel for a nap, but you rush out to catch a taxi. If the traffic isn't too bad, you'll get to visit the Pablo Casals Museum before it closes for the day.

   (Yo) _____

5. After supper, the three of you go to a popular nightspot where a salsa band is playing. You can barely keep your feet still as you listen to the lively Caribbean and African rhythms.

(Nosotros[as]) _____

Gramática: La negación y las preguntas

CA2-4 Cómo contestar las preguntas de *sí/no*. Ricky Martin has been singing for a living ever since he was a teenager. Read the profile of this Latin pop singing sensation. Then answer the questions about him in complete sentences in Spanish.

R I C K Y   M A R T I N
Nombre completo: Enrique Martín Morales
Fecha de nacimiento *(birth)*: 24 de diciembre, 1971
Lugar de nacimiento: San Juan, Puerto Rico
Padres: Enrique Martín Negrón y Nereida Morales (divorciados en 1974)
Hermanos: Fernando, Ángel, Eric, Vanessa y Daniel
Lenguas que habla: español, inglés, portugués (y un poco de francés e italiano)
Puntos claves de su carrera:
  Cantante *(Singer)* principal en Menudo (1984–1989)
  Actor en *General Hospital* (1994–1996)
  Grammy: Best Latin Pop Performance (1999)

---

1. ¿Es Ricky Martin puertorriqueño? _____

2. ¿Tiene treinta años? _____

3. ¿Están separados sus padres? _____

4. ¿Tiene una familia pequeña? _____

5. ¿Tiene dos hermanos? _____

6. ¿Es multilingüe *(multilingual)*? _____

7. ¿Es cantante de música jazz? _____

CA2-5 Las preguntas de *sí/no*. You are living with a family in Bayamón, Puerto Rico, while taking Spanish classes at the university. What questions do you ask various members of your host family in the following situations? Before writing your questions, decide in each case whether it is appropriate to use the **tú, usted,** or **ustedes** form of address.

MODELO: You have just met your host family, Mr. and Mrs. Pérez. To make small talk, you ask if they are originally from Bayamón.
  ¿Son Uds. de Bayamón?

1. You wonder if Mr. and Mrs. Pérez have children.

  _____

2. Mrs. Pérez tells you they have a son, Dimichell, who is nineteen years old, and a daughter, Mayra, who is twenty-one. You ask if they are students.

  _____

Nombre _____ Fecha _____

3. You notice that Mr. Pérez is wearing scrubs. You ask if he is a doctor.

_____

4. While you are talking, Dimichell and Mayra walk in and you chat awhile. You'd like to invite them out for a cup of coffee. You ask them if they are busy.

_____

5. Dimichell has other plans, so you and Mayra go to the café without him. You'd like to order something to eat but don't want to eat alone. You ask Mayra if she's hungry.

_____

Paso 2

Vocabulario temático: ¿Qué te gusta hacer en tu tiempo libre?

CA2-6 Muchas actividades. What activities are depicted in the following drawings? Which of your family members and friends enjoy these pastimes? For each drawing, first write a phrase identifying the activity. Then list the people you know who enjoy that activity; write the names of the people and their relationship to you. If you don't know anyone who engages in a particular activity, write **nadie** *(nobody)* in the blank.

MODELO:

¿Qué? *practicar el tenis*
¿Quién(es)? *Yo; mi amiga Rosie; mi tía Maxine*

1.

¿Qué? _____

¿Quién(es)? _____

_____

2.

¿Qué? _____

¿Quién(es)? _____

_____

3.

¿Qué? _____

¿Quién(es)? _____

_____

4.

¿Qué? _____

¿Quién(es)? _____

_____

5.

¿Qué? _____

¿Quién(es)? _____

_____

6.

¿Qué? _____

¿Quién(es)? _____

_____

7.

¿Qué? _____

¿Quién(es)? _____

_____

8.

¿Qué? _____

¿Quién(es)? _____

_____

Gramática: Introducción al verbo *gustar*

CA2-7 Preferencias. What are your favorite pastimes? Complete the following activities.

Primera parte: How are the pastimes in each of the four boxes on page 27 related? Choose an appropriate title from the list below for each group of activities and write it in the space provided. Then complete the sentences with your favorite and least favorite activities mentioned in each box.

> Las actividades sociales en el campus
>
> Las actividades culturales y educacionales
>
> Las actividades deportivas
>
> Las actividades tranquilas

1.

_____

practicar deportes

correr

mirar deportes en la televisión

ir a los partidos de equipos *(teams)* profesionales

Me gusta _____.

No me gusta mucho _____.

2.

_____

ir a museos

mirar programas educativos en la televisión

escuchar música clásica

leer los clásicos de la literatura

Me gusta _____.

No me gusta mucho _____.

3.

_____

ir a fiestas

pasar tiempo con los amigos

bailar en un club

ir a los partidos universitarios de béisbol, básquetbol, etcétera

Me gusta mucho _____.

No me gusta _____.

4.

_____

navegar el Internet

leer revistas

pasar tiempo con la familia

mirar la televisión

Me gusta _____.

No me gusta mucho _____.

Segunda parte: A Spanish marketing organization, el Instituto Nacional de Consumo, recently completed a survey of 2,000 students from all over Spain. The graphic below summarizes the results of the survey question on favorite free-time activities. Analyze the data and answer the questions below with a word or two in Spanish.

▶ **Qué les gusta hacer en su tiempo libre**

Salir con amigos 25%
19% Deporte
Otras modalidades de relación 16%
8% Aficiones
4% Viajar
Dormir 4%
Estudiar 4%
4% Leer
Oír música 3%
1% Pasear
Ir al campo 1%
Otros

1. ¿Cuál es la actividad favorita de los estudiantes españoles?

   _____

2. ¿Qué porcentaje *(percentage)* de estudiantes practica tenis, fútbol, vóleibol, etcétera?

   _____

3. ¿Es más *(more)* popular leer o escuchar música?

   _____

4. ¿Estudian muchos estudiantes en su tiempo libre?

   _____

CA2-8 Me gusta. Write sentences that provide the following information. Use the expressions **(No) Me gusta…** and **(No) Me gustan…**

MODELO: tus deportes favoritos
   Me gustan el fútbol americano y el béisbol.

1. tus deportes favoritos

   _____

2. el deporte que menos te gusta *(that you like the least)*

   _____

3. una revista interesante

   _____

4. dos programas buenos en la televisión

_____

5. un programa malo en la televisión

_____

6. tu música favorita

_____

7. tus actores favoritos

_____

8. tu actividad favorita los viernes por la noche *(on Friday nights)*

_____

Gramática: Los verbos -*ar* en el tiempo presente

CA2-9 Las frases con los verbos -*ar*. You are talking with a new friend, Lorenzo, about how different people you know spend their free time. First, complete Lorenzo's statements and questions with a logical verb from the list; write this verb in its correct form in the present tense. Then answer his questions in complete sentences.

MODELO: LORENZO: Me gustan los deportes. (Yo) *practico* el fútbol con frecuencia. ¿Y tú?
¿*Practicas* el fútbol?
TÚ: *No, pero practico el básquetbol con frecuencia.*

coleccionar	montar	pasar
escuchar	nadar	patinar
mirar	navegar	practicar

1. LORENZO: Mis amigos y yo _____ el béisbol mucho. ¿Qué deportes

_____ tú y tus amigos?

TÚ: _____

2. LORENZO: Yo _____ música con frecuencia. Me gusta mucho la música reggae.

¿Qué tipo de música _____ (tú)?

TÚ: _____

3. LORENZO: Mis mejores amigos Edgardo y Jaime _____ el Internet por varias

horas al día, pero yo no. ¿_____ el Internet mucho tú y tus amigos?

TÚ: _____

4. LORENZO: Mi padre _____ partidos de fútbol en la televisión con frecuencia,

y mi madre _____ las telenovelas *(soap operas)*. Y tus padres,

¿_____ la tele mucho?

TÚ: _____

5. LORENZO: Mi hermano Hernando _____ en bicicleta mucho. También

_____ tarjetas de jugadores de béisbol *(baseball cards)*. ¿Cómo

_____ el tiempo libre tus hermanos?

TÚ: _____

CA2-10 Las preguntas con los verbos -ar. During your stay with the Pérez family in Puerto Rico, you try to find out interests that you have in common. What kinds of questions could you ask to discover some pastimes you all enjoy? First, write three appropriate questions that you might ask of either Dimichell, who is nineteen years old, or Mayra, who is twenty-one. Then write three questions you could ask Mr. or Mrs. Pérez. Choose a different expression from the list for each of your questions. Don't forget to use **tú** and **usted** appropriately!

bailar (en las discotecas, en los clubes, a la música salsa)

practicar (el fútbol, el béisbol, el básquetbol, el tenis, el golf)

coleccionar (carteles, discos compactos, tarjetas de jugadores de béisbol *[baseball cards]*, sellos *[stamps];* monedas *[coins]*)

patinar (en línea, sobre el hielo *[ice]*)

escuchar (la radio, música clásica, el jazz, el reggae, música rock)

mirar (películas de terror / de ciencia ficción / románticas / de aventuras / de acción)

montar (en bicicleta, a caballo, en motocicleta)

navegar el Internet

Preguntas para Dimichell o Mayra	Preguntas para el Sr. Pérez o la Sra. Pérez
Modelo: ¿Practicas el fútbol?	¿Escucha Ud. música clásica?
1.	**4.**
2.	**5.**
3.	**6.**

Paso 3

Vocabulario temático: Mis actividades

CA2-11 Actividades preferidas. We all have special preferences when it comes to what we eat, where we live, and how we organize our day. Rank the activities within each group from 1 to 4 according to your own preferences. Place a 1 by your most preferred option and a 4 by the least preferred. Then interview your roommate or best friend and indicate his/her preferences. How similar are your preferences?

El domicilio	Yo prefiero...	Mi amigo(a) / Mi compañero(a) prefiere...
vivir con mis padres / mi familia		
vivir en una residencia		
vivir solo(a) en un apartamento		
vivir en un apartamento con amigos(as)		

Las comidas (*meals*)	Yo prefiero...	Mi amigo(a) / Mi compañero(a) prefiere...
comer en las cafeterías universitarias		
comer en restaurantes de comida rápida		
comer con mi familia en casa		
preparar mis comidas		

El horario (*schedule*) de las clases	Yo prefiero...	Mi amigo(a) / Mi compañero(a) prefiere...
tomar clases por la mañana		
tomar clases por la tarde		
tomar clases por la mañana y por la tarde		
tomar clases por la noche		

Las tareas	Yo prefiero...	Mi amigo(a) / Mi compañero(a) prefiere...
escribir composiciones e informes (*reports*)		
trabajar en el laboratorio		
estudiar en la biblioteca		
trabajar con la computadora o en el Internet		

CA2-12 Emilia y Felipe. Emilia is very studious, while Felipe is a slackard. Read the following descriptions of their routines and write each verb in the present tense using the **yo** form. Then indicate who probably made each statement by placing a checkmark in the appropriate column.

	Emilia	Felipe
1. (Yo: Tomar) _____ seis asignaturas este semestre. ¡Me gustan todas mis clases!	❏	❏
2. (Yo: Aprender) _____ muchas cosas nuevas en mis clases; los profesores son interesantes.	❏	❏
3. (Yo) No (comprender) _____ bien en mis clases porque los profesores son horribles.	❏	❏
4. (Yo: Tener) _____ sueño en mis clases. Mis asignaturas no son interesantes.	❏	❏
5. (Yo: Estudiar) _____ en la biblioteca todos los días.	❏	❏
6. (Yo: Asistir) _____ a clase a veces. Debo asistir con más frecuencia pero estoy cansado.	❏	❏
7. (Yo: Vivir) _____ en una residencia en el campus; estudio con mis amigos después de clase.	❏	❏
8. (Yo: Regresar) _____ a casa tarde todas las noches. ¡Hay muchas fiestas en la universidad!	❏	❏

Gramática: Los verbos -er/-ir en el tiempo presente

CA2-13 Las formas de los verbos -er/-ir. Miguel Ángel is a student at the Universidad Internacional. He is writing a letter to his favorite aunt. Complete the missing parts of the letter with the most logical verbs in the list; write each verb in its appropriate form in the present tense. One of the verbs will be used twice.

aprender	comprender	escribir	tener
asistir	correr	estudiar	vivir
comer	deber	leer	

Querida tía:

¿Cómo estás? Espero que bien. Por aquí, yo estoy bien. Me gusta mucho la Universidad Internacional. (Yo) **(1)** _____ muchas cosas interesantes en mis clases y la vida social es fabulosa.

Mamá y papá están un poco preocupados porque *(because)* (yo) **(2)** _____ en una residencia. Mi compañero de cuarto se llama José y ya *(already)* somos buenos amigos. Todos los días, antes de clases, José y yo **(3)** _____ cinco o seis kilómetros en un parque cerca de la universidad. Luego *(Next)*, (nosotros) **(4)** _____ a

clases. Después de clases, (nosotros) **(5)** _____ en la cafetería. Por la tarde,

(nosotros) **(6)** _____ que estudiar y pasamos varias horas en la biblioteca. José

(7) _____ literatura; él **(8)** _____ mucho para sus clases y

(9) _____ muchas composiciones. Yo **(10)** _____ más asigna-

turas de ciencias y matemáticas.

Bueno, tía, tengo un examen de cálculo mañana y **(11)** _____ estudiar

mucho. ¡(Yo) No **(12)** _____ nada *(nothing, not anything)* en esa clase!

Recibe un abrazo muy fuerte de tu sobrino,

Miguel Ángel

CA2-14 Cómo contestar las preguntas. You have just started corresponding via e-mail with Carla, a Puerto Rican university student. She is very curious about your life on campus and in particular about your Spanish class. Here are some questions that she has asked you in a recent e-mail. Answer them in complete sentences in Spanish.

1. ¿Tomas muchas asignaturas este semestre?

   _____

2. ¿Te gustan tus profesores?

   _____

3. ¿Vives en el campus de la universidad?

   _____

4. ¿Comes en la cafetería?

   _____

5. ¿Asisten a clase todos los días tú y tus compañeros?

   _____

6. ¿Leen Uds. mucho para sus clases?

   _____

7. ¿Cómo se llama tu profesor(a) de español?

   _____

8. ¿De dónde es tu profesor(a)?

   _____

9. ¿Aprenden Uds. mucho sobre Puerto Rico en su clase?

   _____

10. ¿Comprende bien el español tu compañero(a) de cuarto también?

    _____

Gramática: Las preguntas

CA2-15 Las preguntas de información. Angela's parents are asking her about her life on campus. Read the conversational exchanges and complete each question with an appropriate interrogative word: **qué, cómo, de dónde, cuándo, etcétera.**

MODELO: —¿*Cómo* está tu compañera de cuarto?
        —No está bien. Está muy enferma. Tiene mononucleosis.

1. —¿_____ es tu compañera de cuarto?
   —Se llama Lucía Roja.

2. —¿_____ _____ estudias en la biblioteca?
   —Porque mi compañera de cuarto escucha música todo el día.

3. —¿_____ _____ es tu profesora de español?
   —No sé. Creo que *(I think that)* es de Cuba.

4. —¿_____ laboratorios tienes este semestre?
   —Tengo dos, uno de biología y otro de química.

5. —¿_____ es tu laboratorio de biología?
   —Es a las ocho de la mañana todos los días.

6. —¿_____ es tu clase de química?
   —Es muy difícil. Tengo que estudiar para esa clase dos horas cada día.

7. —¿_____ es tu teléfono?
   —Es el 777-2111.

8. —¿_____ haces con tus amigos por la tarde?
   —Me gusta jugar al tenis o mirar la televisión.

CA2-16 Más preguntas. You are teaching Spanish to a group of fourth grade students after school. The main information you have covered in a unit on Puerto Rico is shown on page 35. Prepare a six-question quiz on this material for your students. Use question words such as **qué, cuántos, cómo, etcétera.**

MODELO: ¿*Cuántas personas viven en Puerto Rico?*
        ¿*Cuándo fue declarado Estado libre asociado* (Commonwealth) *de los Estados Unidos?*

Prueba   Nombre _____

Puerto Rico
Contesta las preguntas con oraciones completas en español.

1. _____

2. _____

3. _____

4. _____

5. _____

6. _____

Puerto Rico

Información general
- La capital de Puerto Rico es San Juan.
- El territorio incluye las islas de Culebras, Vieques, Mona y Desecheo.
- Hay aproximadamente cuatro millones de habitantes.
- El clima *(climate)* es tropical.

Historia
- Los indígenas de Puerto Rico se llamaban taínos y la isla se llamaba Borínquen.
- Cristóbal Colón llegó *(arrived)* en el año 1493.
- Fue declarado un Estado libre asociado *(Commonwealth)* de los Estados Unidos en 1952.

Cultura
- Las lenguas oficiales de Puerto Rico son el inglés y el español.
- El 85% (por ciento) de los habitantes son católicos.
- La cultura puertorriqueña está basada en la cultura de tres grupos étnicos: los taínos, los españoles y los africanos.
- Los deportes más populares son el béisbol, el básquetbol y el vóleibol.

Integración

CA2-17 Las universidades españolas. In this activity you will learn more about universities and student life in Spain.

Primera parte: Complete the description about university life in Spain by choosing a logical verb from the list and writing it in the present tense.

asistir	escribir	estudiar	pasar	tener	trabajar
deber	estar	participar	practicar	tomar	vivir

En general, las universidades españolas **(1)** _____ en las ciudades grandes, como Madrid o Barcelona, o en las ciudades de tamaño mediano, como Salamanca, Valencia o Granada. Los pueblos *(towns)* no **(2)** _____ universidades.

El año *(year)* escolar está dividido en dos semestres. Los estudiantes **(3)** _____ cinco asignaturas cada *(each)* semestre. Generalmente, **(4)** _____ a clases sólo *(only)* por la mañana. Por la tarde **(5)** _____ para sus clases. También, muchos estudiantes **(6)** _____ en una tienda o en un restaurante para ganar *(to earn)* dinero.

Muchos estudiantes **(7)** _____ vivir en casa con sus padres. Algunos *(Some)* **(8)** _____ con dos o tres amigos en un apartamento cerca de la universidad. No hay muchas residencias universitarias para estudiantes.

En su tiempo libre, los estudiantes españoles **(9)** _____ mucho tiempo con sus amigos. El jueves *(Thursday)* es "la noche del estudiante", cuando los estudiantes van al cine o a las discotecas.

Muchos estudiantes **(10)** _____ deportes, especialmente fútbol. No hay grandes rivalidades ni competiciones entre *(among)* universidades, pero muchos estudiantes **(11)** _____ en deportes intramuros.

Segunda parte: Prepare a Venn diagram in which you compare student life in the United States with student life in Spain. Write sentences that describe similarities and differences between the two countries. Refer to the **Primera parte** for ideas.

No viven en residencias con frecuencia. ?

Hay competiciones atléticas entre las universidades. ?

Los estudiantes españoles   Los estudiantes norteamericanos

CA2-18 Presentaciones. As the new secretary for the Spanish Club, you are in charge of preparing the club's newsletter. In this issue, you are writing articles on the newly elected officers.

Primera parte: Using the information in the box, write a paragraph introducing the club's new president.

Nombre: Lena
Apellidos: Santillana Navarro
Edad *(Age)*: 22
Familia: madre, Fabiola (49 años); padre, Alberto (53 años); dos hermanas, Laura (19 años) y Dalia (14 años)
Pasatiempos: practicar el vóleibol, leer novelas de cienciaficción, escribir poemas.

Nuestra nueva presidenta se llama _____.

_____

_____

_____

_____

_____

_____

Segunda parte: You have been elected secretary of the club. Fill out the second box with your own personal data and use it as a point of departure to write a paragraph introducing yourself.

Tu información:

Nombre: _____

Apellidos: _____

Edad: ____ _____

Familia: _____

Pasatiempos: _____

Queridos amigos del club: Permítanme presentarme *(Allow me to introduce myself)*. Yo soy

_____

_____

_____

_____

_____

_____

Un paso más

Vistazo gramatical: Más sobre las preguntas

CA2-19 Otras preguntas. In order to prepare an article for the school paper, you are interviewing an exchange student from Argentina. Complete the interview questions with the most appropriate question words or tags.

1. —¿_____ te llamas?

   —Me llamo Gabriela Bettini.

2. —¿_____ _____ eres?

   —Soy de Argentina, de la ciudad de Córdoba.

3. —¿_____ _____ _____ está Córdoba de Buenos Aires?

   —Está a 900 kilómetros de la capital.

4. Estás aquí con una beca *(scholarship)*, ¿_____?

   —Sí, soy atleta. Corro en la prueba de 400 (cuatrocientos) metros y en maratones.

5. ¿_____ _____ corres?

   —Depende. En la prueba de 400 metros, unos 50 (cincuenta) segundos.

6. —¿_____ horas al día tienes que entrenarte *(to train, practice)*?

   —Tres o cuatro.

Rincón literario

"address"

Alurista is the pen name of Alberto H. Urista, who is considered by many to be the poet laureate of Chicano literature. Born in Mexico in 1947, he immigrated to the United States in 1961. He is especially known for composing poems that mix Spanish and English. In the bilingual poem that follows, we see how cultural values are reflected in even the most routine matters of life.

CA2-20 Antes de leer. Filling out forms is a common task of daily life. Answer the following questions about your own experiences with applications.

1. What kinds of application forms have you filled out in the past two years?

   _____

2. In your opinion, did the information you provided on the application forms give an accurate picture of you as a person?

   _____

3. Have you ever gone through an application process in which you felt you were treated as "just another number"? If so, recount briefly that experience.

   _____

   _____

   _____

CA2-21 Comprensión. Read the poem "address" and complete the following activities to check your comprehension.

Primera parte: Write your answers to these questions in English.

1. What kind of application process does this poem deal with?

_____

_____

2. How would you characterize the English parts of the poem? Check all the words that apply.

___ efficient   ___ bureaucratic   ___ respectful

___ personal   ___ impersonal

3. What kind of additional information does the applicant want to provide?

_____

_____

Segunda parte: Complete the following statements with the best response from the choices provided.

_____ 4. La persona que busca *(is looking for)* empleo probablemente es de origen _____.

     a. hispano   **b.** anglosajón

_____ 5. Probablemente esta persona vive en _____.

     a. los Estados Unidos   **b.** México

_____ 6 Para el solicitante *(job applicant),* el tono de la solicitud / el jefe es _____.

     a. burocrático e impersonal   **b.** personal y respetuoso

> # address
> ### –Alurista
> address
> occupation
> age
> marital status
> — perdone…
>   yo me llamo pedro
> telephone
> height
> hobbies
> previous employers
> — perdone…
>   yo me llamo pedro
>   pedro ortega
> zip code
> i.d. number
> classification
> rank
> — perdone mi padre era
>   el señor ortega
>   (a veces don* josé)
> race

* title of respect used with the first or given name

CA2-22 Después de leer. Discuss these questions in English with your classmates.

1. Why is this poem written in two languages? How is the tone of the portion written in Spanish different from the tone of the part written in English?

2. Does the Spanish-speaking job applicant in this poem feel closely connected to the culture he is living in? Explain your answer.

3. Based on your reading of this poem, what values seem to be highly esteemed among Hispanic Americans?

¡Vamos a escribir!

Writing a composition in Spanish can be easier than you may think. Follow these steps to create an original composition *without* translating!

Step 1: Generate ideas. Brainstorm ideas related to your topic by quickly jotting down your thoughts on a piece of paper, without regard to order or importance. You may wish to try the cluster or web approach, depicted below.

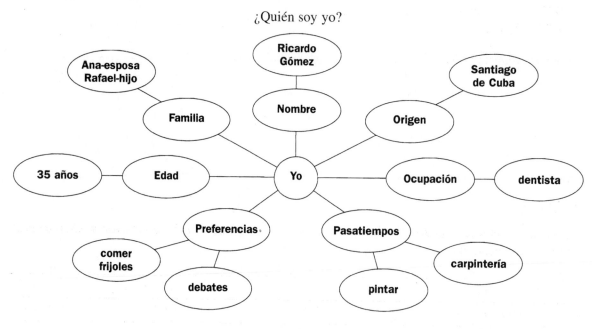

¿Quién soy yo?

Step 2: Select and organize the information. Consider the purpose of your composition and your intended audience; then select and group related details from your web. As you refine your topic, you will probably have to discard some irrelevant details from your web and add additional pertinent ones. Reorganize the information you select into an outline to provide a guide for writing your composition.

I. Datos personales
  A. Nombre
  B. Origen
  C. Edad
  D. Ocupación

II. Familia
  A. Identificar
  B. Esposa
  C. Hijos
  ...

Step 3: Write the first draft. Use your outline as a guide to write your composition. Remember to group related information into paragraphs. Try to incorporate the following conjunctions to join sentences and make your paragraphs more cohesive and sophisticated.

Y *(And)* joins related information.

Miro la televisión **y** escucho discos compactos en mi tiempo libre.

*I watch TV **and** listen to CDs in my spare time.*

Pero *(But)* provides information that offers an exception or a contrast.

Me gustan los deportes, **pero** no soy muy atlético.

*I like to play sports, **but** I'm not very athletic.*

Porque *(Because)* gives a justification.

No me gusta el golf **porque** es aburrido.

*I don't like golf **because** it is boring.*

Step 4: Revise your work. Edit your first draft for content and organization. Then proofread it to correct grammatical errors such as subject-verb agreement, noun-adjective agreement, spelling, and punctuation.

CA2-23 Mi composición. Choose one of the topics below and develop a brief composition. Write out each of the four steps outlined in the previous section.

Mi mejor amigo(a)
¿Quién soy yo?

Step 1: Generate ideas. Create a web of information that relates to your topic.

Step 2: Select and organize the information. Make an outline with the points you wish to include in your composition.

_____

_____

_____

_____

_____

Step 3: Write the first draft. Using your outline as a point of departure, write your composition. If you need more space, use a separate sheet of paper or create your composition on the computer using ATAJO.

_____

_____

_____

_____

_____

_____

_____

_____

_____

_____

_____

_____

_____

_____

_____

_____

Step 4: Revise your work. Check your work carefully:

• Is your composition divided into paragraphs?

• Is each paragraph a cohesive unit?

• Have you connected related information with **y, pero,** and **porque?**

• Are the verb endings correct? Do they match their respective subjects?

• Do the adjective endings agree in gender and number with their nouns?

• Are the words spelled correctly? Are accent marks in the appropriate places?

¡Vamos a mirar!

Vídeo 1: ¡A conocernos!

CA2-24 Anticipación. The video you are about to watch has two parts. First, we meet Miguel, who is twenty-one years old and from Spain. In the second segment, we meet Laura, who is thirty-six years old and from Mexico. Before you watch the video, read the following statements. Who is most likely being described in each statement? Indicate your response by writing **M** (Miguel) or **L** (Laura) in the blanks.

_____ **1.** Está casada.

_____ **2.** Es estudiante de la universidad.

_____ **3.** Le gusta leer, y tiene que leer mucho.

_____ **4.** Tiene hijos.

_____ **5.** Pasa mucho tiempo con sus amigos.

_____ **6.** Trabaja mucho y tiene muchas responsabilidades familiares.

CA2-25 Comprensión: Miguel. Watch the first segment of the video, in which Miguel introduces himself. Complete each sentence with the correct information about his life. You may find it helpful to read the statements before you view the video segment.

_____ 1. Miguel es de ____.

    a. Barcelona

    b. Córdoba

    c. Pamplona

_____ 2. Ahora Miguel vive en Madrid y _____.

    a. estudia en la Universidad Complutense

    b. es profesor

    c. trabaja en un banco

_____ 3. Miguel tiene _____.

    a. cuatro hermanos y dos hermanas

    b. tres hermanos y una hermana

    c. dos hermanos y dos hermanas

_____ 4. En su tiempo libre, Miguel _____.

    a. colecciona autógrafos

    b. lee novelas

    c. mira televisión

_____ 5. A Miguel le gusta mucho _____.

    a. practicar fútbol

    b. escuchar música clásica

    c. ir al cine

CA2-26 Comprensión: Laura. Now watch the segment in which Laura tells us about her family. Take notes as you view the video; then use your notes to answer the questions below in complete sentences in Spanish. You will find it helpful to read the questions before you watch the video segment.

1. ¿Cómo se llama el esposo de Laura?

_____

2. ¿Cuántos años tiene su esposo?

_____

3. ¿Cuántos hijos tiene Laura?

_____

4. ¿Cómo se llaman sus hijos?

_____

5. ¿Cuántos años tienen sus hijos?

_____

6. ¿Cuántos hermanos tiene Laura?

_____

Nombre _____ Fecha _____

Vídeo 2: Vistas de Puerto Rico

CA2-27 Preparación. In this video you will learn more about the lovely islands of Puerto Rico. Before you view this video, complete the activity below to familiarize yourself with some new vocabulary found in this segment. Read the statements and match the underlined words to their English equivalents.

_____ 1. Puerto Rico es <u>una isla</u> en el mar Caribe.

_____ 2. Está a 1.600 <u>millas</u> de los Estados Unidos.

_____ 3. Los puertorriqueños son <u>ciudadanos</u> de los Estados Unidos.

_____ 4. Se conservan muchos edificios de <u>la época colonial</u>.

_____ 5. Muchos turistas <u>hacen cruceros</u> a la isla.

_____ 6. Este señor <u>vende paletas</u> en la calle.

_____ 7. Muchos niños <u>juegan a la pelota</u>.

_____ 8. Puerto Rico es una isla de <u>gran belleza</u>.

a. *take cruises*
b. *the colonial period*
c. *an island*
d. *great beauty*
e. *citizens*
f. *play ball*
g. *sells ice cream bars / popsicles*
h. *miles*

CA2-28 Comprensión: Observar y reconocer. As you watch the video on Puerto Rico, you will notice that many words are similar to English. Read the list of cognates below. Then, as you view the video, put a checkmark by the words that you hear. Nine of the following words are in this video segment.

_____ tropical   _____ nación   _____ tradición

_____ dominó   _____ fútbol   _____ bicicleta

_____ moderna   _____ sociables   _____ atractivos

_____ importante   _____ música   _____ arte

CA2-29 Comprensión: ¿Qué recuerdas de Puerto Rico? How well did you understand the information presented in the video on Puerto Rico? Read the statements below; then watch the video again and indicate if the statements are **cierto** (C) or **falso** (F).

_____ 1. Puerto Rico es parte de los Estados Unidos.

_____ 2. En la capital, hay arquitectura moderna y también arquitectura colonial.

_____ 3. El turismo es una industria importante.

_____ 4. Los deportes más populares entre los niños son el básquetbol y el fútbol americano.

_____ 5. En Puerto Rico el tango es un baile tradicional.

_____ 6. Pablo Casals fue un famoso músico (*musician*) español.

Capítulo 3

De viaje

Paso I

Vocabulario temático: Las vacaciones

CA3-1 Las vacaciones en México. To help plan your next trip to Mexico, you are browsing through some brochures from VTP Mexicana, a company that specializes in tours to Mexico. Here are descriptions of two of their many destinations, Playa del Carmen and Monterrey.

Primera parte: As you read the brochures, indicate where you could participate in each of the following activities listed. Place a checkmark in the appropriate column(s) in the chart on page 46; the activities may be available at only one location, at both, or at neither.

VTP
Playa del Carmen

Localizado en el extremo nororiental de la Península de Yucatán, en el estado de Quintana Roo, se encuentra el nuevo desarrollo turístico de Playa del Carmen. Tiene clima cálido durante todo el año, con lluvias en verano y principios de otoño. Principales atractivos: Grandes extensiones de playas de arenas blancas y el azul turquesa del Caribe son su principal atracción. Aquí se pueden practicar todos los deportes acuáticos: natación, buceo, pesca, snorkel, windsurfing, esquí acuático, jet ski y velerismo, entre otros. Para los que aman el golf, hay un campo de 18 hoyos en medio de una selva tropical con vestigios de la civilización maya: el Club de Golf Playacar. Xcaret, un parque ecoarqueológico, se localiza a escasos minutos. Tulum, imponente zona maya a la orilla del Caribe, se ubica a 45 minutos por carretera. Muy cerca se localiza otro parque aquático, Xel-Há; un poco más alejada está la zona maya de Cobá. Para la diversión nocturna los hoteles tienen los más novedosos bares, restaurantes y discotecas con una gran dosis de música afroantillana.

DESDE
Guadalajara	4,904
México	4,038
Monterrey	4,208

VTP
Monterrey

En las márgenes del río Santa Catarina, al norte de México, se localiza Monterrey, capital del estado de Nuevo León. Considerada la capital industrial por excelencia del país, tiene un clima cálido y seco con gran oscilación térmica. Principales atractivos: Localizada en el corazón de la ciudad y con una extensión de 40 hectáreas está la Macroplaza, en cuyos alrededores se levantan edificios coloniales como el Palacio de Gobierno, la Catedral Metropolitana, el Casino Monterrey y la Capilla de los Dulces Nombres. También la modernidad está presente en el Teatro de la Ciudad, el Faro de Comercio, de 70 m de altura, que proyecta un rayo láser todas las noches y el Museo de Arte Contemporáneo (MARCO), uno de los más prestigiosos de Latinoamérica. Son también de interés: el Planetario, el Museo Regional de Historia de Nuevo León y el Museo de Monterrey en las antiguas instalaciones de la Cervecería Cuauhtémoc. Como ciudad cosmopolita tiene restaurantes, bares y discotecas de primera para la diversión, y sitios donde disfrutar la tradicional música norteña.

DESDE
Guadalajara	2,891
México	2,024

	Playa del Carmen	Monterrey	Ninguno de los dos (Neither)
1. nadar y tomar el sol			
2. acampar en las montañas			
3. pescar y bucear			
4. visitar un famoso museo de arte			
5. bailar en una discoteca			
6. practicar el golf			
7. observar la arquitectura colonial			
8. ir a un acuario			
9. ir a un planetario			
10. visitar ruinas mayas			

Segunda parte: Which of the two destinations would you prefer to visit? Why? Respond by completing the sentence below.

Me gustaría ir a _____ porque me gusta _____.

Gramática: El verbo *ir* en el tiempo presente

CA3-2 El verbo *ir* en oraciones. Where are you and your friends going on vacation? Read the description of what each person wants to see or do during his/her next trip. Then write a sentence stating where they are most likely going. A list of country names is provided for your reference.

MODELO: Yo quiero *(I want)* ver la Torre Eiffel, visitar el Museo del Louvre y comer en un bistro. *(Yo) Voy a Francia.*

PAÍSES:

Canadá	Ecuador	Egipto	Inglaterra
China	Francia	Grecia	Kenya

1. Yo quiero hacer un crucero por las islas del mar Egeo. También, quiero ver la Acrópolis en Atenas y visitar el Templo de Apolo en el monte Parnaso.

   (Yo) _____.

2. Mi novia y yo queremos hacer excursiones en el desierto y ver las pirámides y la Esfinge *(Sphinx)*.

   (Nosotros) _____.

3. Elián y sus amigos quieren acampar en la jungla y cazar animales como leones, antílopes y elefantes.

   (Ellos) _____.

4. Ricardo quiere ver la Catedral Westminster, ir al teatro Royal Court y visitar el parque zoológico de Londres.

(Él) _____.

5. Mis amigos y yo queremos pasear en un barco por las cataratas de Niágara y practicar el francés en Quebec.

(Nosotros) _____.

6. Mis abuelos quieren ver el Templo de Buda en Shanghai y visitar la Ciudad Prohibida *(Forbidden City)* en Pekín.

(Ellos) _____.

Gramática: Las frases verbales: cómo expresar planes, preferencias y obligaciones

CA3-3 Las frases verbales. Xcaret is an eco-archeological park near Cancún, Mexico, where you would like to spend your spring break. Read the brochure on Xcaret and then describe what you plan to do during your three-day stay there. Complete each sentence on page 48 with an appropriate infinitive and any additional words necessary to complete the thought.

MODELO: Esta tarde, pienso *bucear, visitar el jardín botánico y montar a caballo.*

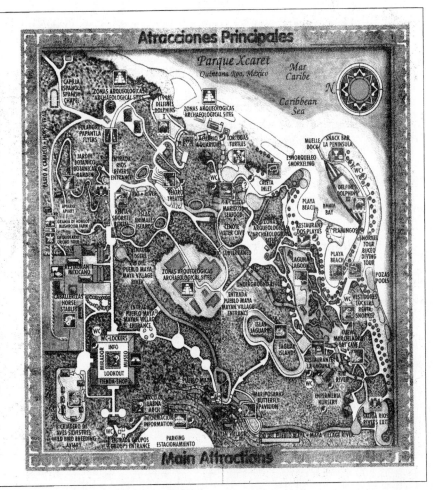

XCARET, Paraíso Sagrado de la Naturaleza, fue -por más de un milenio- uno de los más importantes centros ceremoniales y puertos mayas.

Hoy es un increíble parque eco-arqueológico en el que usted disfrutará de un día maravilloso. Y al final del día, cuando la actividad disminuye, XCARET se convierte en un lugar fantástico que únicamente los mayas conocen desde hace más de 1,000 años. En un escenario maravilloso disfrute de 'XCARET DE NOCHE' (incluido en su boleto de entrada).

Salimos diariamente a las 9, 10 y 11 a.m. de nuestra terminal localizada frente a Plaza Caracol, a un costado del Hotel Coral Beach. Disfrute del recorrido de una hora a XCARET en camiones típicos con aire acondicionado.

XCARET está a sólo 5 minutos de Playa del Carmen. ¡Ah... y no olvide traer su cámara!

**XCARET abre sus puertas a las 8:30 a.m.
Niños menores de 5 años gratis.
Para mayor información: (98) 83 31 43 / 44.
E-mail: xcaret@mail.interacces.com.mx
Consulte a su agente de viajes.**

RIOS SUBTERRÁNEOS · DELFINES
PLAYA · LAGUNA Y CALETA · BUCEO Y
ESNÓRQUEL · CABALLOS · ACUARIO
ARRECIFAL · MUSEO · JARDÍN BOTÁNICO
ORQUIDEARIO · GRANJA DE HONGOS
ZONAS ARQUEOLÓGICAS · ISLAS
DE JAGUARES Y PUMAS · CRIADERO
DE AVES SILVESTRES · MARIPOSARIO
TEATRO AL AIRE LIBRE · AUTÉNTICA
COCINA MEXICANA Y MARISCOS

1. Esta tarde, voy a _____.

2. Esta noche, prefiero _____.

3. Mañana, pienso _____ por la mañana y _____
   por la tarde.

4. Pasado mañana, quiero _____ o _____.

5. También, me gustaría _____, ¡pero necesito regresar a casa!

CA3-4 Las frases verbales y las expresiones de tiempo. How does Rosario plan to get ready for her trip? Consult her agenda and write five sentences about her plans by combining elements from the three columns. Note: Today is May 4.

mayo

lunes	martes	miércoles	jueves	viernes	sábado	domingo
				1	2	3
4 reservación/ hotel	5 pasaporte	6 banco	7	8	9 agencia de viajes	10
11	12 maletas	13 ¡A Cancún!	14	15	16	17

Tengo que	ir a la agencia de viajes (travel)	esta tarde
Necesito	reservar mi cuarto en el hotel	este fin de semana
Debo	conseguir (to get) un pasaporte	mañana
	tomar el taxi al aeropuerto	pasado mañana
	hacer las maletas (suitcases)	el próximo mes
	comprar cheques de viajero (traveler's)	la próxima semana

1. _____

2. _____

3. _____

4. _____

5. _____

Paso 2

Vocabulario temático: ¿Qué hora es?

CA3-5 Los horarios. Here are some signs that you might encounter during your trip to Mexico City. Refer to them as you answer the questions in complete sentences.

MODELO: ¿A qué hora sale el autobús para Zacatecas?
Sale a las ocho de la mañana.

Museo
José Luis Cuevas

martes–domingo
9:30AM–5:45PM

Banco de
México

lunes–viernes
9:00 AM–1:30 PM

Café Tacuba

Todos los días
8:00AM–11:00PM

Ciudad	Salida
Zacatecas	8:00AM
Puebla	10:20AM
Tampico	12:00PM

Horario de Autobuses

1. ¿A qué hora sale el autobús para Puebla? ¿para Tampico?

_____
_____
_____

2. ¿A qué hora se abre el banco? ¿A qué hora se cierra?

_____
_____
_____

3. ¿A qué hora se abre el Museo José Luis Cuevas? ¿A qué hora se cierra?

_____

_____

_____

_____

4. ¿A qué hora se cierra el Café Tacuba?

_____

_____

_____

_____

Vocabulario temático: Las fechas

CA3-6 Las fechas. During your trip to Mexico, you learned about the following national holidays. The date of each holiday is given in numerals; restate it in words.

MODELO: Fiesta Patria de la Independencia: 16/9
el dieciséis de septiembre

1. Día de la Constitución: 5/2

_____

2. Día de la Bandera *(Flag):* 24/2

_____

3. Cumpleaños de Benito Juárez: 21/3

_____

4. Día del Trabajador: 1/5

_____

5. Día de la Raza: 12/10

_____

6. Día de los Muertos *(Dead):* 2/11

_____

7. Día de la Revolución: 20/11

_____

8. Día de Nuestra Señora de Guadalupe: 12/12

_____

Nombre _____ Fecha _____

CA3-7 Los días. While studying Spanish in Guadalajara, you become friends with Victor, a Mexican university student. The schedule below depicts a typical week for Victor. Compare his routine to yours. Follow the model.

MODELO: Víctor asiste a clases *los lunes, miércoles y jueves.*
        Yo asisto a clases los...

lunes	martes	miércoles	jueves	viernes	sábado	domingo
clases	trabajar	clases	clases	trabajar	salir con amigos	visitar a los padres
fútbol	estudiar	estudiar	estudiar			estudiar

1. Víctor tiene que trabajar _____.

   Yo _____.

2. Víctor pasa tiempo con sus amigos _____.

   Yo _____.

3. Víctor visita a su familia _____.

   Yo _____.

4. Víctor estudia _____.

   Yo _____.

Vocabulario temático: En la agencia de viajes

CA3-8 De viaje. Complete the following conversations between some tourists and their travel agents. Choose the most logical words from the lists provided.

1. **cuándo   quisiera   tiene**
   excursiones   servirle   tienes

   BERNARDO: Buenas tardes.

   SRA. CALVO: Buenas tardes. ¿En qué puedo _____?

   BERNARDO: _____ hacer un viaje a Puerto Rico. ¿_____

   Ud. información sobre _____ a la isla *(island)*?

   SRA. CALVO: Sí. ¿_____ quiere ir?

   BERNARDO: En el mes de junio.

2. **avión   cuesta   necesito   quiero**
   billete   necesita   prefiere   tren

   DOLORES: _____ ir de Madrid a Sevilla en un viaje de negocios *(business)*.

   SR. AUSTRAL: ¿Cómo _____ viajar?

   DOLORES: No sé. ¿Es más rápido ir en _____ o por _____?

SR. AUSTRAL: El tren de alta velocidad es un poco más rápido. El _____ de ida y

vuelta _____ 9.500 (nueve mil quinientas) pesetas en clase turista.

DOLORES: Muy bien. _____ un billete para el cuatro de marzo.

3.

día	**salir**	**voy**
llega	**vamos**	**vuelos**

MAURICIO: Mi esposa y yo _____ a Cozumel de vacaciones y necesito

comprar boletos de avión.

SRA. MARCOS: Muy bien. ¿Qué día piensan Uds. _____?

MAURICIO: El siete de enero.

SRA. MARCOS: Hay dos _____ por la mañana: uno a las 8:00 y otro a las 11:45.

MAURICIO: El vuelo que sale a las 8:00 está bien. ¿A qué hora _____ el

avión en Cozumel?

SRA. MARCOS: A las 9:15. ¿Qué _____ piensan Uds. regresar?

MAURICIO: El veintiuno de enero.

CA3-9 Los arreglos. You and your parents are going to take a tour to Mexico. Since your parents don't know how to speak Spanish, you have to do all the talking for them. Here are some of the questions that they would like to ask the travel agent.

Primera parte: Complete each with the most logical question word.

quién(es)	**cuál(es)**	**dónde**	**por qué**
qué	**cuántos(as)**	**adónde**	**cómo**

MODELO: *¿Cuál* es la fecha de salida de nuestro tour?

1. ¿_____ es el número de nuestro vuelo?

2. ¿A _____ hora sale el avión?

3. ¿_____ maletas podemos llevar *(take, carry)*?

4. ¿_____ días vamos a pasar en la capital? ¿tres?

5. ¿_____ vamos a viajar a Acapulco, en autobús o en avión?

6. ¿_____ está nuestro hotel? ¿cerca de la playa?

7. ¿_____ es nuestro guía *(guide)*? ¿el señor Cano?

8. ¿_____ _____ no podemos ir a Taxco también?

Segunda parte: What else would you or your parents like to know about the tour? Write three original questions in Spanish.

1. _____

2. _____

3. _____

Paso 3

Vocabulario temático: Los números de 100 a 10.000.000

CA3-10 Los números. The following chart supplies the prices in pesos—per person—for a two-day side trip to Manzanillo, Mexico. The prices vary according to your point of departure (Mexico City or Monterrey) and the kind of hotel room you want (single or double). Read each of the situations below and answer the questions in complete sentences. Write out the prices in words.

VTP Manzanillo "Especial"		
Saliendo de	Sencilla	Doble
México, D.F.	5.339	3.471
Monterrey	6.505	4.637
Noche adicional	1.848	934

MODELO: Angélica está en el Distrito Federal (la capital) y va a Manzanillo por dos días. ¿Cuánto cuesta su excursión?
Cuesta cinco mil trescientos treinta y nueve pesos.

1. Angélica decide pasar una noche adicional en Manzanillo. ¿Cuánto cuesta la noche extra?

   _____

   _____

2. José Luis está en Monterrey y decide hacer la excursión VTP a Manzanillo. ¿Cuánto cuesta su excursión?

   _____

   _____

3. Rosita y su esposo Jaime están en Monterrey de vacaciones. Piensan hacer la excursión de dos días a Manzanillo. ¿Cuánto cuesta la excursión por persona? ¿por los dos (for both of them)?

   _____

   _____

4. Tú estás en la capital con un(a) amigo(a) y Uds. van a Manzanillo. ¿Cuánto cuesta la excursión por los dos? ¿Cuánto cuesta en total si (if) Uds. pasan una noche adicional?

   _____

   _____

Vocabulario temático: En el hotel

CA3-11 En el hotel. Complete the conversations between the tourist and the desk clerk of the hotel with the most logical words from the list.

camas	cuántas	habitación	quinto	puedo	tardes

1. RECEPCIONISTA: Buenas _____. ¿En qué _____ servirle?

   TURISTA: Quisiera una _____ para esta noche.

   RECEPCIONISTA: ¿Para _____ personas?

   TURISTA: Para dos. Quiero una habitación con dos _____, por favor.

baño	cuarto	días	llave	reservación	sencilla

2. TURISTA: Buenos _____. Me llamo Ramón Rodríguez. Tengo una

       _____ para hoy.

    RECEPCIONISTA: Ah, Sr. Rodríguez, un momento… Una habitación _____, ¿verdad?

    TURISTA: Sí. Con _____ completo.

    RECEPCIONISTA: Muy bien. Aquí tiene la _____.

cuenta	desocupar	doce	gimnasio	piscina	segundo

3. TURISTA: Perdone… Quisiera nadar un poco. ¿En qué piso está la _____?

    RECEPCIONISTA: Está en el _____ piso.

    TURISTA: ¿Está el _____ en el mismo *(same)* piso?

    RECEPCIONISTA: Sí.

    TURISTA: A propósito *(By the way)*, ¿a qué hora tengo que _____ mi cuarto mañana?

    RECEPCIONISTA: A las _____.

Gramática: Los verbos con cambios en la raíz: e→ie y o→ue

CA3-12 Las formas de los verbos con cambios. Carmen is talking over her vacation plans with a travel agent. Complete their conversation by writing the verbs in parentheses in the present tense.

AGENTE: ¿En qué **(1)** _____ (yo: poder) servirle?

CARMEN: Mi hermana y yo **(2)** _____ (pensar) hacer un viaje a Miami.

   (3) ¿_____ (Poder) Ud. ayudarme con los arreglos *(arrangements)*?

AGENTE: Claro. ¿Qué día **(4)** _____ (querer) Uds. salir?

CARMEN: **(5)** _____ (Nosotras: Querer) salir el 25 de mayo.

AGENTE: ¿Qué día **(6)** _____ (Uds.: volver)?

CARMEN: El 5 de junio.

AGENTE: Muy bien. ¿(7) _____ (Preferir) Uds. billetes en primera clase o en clase turista?

CARMEN: (8) _____ (Nosotras: Preferir) viajar en clase turista.

AGENTE: Bueno, tengo reservados para Uds. dos billetes de ida y vuelta en el vuelo 215. El avión sale a las 9:15 de la mañana.

CARMEN: Muy bien. ¿(9) _____ (Nosotras: Poder) pagar con tarjeta de crédito?

AGENTE: ¡Cómo no! Los billetes valen $350 cada uno.

CARMEN: A propósito, mi hermana (10) _____ (querer) llevar su perro en el avión. ¿Se permite llevar animales?

AGENTE: Sí, (11) _____ (yo: pensar) que ella (12) _____ (poder) llevar su perro. Un momento, y busco (*I'll look up*) la tarifa.

Integración

CA3-13 De viaje con la Agencia Turi-mundo. Concha Vigo is sending an e-mail to her travel agent, Miguel Acosta. She wants him to make the arrangements for her upcoming trip to Mexico City and also has a few questions regarding flight times and payment. Using the drawing as a point of departure, complete Concha's message in full sentences.

VIAJE: MÉXICO
VUELO DIRECTO: Madrid-México, D.F.
SALIR: 17 de junio
VOLVER: 10 de julio
¿HORA de Salida?
¿Hora de llegada?
¿Precio (Price)?
¿cheque personal?

JUNIO
L M M J V S D

De: conchavigo@madridnet.com
Fecha: 15/4/03 9:05

Asunto: Arreglos para mi viaje
Para: acosta@turimundo.com

Estimado Sr. Acosta:
Pienso hacer un viaje a México, D.F., próximamente. ¿Puede ayudarme *(help me)* con las reservaciones?

_____

_____

_____

_____

_____

_____

_____

_____

Atentamente,
Concha Vigo

CA3-14 Un viaje a México. You just couldn't pass up the chance to visit Mexico when you saw this ad. Complete this letter to your friend Dalia; tell her about what you are going to do while you're in Mexico and ask her a few questions about her vacation plans.

Excursión a México
¡Todo por el increíble precio de $2000!

Ciudad de México:
cinco días, cuatro noches

■ Durante el día, visite el Palacio Nacional con murales de Diego Rivera, el Museo de Antropología e Historia, el Palacio de Bellas Artes y los centros comerciales en la Zona Rosa, Insurgentes Sur y el nuevo Centro Santa Fe.

■ Por la noche, disfrute de sus excelentes restaurantes, bares y discotecas.

Puerto Vallarta:
cinco días y cinco noches

■ Practique todos los deportes acuáticos, también el montañismo y el ecoturismo.

■ Hoteles de primera clase, con piscina

■ Habitaciones sencillas o dobles, con baño privado

■ Vuelo de ida y vuelta directo

San Lorenzo Turismo   **Llame hoy al 21-83-98.**

_____
(fecha)

Querida Dalia,

Te escribo con buenas noticias (good news). ¡Voy a México de vacaciones el próximo mes!

Primero, voy a pasar cinco días en la capital._____

_____

_____

_____

_____

_____

_____

(líneas en blanco)

¿Y tú, Dalia? ¿Cómo piensas pasar las vacaciones? ¿_____?

¿_____?

Bueno, tengo que estudiar ahora. ¡Hasta pronto!

Con un fuerte abrazo de

_____

(tu nombre)

Un paso más

Vistazo gramatical: El participio pasado como adjetivo

CA3-15 Los participios pasados. Gustavo is describing some of his travel preferences. How do they compare to yours? Read each sentence and do the following:

- Identify the past participle.
- Write a similar sentence that expresses your own travel preference.

MODELO: GUSTAVO: Me gusta tener un itinerario detallado *(detailed)*.
   TÚ: Participio pasado: *detallado*
   No me gusta tener un itinerario detallado. Prefiero ser espontáneo(a) (spontaneous).

1. Tomo los tours organizados con frecuencia.

_____

_____

2. Mi medio de transporte preferido es el tren.

_____

_____

Nombre _____ Fecha _____

3. Prefiero las guías *(guidebooks)* escritas en español.

_____

_____

4. Generalmente tengo todo preparado para mis viajes dos semanas antes de salir.

_____

_____

5. Prefiero los hoteles localizados en las zonas comerciales de las ciudades.

_____

_____

Rincón literario

"Sala de espera"

Enrique Anderson Imbert was born in Argentina in 1910 and came to live in the United States in 1947. A well-known professor of Hispanic Literature at Harvard University, he published numerous works of literary criticism in addition to being an author of literary works in his own right. The following story is an example of the **micro-cuento**, a short story in miniature. In "Sala de espera," the protagonist of the story attempts to make a getaway by train but discovers in a most surprising way that he cannot do so.

Enrique Anderson Imbert

Sala de espera

Costa y Wright roban una casa. Costa asesina a Wright y se queda con° la valija llena de joyas y dinero. Va a la estación para escaparse en el primer tren. En la sala de espera° una señora se le sienta° a la izquierda y le da conversación. Fastidiado, Costa finge con un bostezo que tiene sueño y que se dispone a dormir, pero oye° que la señora, como si no se hubiera dado cuenta,° sigue conversando. Abre entonces los ojos y ve, sentado, a la derecha, el fantasma° de Wright. La señora atraviesa a Costa de lado a lado con su mirada y dirige su charla° al fantasma, quien contesta con gestos de simpatía. Cuando llega el tren Costa quiere levantarse,° pero no puede. Está paralizado, mudo; y observa atónito° cómo el fantasma agarra° tranquilamente la valija y se aleja con la señora hacia el andén, ahora hablando y riéndose. Suben y el tren parte. Costa los sigue con la vista. Viene un peón y se pone a limpiar° la sala de espera, que ha quedado completamente desierta. Pasa la aspiradora° por el asiento donde está Costa, invisible.

se... *keeps, takes*

sala... *waiting room* / se... *sits down*

hears
como... *as if she hadn't realized*
ghost
dirige... *directs her chatter*

to get up
astonished, aghast / grasps, grabs hold of

se... *begins to clean*

vacuum cleaner

CA3-16 Antes de leer. Here are some key words from this story, along with synonyms or a short definition. Match each Spanish word and phrase to its English equivalent.

_____ **1.** la valija: una maleta, donde pones tu ropa cuando viajas

_____ **2.** joyas: diamantes, perlas, esmeraldas

_____ **3.** da conversación: habla con una persona

_____ **4.** finge: imita una acción

_____ **5.** se dispone a: se prepara a

_____ **6.** los ojos: los órganos para ver

_____ **7.** atraviesa con la mirada: mira

_____ **8.** mudo: no puede hablar

_____ **9.** se aleja: sale, va

_____ **10.** un peón: un empleado

_____ **11.** sigue: continúa

_____ **12.** tiene sueño: quiere dormir

a. *jewels*

b. *pretends*

c. *mute*

d. *suitcase*

e. *employee, laborer*

f. *transfixes with a look*

g. *moves away*

h. *eyes*

i. *prepares (to do something)*

j. *engages in conversation*

k. *is sleepy*

l. *continues, follows*

CA3-17 Comprensión. Here is a brief summary of the plot of "Sala de espera," but the statements are out of order. Read the story. Then put the statements in the correct order.

Primera parte: These statements summarize the first half of the story. Number them from 1 to 6 in the order the actions occur in the story.

_____ **a.** La señora continúa hablando.

_1_ **b.** Costa y Wright roban una casa.

_____ **c.** Costa finge que tiene sueño.

_____ **d.** Costa va a la estación del tren con el dinero.

_____ **e.** Una señora en la sala de espera habla con Costa.

_____ **f.** Costa asesina a Wright.

Segunda parte: These statements summarize the second half of the story. Number them from 1 to 6 in the order the actions occur in the story.

_____ **a.** Costa descubre que la señora habla con el fantasma de Wright.

_____ **b.** Un empleado empieza a limpiar la sala.

_____ **c.** Costa no puede moverse y no puede hablar.

_____ **d.** El empleado pasa la aspiradora sobre *(over)* Costa porque es invisible.

_____ **e.** El tren llega.

_____ **f.** Costa observa que la señora y el fantasma de Wright salen con el dinero.

CA3-18 Después de leer. Discuss these questions with a classmate.

1. This story is a blend of realism and fantasy. What are some elements or examples of both aspects of the work?

2. How is the ending surprising? Why do you think Costa is invisible?

3. Can you interpret this story in another way?

¡Vamos a escribir!

Estrategia: Writing short social correspondence

When writing letters in Spanish, it is important to use appropriate salutations **(saludos)** and closings **(despedidas)**. You should select those that best reflect the closeness or formality of the relationship you have with the person to whom you are writing.

The following salutations are listed in order of formality, from the most formal to the most intimate. In general, **estimado(a)** can be used for most business/formal correspondence, and **querido(a)** for friends and family.

SALUDOS

Formas masculinas	Formas femeninas	
Distinguido Sr. Gómez	Distinguida Sra. González	**más formal**
Estimado Juan	Estimada Srta. Limón	
Apreciado amigo	Apreciada amiga	
Querido Roberto	Querida Ana	
Queridísimo Carlos	Queridísima Isabel	**más informal**

Here are a few of the more commonly used closings, listed in order from the most formal to the most intimate. **Atentamente** can be used for most business correspondence; the remaining closings are used with friends.

DESPEDIDAS

Atentamente	*Sincerely*	**más formal**
Recibe el saludo de tu amigo(a)	*With regards from your friend*	
Un abrazo muy fuerte de tu amigo(a)	*A big hug from your friend*	
Con mucho cariño	*Affectionately/Love*	**más informal**

Atajo Software (CA3-19, CA3-20)

Phrases:

Writing a letter (formal); Writing a letter (informal)

Vocabulary:

Calendar; Days of the week; Time expressions; Traveling

Grammar:

Verbs: Future with **ir** + **a** + infinitive

CA3-19 Una carta electrónica. You are going to visit a friend in Mexico and need to send him information concerning your arrival. Write him an e-mail. Include the following information.

- an appropriate salutation and a greeting
- the day, date, and time of your arrival
- the name of the airline (**línea aérea**) and the flight number
- an informal closing and your name

If you need more space, use a separate sheet of paper or create your composition on the computer using ATAJO.

Fecha: _____

De: _____

Asunto: _____

Para: _____

Nombre _____   Fecha _____

CA3-20 Una postal. You are now in Mexico and decide to send a postcard to your Spanish professor. Write the postcard here; follow these guidelines.

- Date your postcard and include an appropriate, more formal salutation.
- Greet your professor or ask how he/she is.
- Say where you are.
- Tell three or four things you are going to do during your trip.
- Mention when you are returning home.
- Add an appropriate closing and sign your name.

¡Vamos a mirar!

Vídeo 1: Un viaje a Madrid

CA3-21 Anticipación. In this video we meet Miguel's aunt, Carmen Guerrero. Carmen plans to go to Madrid to visit her nephew. In the first part of the video, she visits a travel agency to make the arrangements for her trip. Part of her conversation is transcribed below. Read each line and indicate if it was most likely said by Carmen (**C**) or by the travel agent (**A**).

_____ **1.** Yo quiero ir a Madrid el día 24.

_____ **2.** Hay un AVE que sale de Sevilla a las ocho de la mañana.

_____ **3.** ¿Cuántas personas viajan?

_____ **4.** ¿Me dice el precio, por favor, de ida y vuelta?

_____ **5.** Quería que me sugiriera *(I'd like for you to suggest)* algún hotel en Madrid.

_____ **6.** Podría *(I could)* recomendarle el hotel Emperador.

62 AVENIDAS ♦

Later in the segment, Carmen arrives at her hotel in Madrid and we hear her speak with the concierge. Predict which lines are spoken by each person. Write **C** in the blank for Carmen and **R** for the clerk at the reception desk.

_____ **7.** Mire, tenía *(I had)* una reserva hecha.

_____ **8.** ¿Su nombre, por favor?

_____ **9.** ¿Me permite un documento de su identidad?

_____ **10.** Vamos a ver… habitación 610 en la sexta *(sixth)* planta.

CA3-22 Comprensión. Watch the video and then complete the sentences below by circling the correct response.

1. Carmen quiere ir a Madrid el (lunes / jueves / domingo).

2. El tren sale de Sevilla a las (ocho / ocho y cuarto / ocho y media).

3. El billete de ida y vuelta en clase turista cuesta (9.000 / 9.100 / 9.500) pesetas, por cada trayecto *(each way)*.

4. Carmen paga con (efectivo / cheque de viaje / tarjeta de crédito).

5. Carmen va a quedarse en un hotel de (cuatro / tres / dos) estrellas *(stars)*.

6. En el hotel, Carmen tiene que dar su (pasaporte / documento de identidad / pasaporte y documento de identidad) al recepcionista.

Vídeo 2: Vistas de México

CA3-23 Preparación. In the next video segment you will learn more about Mexico. First, familiarize yourself with the new vocabulary. Then complete the following sentences with the most logical words from the list provided.

alegre *happy*
artesanías *handicrafts*
construida *built*
ganadería *cattle ranching*
maíz *corn*

mundo *world*
orgullosos *proud*
peligroso *dangerous*
vaqueros *cowboys, cattle ranchers*

1. Los mexicanos cultivan _____, café, frutas y vegetales.

2. Otra industria importante es la _____.

3. Los _____ mexicanos participan en rodeos tradicionales.

4. Las _____ son populares. Los artesanos hacen objetos de cerámica, artículos de cuero *(leather),* piñatas y más.

5. La capital es la ciudad más grande del _____.

6. Los mexicanos estan _____ de sus raíces indígenas. Los dos grupos indígenas más conocidos son los aztecas y los mayas.

7. La capital de México está _____ sobre las ruinas de la capital azteca.

8. Los mariachis son una tradición única de México. Su música puede ser _____ o triste.

9. El jai alai es un deporte muy rápido y _____.

Nombre _____ Fecha _____

CA3-24 Comprensión: Observar y reconocer. As you watch the video on Mexico, check off any of the following words that you hear. Ten of the following cognates are used in this video segment.

_____ agricultura

_____ artista

_____ béisbol

_____ civilización

_____ fútbol

_____ habitante

_____ imperio

_____ metro

_____ museos

_____ parques

_____ pirámides

_____ restaurantes

_____ rodeo

_____ tren

CA3-25 Comprensión: ¿Qué recuerdas de México? What have you learned about life in Mexico? Read the sentences below and indicate if they are **cierto** (C) or **falso** (F). You may find it helpful to watch the video one more time before you complete this activity.

_____ **1.** La economía mexicana se basa en gran parte en la agricultura y la ganadería.

_____ **2.** Las piñatas y los objetos de cerámica son dos ejemplos de la artesanía mexicana.

_____ **3.** La capital de México tiene aproximadamente quince millones de habitantes.

_____ **4.** Los aztecas establecieron su imperio en la península Yucatán.

_____ **5.** Los mariachis representan una nueva tendencia en la música mexicana.

_____ **6.** Dos deportes populares son el jai alai y el fútbol.

Capítulo 4

Entre familia

Paso I

Vocabulario temático: Mi familia y mis animales domésticos

CA4-1 Los familiares y los animales domésticos. Complete the crossword puzzle with the word for a family member or pet that best completes each sentence.

Vertical

1. Mis padres tienen tres hijos: yo y mis dos _____.
2. Los perros dicen "guau" y los ____ dicen "miau".
5. La hermana de mi padre es mi ____.
6. Mi ____ Fido duerme en mi cama.
9. El padre de mi madre es mi ____.
10. La madre de mi esposa es mi ____.
12. Mi madre está divorciada de mi padre; su nuevo esposo es mi ____.

Horizontal

3. El hijo de mi hermano es mi ____.
4. Los hijos de mi hija son mis ____.
7. Mis ____ tropicales viven en un acuario bonito.
8. La madre de mi padre es mi ____.
11. El hermano de mi esposo es mi ____.
12. Los hijos de mis tíos son mis ____.
13. Un sinónimo de **mamá** es ____.

Nombre _____ Fecha _____

CA4-2 El árbol genealógico. In a letter to a pen pal, Marisa wrote the following description of her family.

Primera parte: Read Marisa's description and then draw a family tree that represents her family. Include the names and relationships to her (**madre, padre, etcétera**) of all the people she mentions.

Me llamo Marisa Elizondo y soy de Caracas, Venezuela. Mis padres se llaman Lorenzo y Gloria. Somos tres hermanos en mi familia. Yo soy la menor y soy soltera. Mi hermano Claudio es el mayor y está casado. Su esposa se llama Clarisa y tienen dos hijos, Lilián y Rubén. Nuestra hermana Sonia también está casada. Mi cuñado se llama Laurentino. Sonia y Laurentino tienen un bebé precioso, Antonio.

El árbol genealógico de Marisa

Segunda parte: Using the following questions as a guide, write a brief description of your family.

- ¿Cómo te llamas y de dónde eres?
- ¿Cómo se llaman tus padres?
- ¿Cuántos hermanos tienes? ¿Quién es el (la) mayor y quién es el (la) menor?
- ¿Están casados tus hermanos, o son solteros? Si están casados, ¿cómo se llaman tus cuñados(as)?
- ¿Tienes sobrinos?

_____
_____
_____
_____
_____

_____

_____

_____

_____

_____

_____

_____

_____

_____

CA4-3 Los animales domésticos. Would you like to have a pet? What kind would be best for your current living arrangement? Complete the following activities to express your thoughts about pet ownership.

Primera parte: Here are some of the reasons people choose certain pets. Check off the statements that you believe apply to each animal in the chart.

	los perros	los gatos	los pájaros	los peces	los hámsters
Son buena compañía (company).					
Cuesta mucho mantenerlos (to maintain them).					
Son fáciles (easy) de entrenar (to train).					
Son aburridos (boring).					
Son ideales para los niños.					
Son ideales para los estudiantes que viven en una residencia universitaria.					
? (una idea original)					

Segunda parte: Answer the following questions in complete sentences in Spanish.

1. ¿Qué animales domésticos tienen tú y tu familia?

   _____

2. ¿Tienes un animal doméstico en tu residencia/apartamento? ¿Cuál?

   _____

3. ¿Qué tipo de animal doméstico prefieres? ¿Por qué?

   _____

Vocabulario temático: Las descripciones personales

CA4-4 Los rasgos físicos. People come in all shapes, sizes, and colors. What is your family like?

Primera parte: Do the following descriptions fit anyone in your family? If so, put a checkmark in the appropriate column. If you prefer, replace the names in the last three columns with those of any three important people in your life.

	Yo	Mi padre	Mi madre	Mi hermano(a)
Es alto(a) y delgado(a).				
Es de estatura mediana.				
Es un poco gordo(a).				
Lleva anteojos.				
Tiene barba.				
Tiene el pelo rubio.				
Tiene el pelo castaño.				
Es un poco calvo(a).				
Tiene los ojos azules.				
Tiene los ojos color miel.				
Es guapo(a).				
Es joven.				
Tiene el pelo corto.				

Segunda parte: Do you have a favorite aunt, uncle, or other special relative? Write a paragraph about this person. Include the following information:

- name and relationship to you
- where the person lives
- (approximate) age
- what this person looks like

_____

_____

_____

_____

_____

CA4-5 La personalidad. While family members often share many traits, they frequently exhibit marked differences as well. Complete the activities below on family "opposites."

Primera parte: Cristián has many "opposites" in his family. Complete the descriptions of his relatives with logical adjectives.

MODELO: Mi abuelo es muy optimista, pero mi abuela es un poco *pesimista*.

1. Mi hermano Sebastián estudia mucho; es responsable y trabajador. Pero mi hermano Lorenzo

   estudia poco y es _____.

2. Mi prima Angélica dice "por favor", "gracias" y "de nada"; es educada. Pero mi primo David

   es _____.

3. Mi madre es extrovertida y tiene muchos amigos. Pero mi padre es más solitario y _____

   _____.

4. Mi tía Elba es muy divertida; hablamos mucho de los deportes, del cine, de los libros. Pero mi

   tío Cándido sólo *(only)* habla del fútbol todo el tiempo. Es un poco _____

   _____.

5. Mi prima Sara es buena y cariñosa. Pero su hermano Armando es desobediente y cruel a los

   animales. Es un niño _____.

Segunda parte: Are there any "opposites" among your family and friends? Write sentences describing three such pairs.

1. _____

   _____

2. _____

   _____

3. _____

   _____

Gramática: Los adjetivos descriptivos, posesivos y demostrativos

CA4-6 Los adjetivos descriptivos. Many children's stories have been translated into different languages and are known around the world. How would you describe the following characters from **"La Cenicienta"** *("Cinderella")*? Choose appropriate adjectives from the list and write them in their correct form (masculine/feminine; singular/plural) in the blanks.

1. **contento**   **joven**   **triste**
   feo   **perezoso**   **valiente**
   guapo   **trabajador** **viejo**

   La Cenicienta es una chica _____ y _____. Tiene que limpiar

   la casa todos los días; es muy _____. Ella está _____

   porque su vida *(life)* es muy difícil.

2. | antipático | egoísta | perezoso |
    | arrogante | feo | simpático |
    | cruel | generoso | vanidoso (vain) |

La madrastra de Cenicienta es muy _____ y _____. Ella es

_____; le tiene envidia (envy) a la bonita Cenicienta.

A las hermanas de Cenicienta no les gusta trabajar; son muy _____. También,

son _____.

3. | amable | desilusionado | pesado |
    | cariñoso | generoso | práctico |
    | contento | guapo | valiente |

El príncipe (Prince Charming) es el novio ideal. Es _____ y

_____. También es _____. Al final del cuento, el príncipe y

la Cenicienta están muy _____ porque están juntos (together).

CA4-7 Los adjetivos posesivos.
Complete Homer Simpson's description of his family with possessive adjectives (*my, our, his,* etc.). Change the form of the possessive adjective to reflect the appropriate number (singular/plural) and gender (masculine/feminine): **mi(s), nuestro(s), nuestra(s), tu(s), su(s).**

Hola. Yo soy Homero J. Simpson. Tengo 36 años y soy supervisor técnico de la planta nuclear

de Springfield. **(1)** _____ esposa se llama Marge. Ella tiene 34 años y es

ingeniera doméstica de **(2)** _____ casa. También es la madre de

(3) _____ tres hijos.

   (4) _____ hijo mayor se llama Bart. Es un chico un poco desobediente pero

bueno. **(5)** _____ héroes personales son El Payaso Krusty y el Hombre

Radiactivo. **(6)** _____ mejor amigo es su perro, Pequeño Ayudante de Santa.

   (7) _____ hija se llama Lisa. Tiene ocho años y es una chica inteligente y

creativa. **(8)** _____ libros favoritos son los de Virginia Woolf y Zelda Fitzgerald.

   (9) _____ hija menor es Maggie. ¡Es mi hija favorita! Tiene sólo un año.

(10) _____ posesión favorita es su chupete (pacifier).

Nombre _____   Fecha _____

CA4-8 Los adjetivos demostrativos. Compare the two groups of animals in the pet store by writing coordinating sentences in the chart below. Use appropriate demonstrative adjectives (**este, ese, etcétera**). Note that the pets in drawing A are close to you (*this dog, these fish,* etc.), while those in drawing B are farther away (*that dog, those fish,* etc.).

Modelo: a. **Este** perro es blanco *(white).*	Modelo: b. **Ese** *perro es negro* (black).
1. a. Este perro es un cachorro *(puppy);* es joven.	**1. b.**
2. a.	**2. b. Ese** perro está cansado y duerme mucho.
3. a. Estos gatos son reservados y fríos *(aloof).*	**3. b.**
4. a.	**4. b. Esos** gatos son blancos y negros.
5. a. Este pájaro habla inglés.	**5. b.**
6. a.	**6. b. Esos** peces son feos.
7. a. Estos peces cuestan muchos.	**7. b.**

Paso 2

Vocabulario temático: La casa

CA4-9 Los cuartos y los muebles. What kinds of furniture and appliances would you find in the average house?

Primera parte: Read each list of furnishings and decide in which room they would be found. Write the name of the room in the blank; cross out the *one* item in each group that does *not* belong.

MODELO: *el garaje* un auto, una bicicleta, una motocicleta, una ~~ducha~~

_____ **1.** una cama, una cómoda, un inodoro, una mesita de noche, una lámpara

_____ **2.** una ducha, un refrigerador, una bañera, un lavabo

_____ **3.** unos sillones, el sofá, un cuadro, un fregadero

_____ **4.** unas sillas, una mesa grande, una tina, una alfombra

_____ **5.** una estufa, un microondas, un refrigerador, un fregadero, un sofá

Segunda parte: What furnishings do you have in your dorm room or in your bedroom at home? List at least eight items.

_____

_____

_____

_____

CA4-10 Mi domicilio. Draw a simple floor plan of a home that is very familiar to you and label each room in Spanish. Then answer the questions on page 73 about that house.

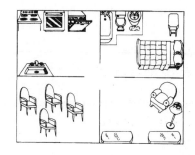

1. ¿De quién es la casa en tu plano?

   _____

2. ¿Es una casa grande, pequeña o de tamaño mediano?

   _____

3. ¿Cuántos pisos tiene?

   _____

4. ¿Cuántas habitaciones hay en la casa?

   _____

5. ¿Qué muebles hay en la sala de esta casa?

   _____

Vocabulario temático: Para indicar las relaciones espaciales

CA4-11 Las relaciones espaciales. You've just had some remodeling and painting done at your apartment, and now you want to put all your furnishings and fixtures in their proper places. The drawings below represent the way you want your apartment to look. Complete the activities below.

Primera parte: Look at the drawings and tell your painter what goes in each spot (**la cama, el cuadro, etcétera**).

MODELO: En la cocina…
         La estufa está detrás de la mesa.

En el cocina…

1. _____

   está a la izquierda de la estufa.

2. _____

   está en el medio de la cocina.

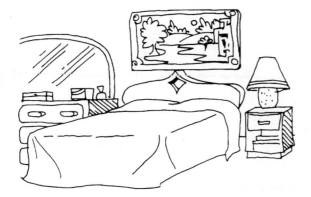

En el dormitorio…

3. _____

   está entre la cómoda y la mesita.

4. _____

   está encima de la mesita.

5. _____

   está en la pared, detrás de la cama.

Segunda parte: Now tell your contractor the location of the items on page 74 in the bathroom and the living room. Complete the sentences by describing where each thing is located. Use **al lado de, entre, y, etcétera.**

En el baño…

6. El inodoro está _____ .

7. El lavabo está _____ .

8. La pequeña mesa está _____ .

9. La planta está _____ .

En la sala…

10. El sillón está _____ .

11. La alfombra está _____ .

12. El estante está _____ .

CA4-12 Un condominio. Here is a floor plan for a luxurious apartment in Quito, Ecuador.

Primera parte: Study the plan and answer the following questions in complete sentences.

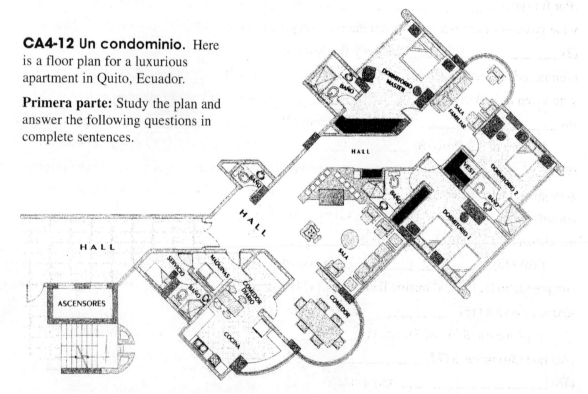

1. ¿Es grande, pequeño o de tamaño mediano este condominio?

_____

2. Al lado de la cocina hay un dormitorio y un baño. ¿Quién vive en esta parte del condominio?

_____

3. ¿Cuántos dormitorios y baños hay para la familia?

_____

Segunda parte: Describe where the following rooms are located, in relationship to the rest of the house.

1. El comedor para uso diario (*for everyday use*) _____

_____ .

2. El comedor formal _____ .

3. La sala familiar _____ .

4. La sala _____ .

5. El dormitorio de los padres _____ .

Gramática: Los verbos ser y estar

CA4-13 *Ser* vs. *estar*. Irene is studying Spanish in Venezuela for the year. Here is a letter she has written home to her Cuban grandmother. Complete the sentences by writing in the correct form of the verbs **ser** and **estar.**

Querida abuela,

¡Por fin (yo) **(1)** _____ en Venezuela! Decidí estudiar en el programa en Caracas y me gusta mucho. Vivo con una familia muy simpática —los Pozo. Paco, el padre de la familia,

(2) _____ médico y Wigberta, su esposa, **(3)** _____

bibliotecaria (*librarian*). Tienen tres hijos, pero dos de ellos **(4)** _____ casados

y no viven aquí. María **(5)** _____ la más pequeña de la familia. (Ella)

(6) _____ un poco tímida pero **(7)** _____ una chica muy cariñosa.

La casa de los Pozo **(8)** _____ en una zona muy bonita de la ciudad y

(9) _____ cerca del parque Sarmiento, un enorme parque con un buen parque

zoológico. La casa **(10)** _____ grande, con cuatro dormitorios, una sala, un

comedor, una cocina moderna y dos baños. ¡Los muebles de la sala **(11)** _____

tan elegantes! Creo que las lámparas **(12)** _____ de Venecia.

(Yo) **(13)** _____ un poco preocupada porque todos hablan muy rápido y no

comprendo todo. Pero, al mismo tiempo, (yo) **(14)** _____ muy contenta porque

sé que esto va a **(15)** _____ una experiencia maravillosa.

Papá me escribió que Susana **(16)** _____ embarazada (*pregnant*).

¡Así que (*So*) tú vas a **(17)** _____ bisabuela! Me imagino que (tú)

(18) _____ muy contenta.

Bueno, ahora **(19)** _____ las once y media de la noche y (yo)

(20) _____ cansada. Voy a acostarme (*to go to bed*). Ya te escribiré más.

Con mucho cariño y un fuerte abrazo,

Irene

Paso 3

Vocabulario temático: Las actividades de mi familia

CA4-14 Las actividades. Are you familiar with your family's routines and responsibilities? Complete the following activities.

Primera parte: Who in your family usually takes care of the following chores or has the following habits? Write in the blanks phrases like **mi madre, mi hermano Luke, yo,** or **nadie** *(nobody)*.

_____ 1. Cocina la cena para toda la familia.

_____ 2. Lava la ropa.

_____ 3. Pone la mesa.

_____ 4. Hace las camas.

_____ 5. Corta el césped.

_____ 6. Limpia el garaje.

_____ 7. Limpia el polvo de los muebles.

_____ 8. Da de comer a los animales domésticos.

_____ 9. Sale de casa temprano por la mañana.

_____ 10. Trae mucho trabajo a casa.

_____ 11. Pasa el día en una oficina.

_____ 12. Duerme hasta tarde los fines de semana.

Segunda parte: How often do you and your roommates (or housemates) clean up? Complete the sentences to express which chores you do regularly, sometimes, never, etc.

1. Todas las semanas (nosotros[as]) _____

   y _____.

2. A veces, (nosotros[as]) _____

   o _____.

3. Casi nunca (nosotros[as]) _____

Gramática: Algunos verbos irregulares en el tiempo presente

CA4-15 Verbos irregulares. Most of us follow certain routines at work, at school, and around the house. Complete the following activities about daily routines.

Primera parte: Sra. Martínez is describing how she spends a typical Thursday. Complete each sentence by choosing a logical verb from the list and writing it in the present tense.

1. **conocer   estar   jugar   pasar   salir   ser**

   Siempre (yo) _____ muy ocupada los jueves. (Yo) _____ de

   casa a las 8:30 y _____ la mañana con los clientes en la agencia de viajes. Me

   gusta mucho mi trabajo, porque (yo) _____ a muchas personas interesantes.

2. poner saber servir tener volver

A la 1:30, (yo) _____ a casa, pero ¡no _____ tiempo para

descansar! Rápidamente (yo) _____ la mesa y _____ el almuerzo.

3. dormir hacer lavar limpiar traer ver

Después del almuerzo, (yo) _____ la cocina. Por fin, tengo un poquito de tiem-

po libre. Generalmente, me siento en la sala y _____ las noticias en la tele-

visión. A veces _____ la siesta. (Yo) Nunca _____ trabajo a

casa, así que puedo pasar más tiempo con mi familia por la tarde.

Segunda parte: What is a typical Thursday like for you? Write five sentences describing how you usually spend the day.

1. _____

2. _____

3. _____

4. _____

5. _____

Gramática: Expresiones indefinidas/afirmativas y negativas

CA4-16 Expresiones indefinidas y negativas. Elvira and her sister Ramona are as different as night and day. Are there any members of your family like that? Complete the activities below.

Primera parte: Elvira is describing how different she is from her sister, and it sounds like her sister comes out on the short end. Complete the descriptions of the two women with logical words from the list.

alguien	**algo**	**siempre**	**también**
nadie	**nada**	**nunca**	**tampoco**

1. Yo soy una estudiante modelo, pero mi hermana Ramona es perezosa. Yo _____

   hago la tarea para mis clases, pero ella casi _____ la hace.

2. Yo no soy gorda pero me gusta comer. Ramona está obsesionada con su dieta. Cuando miro la

   televisión o voy al cine, me gusta comer _____, pero Ramona nunca quiere

   comer _____.

3. Yo soy muy sociable y extrovertida, pero Ramona es muy tímida e introvertida. Cuando

   _____ me invita a salir, yo salgo. Pero a Ramona no le gusta salir con

   _____.

4. Yo soy bastante atlética. Juego al tenis casi todos los días. _____; me gusta

   mirar las competencias deportivas en la tele. Pero Ramona detesta los deportes. No le gusta

   practicar el tenis. No le gusta mirar los deportes en la televisión _____.

Segunda parte: In what ways are you and your best friend as different as night and day? Write contrasting sentences using the words **siempre** and **nunca.**

MODELO: *Yo siempre como en la cafetería, pero mi amigo(a) nunca come allí.*

1. _____

2. _____

3. _____

Integración

Atajo Software (CA 4-17)

Phrases:

Describing people

Vocabulary:

Family members; People; House: Household chores; Leisure;
Numbers: 0–20; Time expressions

Grammar:

Adjective agreement; Adjective position; Verbs **ser** and **estar**

CA4-17 La familia ideal. Does the ideal family exist? In your opinion, what are the characteristics of such a family? Write a paragraph of 12–16 sentences in which you describe the ideal family. If you need more space, use a separate sheet of paper or create your composition on the computer using ATAJO.

Mention the following topics:

- number of people
- residence/home
- division of chores

- family activities
- characteristics of children
- contact with the extended family

Nombre _____ Fecha _____

Atajo Software (CA4-18)

Phrases:

Asking information; Describing objects; Stating a preference

Vocabulary:

House: bathroom, bedroom, kitchen, living room

Grammar:

Adjective agreement; Adjective position; Interrogatives; Verbs **ser**
and **estar, tener**

CA4-18 Una casa nueva. Sr. Álvarez wants to buy a new condo. In the scenes below, he is
talking with a real estate agent about an ad **(un anuncio)** he saw in the newspaper. Write a dialogue
of their conversation. If you need more space, use a separate sheet of paper or create your composition on the computer using ATAJO.

_____

_____

_____

_____

_____

_____

_____

_____

_____

_____

_____

_____

_____

Un paso más

Vistazo gramatical

CA4-19 El presente progresivo. It's Friday night, and a number of your friends are calling to invite you to go out. But you have plans to get together with your ex-boyfriend/ex-girlfriend, and you don't want to tell anyone. What excuses could you make? Follow the model, and write sentences that include a verb in the present progressive verb tense.

MODELO: Patricia y Sonia te invitan a ir al cine.
Tú contestas: *No puedo ir al cine; estoy lavando la ropa.*

1. Tu compañero(a) de cuarto tiene un boleto extra para un concierto y te invita a acompañarlo(la) *(to go with him/her)*.

   _____

2. Tu vecino(a) te invita a una cena en su casa.

   _____

3. Unos amigos dan una fiesta de cumpleaños *(birthday)* y te invitan a su casa.

   _____

4. Tus padres te invitan a comer en un buen restaurante.

   _____

5. Tus amigos te invitan a jugar al béisbol.

   _____

Rincón literario

"Rima XI"

Gustavo Adolfo Bécquer (1836–1870) was a major Spanish poet of the Romantic period. His well-known collection of poems—*Rimas*—reflects the themes of love, hope, misery, and solitude. In the following poem, "Rima XI," he describes and "converses" with several women. Which one does he prefer?

longing / pleasures / full

brindarte… give you happiness
tenderness

mist

come

Gustavo Adolfo Bécquer
Rima XI

—Yo soy ardiente, yo soy morena,
yo soy el símbolo de la pasión
de ansia° de goces° mi alma está llena.°
¿A mí me buscas? —No es a ti; no.

—Mi frente es pálida; mis trenzas, de oro;
puedo brindarte dichas° sin fin;
yo de ternura° guardo un tesoro.
¿A mí me llamas? —No; no es a ti.

—Yo soy un sueño, un imposible,
vano fantasma de niebla° y luz;
soy incorpórea, soy intangible;
no puedo amarte. —¡Oh, ven,° ven tú!

CA4-20 Antes de leer. This introduction to the story of Rapunzel highlights some new words that are also found in the poem **"Rima XI."** Complete the story with the most logical words from the list.

amar *to love*	**oro** *gold*
ardiente *burning*	**pálida** *pale*
frente *forehead*	**sueños** *dreams*
luz *light*	**tesoro** *treasure*

RAPUNZEL

En una torre sin puerta y sin **(1)** _____ vive la bella Rapunzel, una muchacha

(2) _____ con trenzas de **(3)** _____. Vive sólo con el deseo

(4) _____ de salir de su torre y **(5)** _____ al hombre de sus

(6) _____. Pero la madrastra malévola guarda *(keeps)* su

(7) _____ en la torre.

CA4-21 Comprensión. Read the poem and choose the best response to each statement.

_____ 1. El poeta habla con _____ persona(s).

    a. una

    b. dos

    c. tres

_____ 2. Las personas son _____.

    a. hombres

    b. mujeres

    c. niños

_____ 3. La primera y la segunda personas son _____.

    a. indiferentes

    b. apasionadas

    c. pesadas

_____ 4. La tercera persona es más _____.

    a. concreta

    b. realista

    c. abstracta

_____ 5. El poeta prefiere la _____ persona.

    a. primera

    b. segunda

    c. tercera

CA4-22 Después de leer. Do you think that the poet is talking only about women in this poem, or could he be referring to other things? Write your response to this question here. Then discuss it with a classmate.

_____

_____

_____

_____

¡Vamos a escribir!

Estrategia: Writing descriptions

When writing a description, your main objective is to create in words an image that the reader can see and feel. You can achieve this objective more easily if you employ the organizational techniques described and practiced in the exercises that follow.

Atajo Software (CA4-24)

Phrases:

Describing people; Making transitions; Talking about the present; Writing a conclusion; Writing an introduction

Grammar:

Adjective agreement; Adjective position; Relative pronoun **que**; Relative pronoun **quien**; Relatives: antecedent; Verbs **ser** and **estar**; Verb **tener**

Vocabulary:

Family members; People; Personality

CA4-23 Mi tía. A description generally consists of three basic sections, each with a specific objective.

- The *introduction* presents the subject to the reader and provides an overview of this subject.
- The *main body* presents a detailed description of the subject. This description may be organized from the general to the specific, from the outside to the inside, from head to toe, etc.
- The *conclusion* recaps the description and explains why this particular subject was chosen by the author.

1. Read the description of **tía Elena** on the following page. Circle and label the three parts.
2. How is the main body of this description organized?

_____

_____

_____

Mi tía Elena

Mi tía Elena nació en Cuba, pero llegó a los Estados Unidos hace más de treinta y cinco años. Ahora vive con su esposo en un pueblo de Pensilvania, muy cerca de sus hijos y sus nietos. Aunque *(Although)* no puedo visitarla con mucha frecuencia, mi tía Elena es una de mis parientes preferidas.

Mi tía Elena es bajita de estatura y bastante delgada. Tiene el pelo completamente blanco ahora, pero sus ojos son muy azules y brillantes. Para muchas personas, mi tía Elena es una señora "típica" de sesenta y cinco años. Pero para mí, ella es una señora extraordinaria. Es una persona que siempre está lista a ayudar. Además, es paciente y generosa con todo el mundo. Ella siempre escucha con compasión y no critica a nadie.

Mi tía Elena y yo nos escribimos o hablamos por teléfono todos los meses. Es más que una tía —es mi mejor amiga.

CA4-24 Una persona especial. Who is a special person in your life? What makes that person special? Follow the organizational pattern outlined in Exercise CA4-23 and write a description of that person. Think about what details you want to include about this person and how you might best organize them into an introduction, main body, and conclusion. If you need more space, use a separate sheet of paper or create your composition on the computer using ATAJO. After you finish writing, check for errors in grammar and spelling. Look especially carefully for the following grammatical points:

• Uses of **ser** and **estar**
• Agreement of adjectives
• Correct use of the present tense

¡Vamos a mirar!

Vídeo 1: El apartamento

CA4-25 Anticipación. In this video segment, Miguel shows his apartment to Francisco, a Spanish student who is interested in sharing the apartment with him. Here are some lines from their conversation. Read each statement and decide who probably said it—Miguel (**M**) or Francisco (**F**).

_____ **1.** Llamé *(I called)* por lo del anuncio para compartir un piso.

_____ **2.** Bonita decoración. Está muy bien. Me gusta.

_____ **3.** ¿Y vives aquí solo?

_____ **4.** Éste es el comedor y también es mi lugar *(place)* de trabajo.

_____ **5.** ¿Cuánto es el alquiler *(rent)*?

_____ **6.** Está incluido el agua, pero la electricidad y el gas son apartes.

_____ **7.** Tendré *(I will have to)* que comprar una cama y un escritorio.

_____ **8.** ¿Quieres ver la habitación *(bedroom)*?

_____ **9.** Es un sitio estupendo. Me interesa.

_____ **10.** Es exactamente lo que buscaba.

CA4-26 Comprensión.

Primera parte: Watch the video and indicate the order in which Miguel shows Francisco the following parts of his apartment. Write the numbers from 1 to 6 next to the appropriate room.

_____ la cocina _____ el baño

_____ el comedor _____ el salón

_____ el patio _____ el dormitorio de Francisco

Segunda parte: Watch the video again, and then complete each of the following statements with the best answer.

_____ **1.** Francisco llega a las ____ para ver el apartamento.
   a. diez de la mañana
   b. dos de la tarde
   c. siete de la tarde

_____ **2.** Miguel es estudiante y también trabaja como traductor *(translator)* de cómics; generalmente trabaja en ____.
   a. el comedor
   b. su dormitorio
   c. el salón

_____ **3.** Francisco estudia ____.
   a. música en el conservatorio
   b. biología en la universidad
   c. arte en el instituto de Bellas Artes

_____ **4.** La cocina _____.

    a. es vieja

    b. no tiene microondas *(microwave)*

    c. es muy completa

_____ **5.** El alquiler es de _____ pesetas.

    a. 50.000

    b. 70.000

    c. 100.000

_____ **6.** Miguel prefiere más _____ de su casa.

    a. el salón

    b. el patio

    c. el dormitorio

_____ **7.** El cuarto de Francisco tiene _____.

    a. muchas ventanas

    b. un clóset grande

    c. cama y mesita

_____ **8.** Al final de la conversación, Francisco dice que _____.

    a. quiere alquilar el apartamento

    b. necesita más tiempo para pensar un poco

    c. no le gusta el apartamento

Vídeo 2: Vistas de Venezuela

CA4-27 Preparación. Before watching the video on Venezuela, read the following facts about this country and its capital city. Complete the sentences with the most logical words from the list.

al aire libre *open-air, outdoor*
compra (comprar) *buy (to buy)*
cordillera *mountain range*
goza (gozar) *enjoys (to enjoy)*

gratuita *free (no charge)*
papel *role*
población *population*
rascacielos *skyscrapers*

1. Venezuela tiene una _____ de unos 23 millones de habitantes.

2. Caracas está situada entre el mar y las montañas de la _____ Caribe.

3. Hay muchos edificios *(buildings)* muy altos en Caracas. Éstos se llaman _____.

4. Simón Bolívar es importante por su _____ en la independencia de Venezuela.

5. En el mercado, la gente vende y _____ de todo.

6. La educación es _____ en Venezuela; los estudiantes tienen que pagar sólo los libros de texto.

7. Caracas _____ de un clima templado.

8. Los cafés _____ son populares con todo el mundo.

CA4-28 Comprensión: Observar y reconocer. The following phrases describe some of the main scenes in this video of Venezuela. First, read the statements to familiarize yourself with the information. Then, as you watch the video segment, number the statements from 1 to 8 to indicate the order in which the information is presented.

_____ El mercado es importante en la vida diaria.

__1__ En Caracas hay muchos rascacielos.

_____ Simón Bolívar nació en Caracas.

_____ La educación es gratuita y obligatoria.

_____ La Catedral y el Panteón son ejemplos de la arquitectura colonial.

_____ El café es un lugar popular.

_____ A muchos jóvenes les gustan los juegos de vídeo.

_____ Muchas familias llevan a sus niños al parque.

CA4-29 Comprensión: ¿Qué recuerdas de Venezuela? Watch the video again and complete each statement with the correct information about Venezuela.

_____ 1. La capital de Venezuela está situada ____.

    a. en las montañas

    b. cerca de la costa

    c. en el sur del país

_____ 2. En Venezuela, la mayor parte de las personas vive en ____.

    a. el campo

    b. la costa

    c. las grandes ciudades

_____ 3. En Caracas, la arquitectura ____.

    a. es de un estilo muy moderno

    b. es principalmente de estilo colonial

    c. refleja una combinación de lo nuevo y lo antiguo

_____ 4. Simón Bolívar fue ____.

    a. un héroe nacional

    b. un conquistador español

    c. un pintor famoso

_____ 5. La educación es obligatoria hasta la edad *(age)* de ____ años.

    a. catorce

    b. dieciséis

    c. dieciocho

Capítulo 5

¡Buen provecho!

Paso I

Vocabulario temático: Las comidas

CA5-1 Las comidas. Do you know how to cook? What dishes do you know how to prepare from scratch? Complete the following activities.

Primera parte: Have you ever prepared or eaten these dishes? Match each list of ingredients to the dish they would be used in.

_____ 1. pan, jamón, queso, tomate, lechuga, mayonesa

_____ 2. agua, pollo, tomates y otros vegetales, fideos *(noodles)*

_____ 3. las tortillas, la carne picada *(ground),* el queso, la lechuga, la salsa

_____ 4. leche, huevos, azúcar, vainilla

_____ 5. lechuga, tomate, aderezo

_____ 6. huevos, patatas, sal, pimienta

_____ 7. harina *(flour),* azúcar, mantequilla, huevos, vainilla y pedacitos *(little pieces)* de chocolate

a. la sopa

b. la pizza

c. el flan

d. un sándwich

e. una tortilla española

f. los tacos

g. una ensalada

h. las galletas

Segunda parte: What are your favorite recipes? What ingredients are needed to prepare them? Complete the sentences in a logical way.

1. Mi plato favorito es _____.

   Los ingredientes de este plato incluyen _____

2. La especialidad de mi madre (padre / abuela / abuelo) es _____

   Este plato tiene _____

CA5-2 Preferencias. What are some of your favorite foods? Answer the following questions about your food preferences and eating habits in complete sentences.

1. ¿Con qué frecuencia comes el desayuno? ¿Qué te gusta desayunar?

   _____

   _____

2. ¿A qué hora comes el almuerzo generalmente? ¿Dónde almuerzas?

   _____

   _____

3. ¿Eres vegetariano(a)? ¿Qué vegetales te gustan mucho?

_____

_____

4. ¿Comes postres *(dessert)* todos los días? ¿Cuál te gusta más?

_____

_____

5. ¿Qué bebes cuando tienes mucha sed? ¿Qué bebes con tus comidas generalmente?

_____

_____

Vocabulario temático: En el restaurante

CA5-3 En el restaurante. You are having dinner at La Tasca in Lima, Perú. How might the waiter respond to your requests and complaints? Match the waiter's responses in the right-hand column to your comments in the left-hand column.

Tú	**Camarero**
_____ **1.** Por favor, una mesa para dos.	**a.** Tiene la palta —o sea, aguacate *(avocado)*— pollo y muchos vegetales.
_____ **2.** ¿Cuál es el plato del día?	**b.** ¿Les gusta esta mesa en el rincón *(corner)*?
_____ **3.** ¿Qué ingredientes tiene la palta rellena?	**c.** ¡Cómo no! Aquí lo tienen.
_____ **4.** Quisiera probar un plato típico de los Andes.	**d.** Hoy tenemos palta rellena.
	e. El helado de lúcuma es muy rico.
_____ **5.** Esta papa está fría.	**f.** La papa a la huancaína es muy típica de aquí. Es una papa con una salsa cremosa.
_____ **6.** ¿Podría traernos más pan?	**g.** Perdone. Aquí la tiene. ¿Necesita más azúcar o crema?
_____ **7.** ¿Qué me recomienda de postre?	**h.** Lo siento. En seguida le traigo otro plato más calientito.
_____ **8.** Necesito una cucharita para mi café.	

CA5-4 Leona's. While in Chicago, you and your friend go to Leona's for supper. Refer to the menu on the opposite page as you complete your part in the dialogue below. Use complete sentences whenever possible. Note that the dialogue continues on page 90.

CAMARERA: Buenas tardes. Bienvenidos *(Welcome)* a Leona's. ¿Cuántos son Uds.?

TÚ: **(1)** _____.

CAMARERA: ¿Quieren Uds. una mesa en la sección de fumar o en la sección de no fumar?

TÚ: **(2)** _____.

CAMARERA: ¿Está bien esta mesa en el rincón, o prefieren esa mesa cerca de la ventana?

TÚ: **(3)** _____.

CAMARERA: Aquí tienen los menús.

(Unos minutos después)

CAMARERA: ¿Están listos para pedir?

Platos Fuertes

La Mejor Comida de Reparto de la Ciudad!
Todas las siguientes selecciones incluyen Old World Bread y dos
acompañamientos de su elección.

POLLO ROMANO Pechuga de pollo sin hueso empanizada y
cocinada al horno. Nuestra especialidad. Petite: 8.95 Real: 10.95

POLLO EMPANIZADO AL AJILLO Pechuga de pollo sin hueso
marinada en ajo y empanizada. Servida con salsa alfredo.
Petite: 8.95 Real: 10.95

POLLO PAMESANO Pechuga empanizada y cocinada al horno
con salsa marinara y queso provolone. Petite: 9.50 Real: 11.50

BROCHETA DE POLLO A LAS BRASA Sazonado con hierbas y
aceite de oliva. Le sugerimos una brocheta de vegetales como
acompañamiento. 9.95

POLLO STRIPS "PARA ADULTOS" Pueden ordenarse fritos o
empanizados, preparados frescos. 9.95

CHICAGO FRITO No se crea, se trata de pollo frito en puro aceite
vegetal: 2 piezas pechuga y muslo: 6.95 4 piezas: 8.95 6 piezas: 10.95

BROCHETA DE VEGETALES GRILLADOS
Dos brochetas frescas a la parilla. 8.95

CAMARONES QUE MATAN
Al ajillo. 2) Al broiler. 3) Fritos. 13.95

PESCADO BLANCO FRESCO Simplemente sazonado y cocinado
al broiler. Servido con salsa de yogut de bajas calorías. 12.95

PESCADO FRITO Una generosa porción de pescado frito. Le
sugerimos papas fritas como uno de sus acompañamientos. 8.95

FILETE DE SALMÓN
Filete de salmón noruego servido con 3 salsas. 13.50

COSTILLAS CON BBQ Una costilla con nuestra deliciosa salsa.
Media: 10.95 Entera: 14.95

COSTILLA & ROMANO
Media costilla y dos pedazos de romano. 13.95

UN BISTEC N.Y. & SU ELECCIÓN
Un N.Y. Steak y su elección entre camarones al ajillo, costillas
BBQ, o pollo romano. 17.95

¡COMPARTA SI QUIERE!

SOLO CAMARONES FRITOS 1/2 LB. $10. SOLO COSTILLA 2 SLABS $24.

Acompañamientos:
Sopa de Pollo, Menestrone, Ensalada Sicodélica, Penne con Salsa de
Carne, Papas Alfredo, Angel Hair Marinara, Cavatappi y Crema de
Tomates, Fettuccini Alfredo, Skewer de Vegetales, Papas Fritas con Sour
Cream, Kale al Vapor, Si agrega un dólar... Lasagna de Carne o de Queso

Adornos:
Fruta Fresca, Slaw de Zanahoria y Bróculi, Galletas

TÚ: **(4)** ¿ _____ ?

CAMARERA: Las costillas *(ribs)* con salsa barbacoa son deliciosas. También es muy rico el pollo
parmesano.

TÚ: **(5)** _____ .

TU AMIGO(A): **(6)** _____ .

CAMARERA: Muy bien. También pueden elegir *(pick)* dos acompañamientos *(side dishes)* y un adorno *(garnish)*. ¿Ven Uds. la lista al pie *(at the bottom)* del menú?

TÚ: **(7)** _____.

TU AMIGO(A): **(8)** _____.

CAMARERA: ¿Y para beber?

TÚ: **(9)** ¿ _____?

CAMARERA: Tenemos de todo —refrescos *(soft drinks)*, té frío, cerveza, vino, leche…

TÚ: **(10)** _____.

TU AMIGO(A): **(11)** _____

CAMARERA: ¿Algo más?

TÚ: **(12)** _____.

CAMARERA: Muy bien. Ahora mismo les traigo el pán.

Gramática: Los complementos directos

CA5-5 Los complementos directos. Many of us are creatures of habit, even when it comes to what we eat. How often do you do the following things? Answer the questions in complete sentences. Include a direct object pronoun (**lo, la, los, las**) and an expression of frequency in your response.

EXPRESIONES DE FRECUENCIA

(casi) nunca	**(casi) siempre**
de vez en cuando	**(casi) todos los días**
a veces	**(casi) todas las semanas**
con (mucha) frecuencia	

MODELO: ¿Con qué frecuencia sirves **el vino** con la cena?
   Lo sirvo de vez en cuando.
   o: *No lo sirvo casi nunca.*

1. ¿Con qué frecuencia bebes **jugo de naranja** con tu desayuno?

   _____

2. ¿Con qué frecuencia preparas **la ensalada** para tu almuerzo?

   _____

3. ¿Con qué frecuencia sirves **mariscos** para la cena?

   _____

4. ¿Con qué frecuencia compras **fruta fresca** en el supermercado?

   _____

5. ¿Con qué frecuencia pides **enchiladas** en los restaurantes mexicanos?

   _____

6. ¿Con qué frecuencia pruebas **platos nuevos** cuando estás en un restaurante?

   _____

7. ¿Con qué frecuencia cocina tu papá **la cena** para tu familia?

_____

8. ¿Con qué frecuencia comen **pizza** tú y tus amigos?

_____

9. ¿Con qué frecuencia beben **refrescos** con el desayuno tú y tus amigos?

_____

10. ¿Con qué frecuencia necesitas tomar **antiácidos** después de comer en la cafetería de la universidad?

_____

Paso 2

Vocabulario temático: En el mercado

CA5-6 Hacer la compra. Shopping lists are a handy way to organize our purchases. Complete the activities that follow.

Primera parte: Consuelo and her daughter are getting their shopping list ready for tomorrow's picnic. What do they need to buy? Complete Consuelo's conversation with her daughter Lisa with the most logical words from the list.

dos barras	**una docena**	**un kilo**	**un paquete**
dos botellas	**un frasco**	**un litro**	**una**

CONSUELO: Oye, Lisa, tenemos que hacer la compra para nuestro picnic. ¿Me puedes ayudar?

LISA: Sí, mami.

CONSUELO: A ver *(Let's see)*… Para los sandwiches, ¿qué necesitamos?

LISA: **(1)** _____ de pan y **(2)** _____ de jamón.

CONSUELO: Sí, y también **(3)** _____ de mayonesa. Creo que ya *(already)*

tenemos queso y lechuga.

LISA: Vamos a comprar fruta también, ¿no?

CONSUELO: Claro. **(4)** _____ sandía. Y para beber,

(5) _____ grandes de Inca Cola.

LISA: También tenemos que comprar **(6)** _____ de azúcar, porque voy

a hacer una torta para nuestro picnic.

CONSUELO: Muy bien, hija. Entonces debemos comprar **(7)** _____ de huevos

y **(8)** _____ de leche también.

LISA: ¿Tenemos que comprar algo más?

CONSUELO: No, eso es todo. ¡Vamos al mercado!

Segunda parte: What do you need to buy for the picnic you and three of your friends are having this weekend? Make your shopping list; include units of measure or containers (*a bag* of potato chips, *a kilo* of ham, etc.).

Gramática: Los complementos indirectos y el verbo *gustar*

CA5-7 Los complementos indirectos. Here are some bits of conversation that you overhear while dining in Los Leños, a restaurant in Arequipa, Perú. Complete the following activities.

Primera parte: Who is probably saying each line? Indicate your response by writing **Camarero** or **Cliente** in each blank.

MODELO: *Cliente* ¿Me puede traer un tenedor?

_____ **1.** ¿Puede traernos más pan?

_____ **2.** ¿Qué me recomienda?

_____ **3.** Come tu carne Enrique, o no te damos helado.

_____ **4.** Les recomiendo el cuy *(roast guinea pig)*. Es una especialidad de la casa.

_____ **5.** ¿Por qué no le pasas la sal a tu hermana?

Segunda parte: Each of the lines above contains an indirect object pronoun. Circle it, and write its English equivalent.

MODELO: ¿(Me) puede traer un tenedor? *to me*

CA5-8 El verbo *gustar*. Elisa is describing some of her family's likes and dislikes. Complete each sentence with an appropriate indirect object pronoun (**me, te, le, nos, les**) and the correct form of **gustar** (**gusta** or **gustan**). For items 9 and 10, you must also answer the questions in complete sentences.

MODELO: A mí *me gusta* comer bien.

1. En mi familia, a todos _____ comer en restaurantes.

2. A papá y a mamá _____ los restaurantes elegantes, especialmente cuando salen los dos solos.

3. A tía Felicia _____ los restaurantes con comida española, como La Valenciana.

4. A mi hermano Carlos _____ comer hamburguesas, así que siempre va a Burger King.

5. A mi hermana Dulce y a mí _____ los postres, y siempre preferimos ir a los restaurantes franceses.

6. A Gregorio, nuestro huésped *(houseguest)*, _____ muchísimo la comida venezolana, y por eso prefiere comer en casa.

7. A mí no _____ los vegetales, pero cuando estamos en casa, tengo que comerlas.

8. Cuando mi hermana Dulce cocina, todos comemos muy poco. _____ más la comida de mi mamá o la de tía Felicia.

9. ¿Y a ti? ¿Qué restaurante cerca del campus _____? ¿Qué _____ comer allí?

Tu respuesta: _____

10. ¿A ti y a tu familia _____ más la comida norteamericana o la comida de otros países? ¿Dónde _____ a Uds. comer?

Tu respuesta: _____

CA5-9 Los verbos con cambios en la raíz. Complete the dialogues with a logical verb written in the present tense. Choose from the verbs listed above each conversation; use each verb only once.

En el mercado

costar (ue)   poder (ue)   **preferir (ie)**   **querer (ie)**

VENDEDOR: ¿**(1)** _____ Ud. algo más?

CLIENTE: Sí, por favor, ¿me **(2)** _____ dar un kilo de uvas?

VENDEDOR: ¿**(3)** _____ Ud. las uvas verdes o las rojas?

CLIENTE: ¿Qué clase *(kind)* **(4)** _____ menos?

VENDEDOR: Las verdes; están a cien colones el kilo.

Una visita a la abuela

gustar   ir   repetir (i)   servir (i)

VÍCTOR: Mamá, ¿**(5)** _____ (nosotros) a cenar con abuelita mañana?

MAMÁ: Sí, hijo. Te **(6)** _____ mucho la comida de abuela, ¿verdad?

VÍCTOR: Sí, mamá. Abuela siempre **(7)** _____ mis platos favoritos.

MAMÁ: ¡Y tú siempre **(8)** _____ todos los platos!

En el restaurante

almorzar (ue)   pedir (i)   probar (ue)   tener (ie)

MARCOS: Bueno, Marcela. ¿Qué **(9)** _____ (nosotros)? ¿una pizza con salchicha?

MARCELA: Pero, Marcos, (tú) **(10)** _____ pizza con salchicha casi todos los días. ¿Por qué no **(11)** _____ (nosotros) algo diferente? Las lasañas o el pollo parmesano…

MARCOS: (Tú) **(12)** _____ razón. Vamos a variar y pedir una pizza ¡con salami!

Paso 3

Vocabulario temático: La nutrición y la salud

CA5-10 La nutrición y la salud. Diet can have a great impact on one's health. The following selection is from an article about the health benefits of eating fruit. Read it and complete the activities.

LOS ANTIOXIDANTES

Las frutas son una fuente excelente de antioxidantes en nuestra dieta. Estudios han demostrado que aquellas personas que consumen 5 servicios de frutas y vegetales diariamente, enfrentan menos problemas cardiovasculares. Se presume que esto se debe a su alto contenido de antioxidantes como los betacarotenos, los flavanoides, los carotinoides y otros fitoquímicos.

Estos antioxidantes ayudan a bloquear los efectos de los radicales libres que pueden destruir tejidos en el cuerpo y a prevenir el depósito de "colesterol malo" en las arterias. Estos dos mecanimos son muy importantes, pues contribuyen a disminuir los riesgos de desarrollar ciertos tipos de cáncer, ataques del corazón y derrames cerebrales.

Ninguna fruta provee la combinación perfecta de antioxidantes. Por eso es que siempre debemos consumir una variedad de frutas en nuestra dieta para obtener todos sus beneficios.

Algunas frutas particularmente altas en contenido de antioxidantes son la papaya, el melón, el mango, la guayaba, el kiwi, el melocotón, la manzana, el arándano, la frambuesa, la fresa, la uva, las frutas secas y las cítricas como la naranja, la piña, la toronja y el limón.

Vocabulario útil

destruir *to destroy*
tejidos *tissues*
disminuir *to reduce*

derrames cerebrales *strokes*
el arándano *cranberry*
la frambuesa *raspberry*

Primera parte: Read the article and answer the questions in complete sentences.

1. ¿Te gusta comer frutas? ¿Cuáles te gustan más? ¿Cuáles te gustan menos?

_____

_____

2. Según el artículo, ¿cuántas frutas debemos comer todos los días? ¿Cuántas porciones comes tú en un día normal?

_____

_____

3. Según el artículo, las frutas ayudan en la prevención de muchas enfermedades. ¿Cuáles son algunas de estas enfermedades? ¿Cuáles son los componentes nutritivos de las frutas que previenen estas enfermedades?

_____

_____

Segunda parte: Summarize the advice given in the article by completing the sentences that follow.

1. Para prevenir los problemas cardiovasculares, es importante _____

_____.

2. Para bloquear los efectos de los radicales libres, hay que _____

_____.

3. Para consumir más antioxidantes, hay que _____

_____.

Gramática: Los comparativos

CA5-11 Los comparativos con sustantivos. How much do you know about good nutrition? Read the following statements and circle the appropriate option for each one so that you produce statements with accurate nutritional information.

MODELO: La leche tiene (más / tanto / menos) calcio (que / como) los refrescos.

1. Una taza de café tiene (más / tanta / menos) cafeína (que / como) una taza de té.

2. El pescado al horno tiene (más / tanta / menos) grasa (que / como) el bistec.

3. Las papas fritas tienen (más / tantas / menos) calorías (que / como) las papas al horno.

4. En general, la fruta tiene (más / tanta / menos) fibra (que / como) los vegetales.

5. Las galletas tienen (más / tanto / menos) azúcar (que / como) el helado.

6. En general, la sopa enlatada *(canned)* tiene (más / tanto / menos) sodio (que / como) la sopa casera *(homemade)*.

7. Los vegetales congelados *(frozen)* tienen (más / tantas / menos) vitaminas (que / como) los vegetales frescos.

8. La leche tiene (más / tanto / menos) calcio (que / como) el jugo de naranja.

CA5-12 Los comparativos con adjetivos. A guidebook for Cuzco, Perú, provides the following information about local restaurants. Read the descriptions and complete the following activities.

Primera parte: Compare the restaurants mentioned by completing the sentences with one of these expressions:

más... que   **menos... que**   **peor(es)... que**
tan... como   **mejor(es)... que**

Restaurantes

$$$ **Mesón de los Espaderos:** sirve excelentes parrilladas.
        Paititi: música, menú internacional.

$$ **Trattoría Adriano:** cocina italiana, excelentes postres.
        Los Tomillos: excelente y económico menú del día.
        El Nevado: sopas muy buenas, pescado excelente.
        El Tordo: sólo platos vegetarianos.

¡Ojo! No coman comidas de los vendedores ambulantes *(street vendors)*.

---

1. El Mesón de los Espaderos es _____ caro _____ El Nevado.

2. Paititi es _____ económico _____ Trattoría Adriano.

3. El menú de El Tordo es _____ variado _____ el menú de Paititi.

4. Los postres de la Trattoría Adriano son _____ _____ los postres de los otros restaurantes.

5. No se recomienda la comida de los vendedores ambulantes *(street vendors)* porque las

   condiciones sanitarias son _____ _____ las de *(those of)* los restaurantes.

Segunda parte: Which are your favorite restaurants near campus? Choose two of them and then answer the following questions about them.

1. ¿Cómo se llaman dos de tus restaurantes favoritos?

   _____

2. ¿Cuál de los dos es menos caro?

   _____

3. ¿En cuál de los dos es mejor el servicio?

   _____

4. ¿En cuál de los dos es más variado el menú?

   _____

5. ¿Cuál prefieres? ¿Por qué?

   _____

Gramática: Los superlativos

CA5-13 Los superlativos. What are the best and worst restaurants you've ever eaten at? Complete the following activities.

Primera parte: Gonzalo is describing a terrible restaurant he ate at recently. Complete his description with the appropriate expressions from the list provided.

el mejor	**el más limpio**	**los más rápidos**	**la más salada** *(salty)*
el peor	**el menos limpio**	**los más despacios**	**la más deliciosa**

El mesón La Perlita es realmente horrible; yo creo que es **(1)** _____

_____ de la ciudad. En primer lugar *(In the first place)*, tiene un aspecto sucio; es

(2) _____ de todos los restaurantes que conozco.

También, los camareros tardan horas *(take hours)* en llevar la comida a la mesa; son

(3) _____ de todo Perú. Creo que al chef le gusta mucho

la sal, porque la sopa es **(4)** _____ que he comido en mi

vida *(that I've eaten in my life)*. No pienso volver a comer allí nunca.

Segunda parte: You and two of your Spanish-speaking friends are going out to dinner at a local restaurant, but you can't agree on a place. Convince your friends that your choice is the best one by explaining that it has the best food, atmosphere, service, prices, etc. Create five statements using the superlative construction. You may wish to include some of the following points:

- camareros(as) guapos(as)
- precios económicos
- ambiente *(atmosphere)* agradable

- servicio bueno
- comida deliciosa
- postres ricos

MODELO: *Harpers es el mejor restaurante. Sirven la pizza más deliciosa de la ciudad.*

1. _____

2. _____

3. _____

4. _____

5. _____

Integración

CA5-14 La dieta ideal. As part of your internship in a bilingual class at middle school, you've been asked to develop educational materials for a unit on nutrition. Complete the following activities.

La nueva pirámide alimentaria

Grasas, aceites y dulces
(Usa en mínimas cantidades)

Leche, yogur y quesos
(2–3 raciones)

Carnes, aves, pescado, cereales, huevos y nueces
(2–3 raciones)

Vegetales
(3–5 raciones)

Frutas
(2–4 raciones)

Pan, cereales, arroz y pastas
(6–11 raciones)

Crédito: U.S. Department of Agriculture

Primera parte: Your first task is to create a sample menu for an entire day that conforms to the recommendations of the food pyramid *(see the pyramid above)*. Include in your menu selections of the proper number of servings from each food group.

Menú ideal

Desayuno

Almuerzo

Merienda

Cena

Segunda parte: Your cooperating teacher at the middle school has asked you to give a short talk on nutrition when you pass out your ideal menu to the class. In order to prepare for this talk, write on page 99 the key points you would like to make by completing each sentence

Hay que...

Es importante...

Es aconsejable...

Es mejor...

Uds. deben...

CA5-15 La familia Sotomayor.

Lunch is an important—and sometimes hectic—meal for the Sotomayor family. Here is what that meal usually looks like at their house. Describe the scene by writing at least seven sentences in the present tense. Choose a different verb from the list below for each sentence:

QUIERO UNA COCA-COLA.

almorzar (ue)	comer	gustar	servir (i)
beber	dar	pedir (i)	volver (ue)

_____

_____

_____

_____

_____

_____

_____

_____

_____

_____

Un paso más

Vistazo gramatical: Los mandatos familiares

CA5-16 Los mandatos familiares. Parents often need to give instructions to their children. Complete the following activities.

Primera parte: Verónica often sends her children to the store to pick up a few last-minute items. What kinds of instructions does she give them? Complete her instructions by writing each verb in the form of a familiar command.

1. Jaime, (ir) _____ a la lechería y (comprar) _____ dos litros de leche. Hay mucho tráfico esta mañana, así que (tener) _____ cuidado y no (correr) _____ en la calle.

2. Rubén, (pasar) _____ por la pastelería y (traer) _____ a casa la torta de cumpleaños de papá y por favor, ¡no (comprar) _____ más galletas! ¡(Ser) _____ bueno!

3. Lulú, ¡(venir) _____ acá! (Tomar) _____ este dinero para el pan. (Volver) _____ a casa directamente y ¡no (hablar) _____ con desconocidos (*strangers*) por la calle!

Segunda parte: What kinds of instructions did your parents often give you when you were little? Write three of them here.

1. _____

2. _____

3. _____

Rincón literario

"Pirulí"

Gloria Fuertes was born in Madrid in 1918. The daughter of working-class parents, she endured many hardships in her early years. In addition to writing poems and children's stories, she collaborated in the production of the much-acclaimed children's television show "Un globo, dos globos, tres globos." Many elementary schools in southern Spain are named for her—a testimony to the esteem in which she is held by the general public. In the following excerpt from her poem "Pirulí," the author extolls a common childhood "delicacy."

CA5-17 Antes de leer. Children all around the world seem to love sweets. Which of those pictured here were your childhood favorites? Rank your top three by numbering the drawings from 1 to 3.

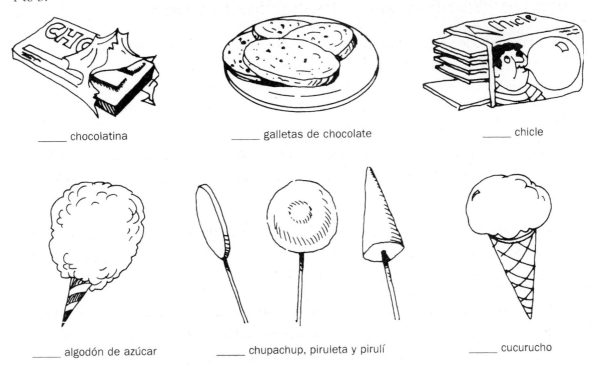

_____ chocolatina   _____ galletas de chocolate   _____ chicle

_____ algodón de azúcar   _____ chupachup, piruleta y pirulí   _____ cucurucho

Gloria Fuertes
Pirulí

De fresa, limón y menta
Pirulí
Chupachup hoy en día
"lolipop" americano.
Pirulí
Cucurucho de menta,
caviar en punta de mi primera hambre,
primer manjar de mi niñez sin nada,
juguete comestible
cojeando cojito por tu única pata de palillo de dientes,
verde muñeco azucarado indesnudable
—te devoraba entero
metido en tu barato guardapolvo de papel—.
Tú mi primer pecado de carne,...

Vocabulario útil

en punta *ending in a point*
manjar *delicacy*
niñez *childhood*
sin nada *without anything, penniless*
juguete *toy*
cojeando cojito *limping and lame*
pata *leg*
palillo de dientes *toothpick*
muñeco *doll*
azucarado *sugary*
indesnudable *hard to unwrap/"undress"*
guardapolvo *housecoat*
pecado *sin*

CA5-18 Comprensión. In the poem "Pirulí," the author describes her favorite childhood treat in great detail. As you read the poem, complete the following activity.

Primera parte: How does the poet describe the **pirulí**? Match the words from the poem (right-hand column) to the aspect of lollipops that she is describing (left-hand column).

_____ **1.** los sabores *(flavors)*

_____ **2.** los varios nombres del pirulí

_____ **3.** la forma *(shape)* del pirulí

_____ **4.** el envoltorio *(wrapper)*

a. guardapolvo de papel

b. fresa, limón y menta

c. chupachúp, "lolipop" americano

d. cucurucho; caviar en punta

Segunda parte: The author uses a number of picturesque terms to express her passion for lollipops. Of the words and phrases quoted below, which does she use specifically to convey this feeling? Mark your responses with a checkmark.

_____ **1.** caviar

_____ **2.** palillo de dientes

_____ **3.** te devoraba

_____ **4.** manjar

_____ **5.** hambre

_____ **6.** primer pecado

CA5-19 Después de leer. Children are often quite particular about what they will or won't eat. Interview a classmate about childhood food preferences with these questions.

1. Piensa en *(Think of)* un(a) niño(a) que conozcas bien, por ejemplo, un(a) hermanito(a) o un(a) primo(a). ¿Qué le gusta comer mucho? ¿Qué se niega *(refuses)* a comer? ¿Qué combinaciones extrañas de comida le gustan?

2. En general, ¿cuáles son algunas de las comidas favoritas de los niños? ¿En qué restaurantes les gusta comer? ¿Qué comidas no son muy populares entre los niños?

3. ¿Cuáles eran *(were)* tus comidas favoritas cuando tú eras niño(a)? ¿Qué dulces comías *(did you use to eat)* con mucha frecuencia?

¡Vamos a escribir!

Estrategia: Writing a simple restaurant review

CA5-20 Una reseña. Restaurant reviews are designed to help their readers decide if a particular restaurant will suit their appetite, style, and pocketbook. This kind of review generally contains most or all of the information listed below. Read the short restaurant review for El Picoteo in San Juan, Puerto Rico, on the opposite page. Then check off which of the listed items are included in the review.

☐ location

☐ telephone number

☐ operating hours

☐ specialties

☐ price range

☐ name of the chef

☐ physical description and atmosphere

☐ quality of service

☐ information on parking

☐ need for reservations

☐ how long it's been open for business

☐ availability for business and/or private events

EL PICOTEO

Bar de Tapas

Tel. 722-0200

Localizado desde hace un año en el histórico Hotel El Convento del Viejo San Juan, en El Picoteo encontrarás un ambiente agradable para disfrutar de tapas españolas. Abierto de martes a domingo, de 12:00 del mediodía a 12:00 de la medianoche, el restaurante ofrece un variado menú que incluye una selección de quesos de España, puntita de filete al ajillo, el verdadero jamón Serrano y la famosísima tortilla española, entre muchos otros.

Enmarcado en una decoración rústica y visitado mayormente por los puertorriqueños, en El Picoteo te acompañará la música flamenca mientras saboreas tus tapas preferidas. Recomendamos que hagas reservaciones si piensas visitarlo por la noche durante los fines de semana. También disponen de valet parking.

CA5-21 Mi reseña. You have been asked to write a restaurant review for a newspaper published by your local Hispanic community. Think of a restaurant you would like to review and follow the steps below to write your review. If you need more space, use a separate sheet of paper or create your composition on the computer using ATAJO.

Step 1: Generate ideas. Brainstorm a list of all the information you want to include. Refer to the list in Exercise CA5-20 for ideas and jot down the pertinent information here.

_____

_____

_____

_____

_____

Step 2: Select and organize the information. Review your list and decide which information you would like to include and in what order. Create a short outline.

_____

_____

_____

_____

_____

Step 3: Write the first draft. As you write your first draft, refer to the review of El Picoteo and to the list below for new expressions that you may wish to include.

localizado/ubicado en...	*located at . . .*
ofrece...	*offers . . .*
dispone de...	*has (available) . . .*
ambiente (cálido, familiar, refinado, etcétera)	*(warm, family-like, refined, etc.) atmosphere*
incluye...	*includes . . .*
se especializa en...	*it specializes in . . .*
alternativas gastronómicas	*gastronomic alternatives*
fundado en...	*founded in . . .*

_____

_____

_____

_____

_____

_____

_____

_____

_____

_____

_____

_____

_____

_____

_____

Step 4: Revise your work. After completing your first draft, revise it and check it carefully to correct grammatical, spelling, and punctuation errors. Then write your final draft on a separate sheet of paper or using ATAJO.

Atajo Software (CA5-21)

Phrases:

Describing objects; Expressing an opinion; Linking ideas; Persuading; Stating a preference

Vocabulary:

Food: cooking; Food: meals; Food: restaurant

Grammar:

Adjective placement; Adjective positions; Comparisons: adjectives; Relative pronoun **que**; Verbs: **ser** and **estar**

¡Vamos a mirar!

Vídeo 1: ¡A comer!

CA5-22 Anticipación. In the video you are about to see, you will visit two restaurants in the capital city of Mexico. Before you watch, think about some of the Mexican restaurants where you have dined. What are the most common dishes and ingredients in Mexican cuisine? Indicate your response by checking the appropriate words and phrases below.

_____ tortillas de maíz   _____ salsa verde

_____ paella valenciana   _____ tortilla de patatas

_____ guacamole   _____ frijoles

_____ chiles   _____ queso

CA5-23 Comprensión: En la taquería. In the first part of this video, you will hear interviews with the owner and with the cook of a **taquería**, a restaurant specializing in tacos and other fast foods. Complete the questions below as you watch and listen.

1. In the first interview, the owner describes some of the dishes served in his restaurant. Which of the following ingredients does he mention?

_____ carne   _____ queso

_____ cilantro   _____ tomates

_____ chiles   _____ tortillas de maíz

2. In the second interview, the cook compares the **taquería** to other kinds of restaurants. In his opinion, what is the major difference? (Answer in English.)

_____

_____

CA5-24 Comprensión: En el restaurante. In the second segment of this video, Laura and her friend have lunch together in a nice restaurant. First, read the questions below. Then watch the video segment and answer the questions in complete sentences in Spanish.

1. ¿Por qué les gusta a Laura y a su amiga este restaurante?

_____

2. ¿Qué comen Laura y su amiga?

_____

3. ¿Qué piensan ellas de su comida?

_____

Nombre _____ Fecha _____

Vídeo 2: Vistas de Perú

CA5-25 Preparación. In the next video segment you will learn more about Peru, a land of many contrasts. To familiarize yourself with some of the new words and concepts in this video, complete the sentences below with the most logical words from the list.

acueductos *aqueducts*
alfarería *pottery*
arqueólogos *archeologists*
bestias de carga *pack animals (beasts of burden)*

caimán *alligator*
fortalezas *forts*
lana *wool*
selva *jungle*

1. Los incas usaban _____ para llevar el agua de las montañas a sus pueblos.
2. Los _____ estudian las ruinas de las civilizaciones antiguas.
3. Los incas construyeron grandes _____ para la protección de su civilización.
4. Los descendientes de los incas usan la llama y la alpaca como _____ _____ por ejemplo, para llevar sus productos al mercado.
5. Los indígenas también utilizan la _____ de la llama para hacer ropa *(clothing)*.
6. En los mercados venden _____, o sea *(that is)*, artículos decorativos de cerámica.
7. En la zona del río Amazonas, hay una _____ de árboles y otras plantas tropicales.
8. El _____ es un animal que vive en la zona del río Amazonas.

CA5-26 Comprensión: Observar y reconocer. As you watch the video on Perú, match the descriptions in the left-hand column to the places in the right-hand column.

_____ 1. la capital de Perú
_____ 2. las montañas más altas del continente
_____ 3. el sitio de acueductos antiguos
_____ 4. el sitio de una fortaleza incaica
_____ 5. el río al este de las montañas

a. el Amazonas
b. Puco Pucara
c. Lima
d. Machu Picchu
e. los Andes

CA5-27 Comprensión: ¿Qué recuerdas de Perú? Read the sentences below. Then watch the video again and complete the sentences in a logical way with information from the video.

1. Perú es un país de unos _____ millones de habitantes.
2. Su capital es _____.
3. Perú es conocido *(known)* por ser el centro de la antigua civilización de _____

_____ .

4. El famoso sitio arqueológico de Machu Picchu está en _____

_____ .

5. Los descendientes de los incas hablan _____ .

6. Estos indígenas conservan muchas tradiciones de los incas; por ejemplo, utilizan

_____ y _____

_____ .

7. Perú fue una colonia de _____ por muchos años,

pero se hizo independiente en el año _____ .

8. Otra región interesante de Perú es _____ ,
donde el clima es tropical.

Capítulo 6

La vida estudiantil

Paso I

Vocabulario temático: La vida de los estudiantes

CA6-1 La rutina. Amanda is a university student from Córdoba, Argentina. In the following statements, she describes her daily routine. How does your routine compare to hers? Indicate for each statement if your routine is similar (**Yo también**) or different (**Yo no**). In the cases in which your routine is different, rewrite the statement with the correct information for you.

La rutina de Amanda	Yo también	Yo no	Mi rutina
Modelo: Me despierto a las seis.	√		
Modelo: Me baño por la noche.		√	*Me baño por la mañana.*
1. Me despierto bastante temprano.			
2. Me ducho por la mañana.			
3. Me visto de ropa elegante para ir a clases.			
4. Como el desayuno antes de mi primera clase.			
5. Salgo de mi casa/residencia a las ocho y media.			
6. Asisto a clases todos los días.			
7. Tengo un laboratorio por la tarde.			
8. Vuelvo a mi casa/residencia después de mi última clase.			

La rutina de Amanda	Yo también	Yo no	Mi rutina
9. Tengo que estudiar una o dos horas todas las noches.			
10. No tengo mucho tiempo para divertirme.			

Gramática: Los verbos reflexivos

CA6-2 Los verbos reflexivos. You are living with an Argentine family in Cordoba while you pursue your studies of Spanish at the university. The youngest child of the family, Pachín, is a very talkative and inquisitive six-year-old boy and loves to ask you all kinds of personal questions. Complete Pachín's comments and questions by writing each reflexive verb in the present tense or in its infinitive form, as needed. Then answer Pachín's questions in complete sentences.

1. PACHÍN: Mis padres _____ (levantarse) a las seis y media todos los días,

   pero mi hermana Lucinda nunca _____ (despertarse) antes de las ocho.

   ¿A qué hora _____ (levantarse) tú?

   TÚ: _____.

2. PACHÍN: Mi papá _____ (afeitarse) todos los días. Yo quiero

   _____ (afeitarse) también pero papá dice que soy pequeño.

   ¿_____ (Afeitarse) tú?

   TÚ: _____.

3. PACHÍN: Mi hermana Lucinda es muy tonta. Pasa horas y horas en el baño. Todos los días

   _____ (lavarse) el pelo, _____ (maquillarse) y

   _____ (ponerse) perfume.

   ¿_____ (Maquillarse) tu hermana también?

   TÚ: _____.

4. PACHÍN: Cuando Lucinda está en el colegio, mamá y yo _____ (divertirse)

   mucho. Vamos al parque para jugar y a veces compramos helados. Pero yo nunca

   _____ (divertirse) con mi hermana. Ella sólo quiere hablar de novios. Tú

   _____ (divertirse) más con tu mamá, ¿verdad?

   TÚ: _____.

5. PACHÍN: Mis padres _____ (acostarse) a medianoche y mi hermana

   _____ (acostarse) a las diez y media. Pero yo tengo que _____

   (acostarse) a las nueve. ¡No es justo! ¿A qué hora _____ (acostarse) tú?

   TÚ: _____.

CA6-3 Más sobre los verbos reflexivos. Javier and Matilda lead rather hectic lives, as they are both students and have a young son, Timoteo. Refer to the drawings and the verbs below as you complete the sentences describing parts of their daily routine.

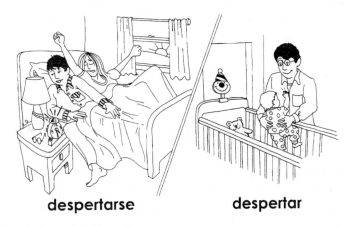

despertarse   **despertar**

1. Generalmente, Javier y Matilda _____ .

   Después, Javier _____ .

ducharse   **vestirse**   **bañar**   **vestir**

2. Todas las mañanas, Matilda _____ .

   Un poco más tarde, Matilda _____ .

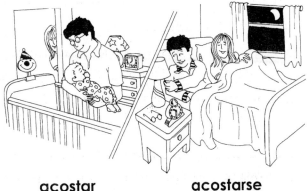

acostar   **acostarse**

3. Por la noche, Javier _____ .

   Más tarde Javier y Matilda _____ .

Vocabulario temático: El orden cronológico

CA6-4 El orden cronológico.
Sebastián Bettini studies at the Universidad Nacional del Sur. This page from his agenda shows his activities on a typical Thursday. Refer to it as you answer the questions about his routine. Then answer the questions about your own routine on Thursdays.

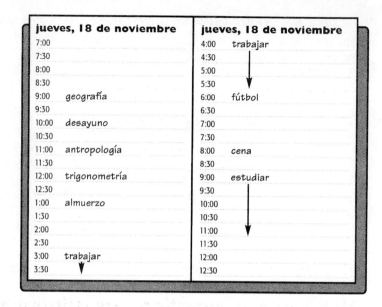

jueves, 18 de noviembre	
7:00	
7:30	
8:00	
8:30	
9:00	geografía
9:30	
10:00	desayuno
10:30	
11:00	antropología
11:30	
12:00	trigonometría
12:30	
1:00	almuerzo
1:30	
2:00	
2:30	
3:00	trabajar
3:30	↓

jueves, 18 de noviembre	
4:00	trabajar
4:30	
5:00	
5:30	
6:00	fútbol
6:30	
7:00	
7:30	
8:00	cena
8:30	
9:00	estudiar
9:30	
10:00	
10:30	
11:00	↓
11:30	
12:00	
12:30	

1. ¿Tiene clases Sebastián por la mañana o por la tarde?

   _____

   ¿Y tú? ¿Cuándo tienes clases los jueves?

   _____

2. ¿Qué clase tiene Sebastián primero?

   _____

   ¿Qué clase tienes tú primero?

   _____

3. ¿Qué hace Sebastián antes de ir a la clase de antropología?

   _____

   ¿Qué haces tú antes de ir a tu primera clase?

   _____

4. ¿Qué hace Sebastián después de la clase de trigonometría?

   _____

   ¿Qué haces tú después de tu última clase?

   _____

5. ¿Cuándo trabaja Sebastián?

   _____

   ¿Tienes tú que trabajar los jueves? ¿Cuándo?

   _____

6. ¿Cuándo juega Sebastián al fútbol?

   _____

   ¿Qué haces tú para divertirte o relajarte *(to relax)*?

   _____

7. ¿A qué hora cena Sebastián?

_____

¿A qué hora cenas tú?

_____

8. ¿Qué hace Sebastián después de cenar?

_____

¿Qué haces tú después de cenar?

_____

Paso 2

Vocabulario temático: Las asignaturas

CA6-5 Las asignaturas. The following are popular courses offered at the Universidad del Salvador in Buenos Aires, Argentina. Beside each one, write the name of the general field of study; choose from the list provided. Use each word only once.

arte   lingüística   pedagogía
español   matemáticas   religión
geografía   medicina   sociología
historia   música   teatro
informática   negocios   veterinaria

Título del curso	Área de estudio
1. Topografía aplicada	
2. Exégesis bíblica	
3. Interpretación escénica	
4. Programación y algoritmos	
5. Morfología y sintaxis generales	
6. Finanzas internacionales	
7. Piano funcional	
8. Patología	
9. Fisiología animal	
10. Hombre, trabajo y sociedad	
11. Geometría euclidea	
12. Culturas de la América precolonial	
13. Metodología para la educación pre-escolar	
14. Gramática comunicativa I	
15. Expresión gráfica decorativa	

Vocabulario temático: Cómo pedir y dar opiniones

CA6-6 Las opiniones. María Luisa and Rosana have the same classes this semester, but their opinions of their classes and professions are nearly opposite. Match each of María Luisa's remarks with Rosana's most likely response.

María Luisa

_____ 1. Me interesa mucho nuestra clase de informática.

_____ 2. Los exámenes de biología son muy largos y difíciles. Creo que el profesor Olmos es muy quisquilloso.

_____ 3. Nuestra profesora de literatura medieval es muy dinámica. ¡Me encanta!

_____ 4. Las conferencias en nuestra clase de ciencias marinas son tan desorganizadas. ¡Qué clase más aburrida!

_____ 5. Creo que la clase de teoría de la música es maravillosa. Los exámenes son fáciles y la profesora no nos da mucha tarea.

Rosana

a. ¡A mí me encanta la clase! Es fascinante estudiar la flora y la fauna de la costa.

b. Yo creo que nuestro libro, *Instalación y mantenimiento de equipos informáticos,* es muy aburrido.

c. ¡Qué dices! ¡La profesora es demasiado exigente! Tengo que estudiar un mínimo de una hora todas las noches.

d. ¡¿Sí?! Yo casi nunca estudio y saco muy buenas notas en esa clase. Es más, creo que el profesor es muy simpático.

e. Yo detesto la poesía que tenemos que leer y creo que la profesora es pésima.

CA6-7 Mis opiniones. What do you think about the classes you are taking this semester? Choose three different classes and express your opinions about them by completing the sentences below. Explain briefly why you feel the way you do about each of the classes.

1. Me gusta muchísimo la clase de _____ porque_____

   _____.

2. Me encanta la clase de _____ porque _____

   _____.

3. (No) Me interesa la clase de _____ porque _____

   _____.

4. Creo que el (la) profesor(a) de _____ es demasiado exigente porque _____

   _____.

5. Creo que _____ es un(a) profesor(a) fenomenal porque _____

   _____.

Gramática: Los verbos como *gustar: encantar, interesar, importar, faltar*

CA6-8 Los verbos como *gustar*. Your new friend Manuel is inquiring about your opinions on various aspects of university life. First, combine the words to form Manuel's questions. Then answer the questions and explain briefly your opinions.

MODELO: te / gustar / tus clases / este semestre
      MANUEL: *¿Te gustan tus clases este semestre?*
      Tú: *Sí, me gustan mucho. Son interesantes, especialmente la clase de español.*

1. te / interesar / más / las clases de ciencias / o / las clases de humanidades

MANUEL: ¿_____?

TÚ: _____ porque _____.

2. a ti y a tus amigos / les / gustar / las clases / a las ocho de la mañana

MANUEL: ¿_____?

TÚ: _____ porque _____.

3. qué / pensar / de / tu clase de español

MANUEL: ¿_____?

TÚ: _____. Es _____.

4. a ti / te / importar / terminar tu carrera / en cuatro años

MANUEL: ¿_____?

TÚ: _____ porque _____.

5. a ti / te interesar / más / hacer estudios de postgrado / o / trabajar / después de / graduarse

MANUEL: ¿_____?

TÚ: _____ porque _____.

6. qué aspecto / de la vida estudiantil / te / encantar

MANUEL: ¿_____?

TÚ: _____ porque _____.

Paso 3

Vocabulario temático: Cómo hablar del pasado: Expresiones de tiempo

CA6-9 Expresiones de tiempo. Here is part of Javier Solana's résumé. Refer to it as you complete the sentences with a variety of time expressions from the **Vocabulario temático** in your textbook. Use phrases such as **hace cinco años, en 1992,** or **cuando tenía dieciocho años.**

Currículum Vitae

DATOS PERSONALES

Apellidos: Solana Inguina
Nombre: Javier
Lugar de nacimiento: Miami, Florida, EE.UU.
Fecha de nacimiento: 3 de julio de 1975
Nacionalidad: estadounidense
Estado civil: casado

ESTUDIOS Y TÍTULOS

1993–1997   Licenciatura en economía
             Rollins College
1997–1999   Maestría en adminstración de empresas
             Instituto Tecnológico de Monterrey (México)

EXPERIENCIA PROFESIONAL

julio 1999–enero 2001   Banco Comercial
febrero 2001–al presente   Banco de Crédito

1. Javier Solana nació en Miami, Florida, _____.

2. Empezó *(He began)* sus estudios en economía _____.

3. Se graduó de Rollins College _____.

4. Fue *(He went)* a México para hacer estudios de postgrado _____.

5. Empezó *(He began)* su primer trabajo _____.

6. Empezó su trabajo actual *(current)* _____.

CA6-10 Otras expresiones de tiempo. Sara has spent the whole week preparing for final exams. This page from her planner shows when she studied for various tests. Complete the sentences with the most logical time expression from the list; assume that it is now 5:00 P.M. on Wednesday, May 2.

anoche
anteayer
ayer
el fin de semana pasado
esta mañana
esta noche

sábado, 28 de abril	2–5 P.M.	bioquímica
domingo, 29 de abril	1–3 P.M.	física
lunes, 30 de abril	7–9 P.M.	antropología
martes, 1 de mayo	9:00–10:30 A.M.	inglés;
	8:30–11:30 P.M.	cálculo
miércoles, 2 de mayo	9–10:30 A.M.	ciencias políticas

1. Sara estudió para sus exámenes de bioquímica y física _____.

2. Se preparó para el examen de antropología _____.

3. Estudió inglés _____ por la mañana.

4. Estudió cálculo _____.

5. Estudió para el examen de ciencias políticas _____.

Gramática: El pretérito de los verbos regulares

CA6-11 El pretérito de los verbos regulares. Martín is always trying to outdo his roommate, Armando. If Armando makes a good grade, Martín brags that he made a better one; if Armando has a miserable day, Martín says that his was even worse. How might Martín respond to each of Armando's comments below? Write sentences with verbs in the preterite tense.

MODELO: ARMANDO: ¡Estoy muy cansado! ¡Esta mañana **me desperté** a las seis!
MARTÍN: *Yo también estoy muy cansado.* **Me desperté** *a las cinco esta mañana.*

1. ARMANDO: Creo que estoy bien preparado para nuestro examen de genética. Anoche **estudié** en la biblioteca por tres horas.

MARTÍN: _____

_____

2. ARMANDO: ¡Estoy muy contento! Esta tarde **recibí** dos cartas de mi novia Clara.

MARTÍN: _____

_____

3. ARMANDO: El fin de semana pasado Clara y yo nos divertimos mucho. **Comimos** en Pizza Hut y **miramos** dos películas clásicas de Alfred Hitchcock en la tele.

MARTÍN: _____

_____.

4. ARMANDO: Estoy muy cansado. Anoche **trabajé** en Walmart por seis horas. **Me acosté** a las dos de la madrugada.

MARTÍN: _____

_____.

5. ARMANDO: Tengo unos padres fenomenales. El año pasado **ganaron** $100.000 en la lotería y me **compraron** una nueva motocicleta.

MARTÍN: _____

_____.

6. ARMANDO: Mi novia Clara es una chica estupenda. Para mi cumpleaños, me **escribió** un poema de amor. La semana pasada, me **mandó** un paquete con galletas de chocolate.

MARTÍN: _____

_____.

CA6-12 Más práctica con el pretérito. Berta is writing in her diary about the busy day she had. Complete the entry by writing the verbs in parentheses in the preterite tense.

Querido diario,

Hoy fue un día muy ocupado pero divertido. Primero, (yo: despertarse) **(1)** _____

a las siete y media. Mi compañera Hilda y yo (correr) **(2)** _____ unos cinco

kilómetros antes de desayunar. Luego (yo: ducharse) **(3)** _____ y (vestirse)

(4) _____ para ir a clase. Mi amigo Javier (pasar) **(5)** _____

por la residencia y (nosotros: caminar) **(6)** _____ a nuestra clase de informática.

El profesor (cancelar) **(7)** _____ la clase, así que Javier y yo (sentarse)

(8) _____ en un café para hablar. Después, (nosotros: asistir)

(9) _____ a nuestra clase de filosofía. A la una (nosotros: almorzar)

(10) _____ en la cafetería.

Más tarde, unos amigos de Javier nos (invitar) **(11)** _____ a jugar al tenis.

Javier (aceptar) **(12)** _____, pero yo (decidir) **(13)** _____

ir a la biblioteca para hacer la investigación para un proyecto. Javier y sus amigos (volver)

(14) _____ del parque a las seis de la tarde y todos (nosotros: salir)

(15) _____ a comer una pizza. Luego, yo (volver) **(16)** _____

a la residencia para estudiar un poco más. Ahora es casi la medianoche y quiero acostarme. Mañana

tengo un examen en la clase de ciencias políticas.

Gramática: Algunos verbos irregulares y con cambios ortográficos

CA6-13 Verbos con cambios ortográficos.

Osvaldo is telling his grandmother about the great weekend he just had. Use the information in the drawing and the list of verbs below to complete his part of the conversation. Write complete sentences with the verbs in the preterite tense.

almorzar	leer
divertirse	llegar
empezar	practicar
jugar	tocar

ABUELITA: ¿Te divertiste mucho ayer, hijo?

OSVALDO: (1) _____.

ABUELITA: ¿Qué hiciste *(did you do)* por la mañana?

OSVALDO: (2) _____.

ABUELITA: Siempre con el fútbol, ¿eh? ¿Almorzaste en casa?

OSVALDO: (3) _____.

ABUELITA: Eso me sorprende un poco. ¿No saliste con tu amiga Silvia?

OSVALDO: (4) _____.

ABUELITA: ¡Qué bien! Creo que ella es una chica fenomenal. ¿Llegaste a casa muy tarde?

OSVALDO: (5) _____.

ABUELITA: Tu recital de piano es la próxima semana, ¿no? ¿Tuviste *(Did you have)* tiempo de tocar un poco?

OSVALDO: (6) _____.

ABUELITA: Tu dedicación es realmente impresionante. Bueno, ¿qué más hiciste?

OSVALDO: (7) _____.

ABUELITA: Ya veo que tuviste un día muy ocupado. Espero que puedas descansar hoy.

CA6-14 Verbos irregulares.

Sra. Benigno is a bit overprotective of her daughter Susana. Whenever they talk, she wants to know everything that her daughter has done. Complete the following conversation between Susana and her mother. Conjugate the verbs in the preterite tense.

1. SRA. BENIGNO: ¿Qué (tú: hacer) _____ anoche, Susana? No (tú: estar)

   _____ en tu cuarto, ¿verdad?

   SUSANA: No, (yo: estar) _____ en la biblioteca. (Yo: Tener)

   _____ que buscar unos libros para mi clase de literatura.

2. SRA. BENIGNO: ¿(Tú: Tener) _____ que estudiar mucho el fin de semana pasado?

SUSANA: Sí, el sábado (yo: hacer) _____ tarea casi todo el día.

Luego, por la noche, unos amigos (dar) _____ una pequeña fiesta.

SRA. BENIGNO: ¿(Tú: Ir) _____ a la fiesta sola?

SUSANA: No, (yo: ir) _____ con mis compañeras Mónica y Guillermo.

3. SRA. BENIGNO: ¿(Ser) _____ divertida la fiesta?

SUSANA: Sí, mucho, y el domingo Mónica, Guillermo y yo (ir) _____ al lago. (Nosotros: Hacer) _____ un picnic y (dar) _____ un paseo por el pequeño bosque allí.

CA6-15 El pretérito. While we all have routines that we follow to organize our lives, we also occasionally break those routines. For each of the following items, first, describe your routine by choosing appropriate words from those provided in parentheses and completing the sentence. Then write a sentence about a time that you broke that pattern; use a verb in the preterite tense and add any words you need to complete the thought.

MODELO: Normalmente, me despierto (temprano / tarde / a las ocho / ? ___), pero un día de la semana pasada…
*Normalmente me despierto **a las ocho**, pero un día de la semana pasada **me desperté a las seis de la mañana**.*

1. Normalmente, me despierto (a las siete / a las ocho / temprano / ?___) cuando tengo clase, pero una vez este semestre _____.

2. Casi siempre me acuesto (muy tarde / a la medianoche / a las dos / ?___) los sábados, pero una vez el mes pasado _____.

3. Por regla general *(As a rule)*, mis amigos y yo comemos (en la cafetería / en nuestro apartamento / en restaurantes de comida rápida / ?___), pero hace dos semanas, nosotros _____ _____.

4. Los viernes por la noche, mis amigos y yo vamos con frecuencia (a una fiesta / a un partido de básquetbol / al cine / ?___), pero un viernes del mes pasado, nosotros _____ _____.

5. Por lo general, mis padres pasan las vacaciones (en casa / en la playa / en las montañas / ?___), pero una vez _____.

6. Normalmente, mis padres me dan (dinero / ropa / flores / discos y libros / ?___) para mi cumpleaños, pero una vez _____.

7. Mi compañero(a) de cuarto casi siempre hace la tarea (en nuestro cuarto / en la biblioteca / en el apartamento / ?___), pero un día _____.

8. Mi amigo(a) corre con frecuencia (en el parque / por el campus / en maratones / ?___), pero una vez _____.

Integración

CA6-16 ¿Cómo es la universidad? You've just received a letter from an acquaintance from your old high school. She is interested in attending your university next year and would like to hear your opinions about the place. Read her letter to you and write your replies to her questions.

Bueno, como ya sabes, pienso asistir a la universidad el año que viene. Para decirte la verdad, tengo un poco de miedo porque hay tantas clases y tantas posibilidades. Ya que (Since) tienes más experiencia que yo, ¿puedes orientarme un poco? Por ejemplo, ¿cuáles son las clases o asignaturas que los estudiantes del primer año tienen que tomar? ¿Tengo que declarar mi carrera el primer semestre? Y, ¿cómo son los profesores de la universidad? ¿Son muy exigentes y fríos como todos dicen?

Querida Marta,

Fue una gran sorpresa recibir tu carta. ¿Así que quieres asistir a la universidad aquí? Creo que te va a gustar.

_____

_____

_____

_____

_____

_____

_____

_____

Bueno, ahora tengo que estudiar un poco. Pero, si quieres más información, no dudes (don't hesitate) en llamarme por teléfono. ¡Hasta pronto! Recibe un cordial saludo de tu amigo(a),

_____

CA6-17 ¿Bueno, malo o regular? The drawings
below represent a week in the life of Raúl, a university
student from Tucumán, Argentina. Describe what he
did or what happened each day by writing two to four
sentences in the preterite for each scene. First, indicate
if the day was good, bad, or so-so; then narrate the
day's events.

MODELO: *El lunes fue un día malo. Raúl se levantó a
las diez y cuarto y llegó tarde a su laboratorio
de química.*

lunes

martes

_____
_____
_____
_____
_____

_____
_____
_____
_____

miércoles

jueves

_____
_____
_____
_____
_____

viernes

sábado

Un paso más

Vistazo gramatical: Otros usos de se

CA6-18 Otros usos de se. Sometimes the little problems in life get us down.

Primera parte: Why is Carmita in such a bad mood today? Complete the sentences describing all the unfortunate occurrences in her life. Choose logical verbs from the list and write them in the preterite tense.

caer	olvidar	perder	romper

Hoy fue un día pésimo. Primero, se me **(1)** _____ un libro. Busqué por todo el cuarto y no lo encontré. Luego, ¡se me **(2)** _____ la computadora! Tuve que ir al laboratorio de computación para imprimir *(to print)* un documento.

Más tarde, decidí hacer unas galletas para mi novio. Cuando las saqué del horno, ¡se me **(3)** _____ todas! Para colmo *(to make matters worse)*, mi perro se las comió y no quedó ninguna. Por último, se me **(4)** _____ mi cita *(appointment)* con mi profesor de química, y tenemos un examen mañana.

Segunda parte: Have you had a bad day recently? Using the verbs from the **Primera parte**, write three sentences decribing problems that you experienced.

1. _____

2. _____

3. _____

Nombre _____ Fecha _____

Rincón literario

"Las estatuas"

The following selection, "Las estatuas," is a **micro-cuento** in Enrique Anderson Imbert's anthology, **El gato de Cheshire** (see **Capítulo 3** for more information on this author). In it, a school girl decides to play a prank on her classmates. Who ends up being the object of the practical joke?

CA6-19 Antes de leer. Complete the following activities before you read the story in order to familiarize yourself with some new vocabulary.

Primera parte: Match each word to its definition.

_____ 1. la fundadora

_____ 2. el colegio

_____ 3. el dormitorio

_____ 4. la mujer

_____ 5. el fantasma

_____ 6. la pintura

_____ 7. sucio

a. una escuela secundaria

b. una señorita o una señora

c. el antónimo de **limpio**

d. el espíritu de una persona muerta

e. la persona que establece (establishes) una institución

f. una residencia para estudiantes

g. material para pintar (para cambiar el color de un cuarto o de un edificio)

Segunda parte: Complete this anecdote with the most logical word from the list.

bromas practical jokes
dormidos asleep
goza de enjoys
huella footprint

jardín garden
mano hand
suelo ground, surface
traviesa mischievous

No es una chica difícil, sólo un poco (1) _____. Le encanta hacer

(2) _____. Es obvio que ella (3) _____ las reacciones

de sus amigos. A la una de la madrugada ella sale silenciosamente de su residencia. Pasa por las

plantas que adornan el (4) _____ del patio. Nadie le oye porque, a esa hora,

todos están (5) _____. Toma mucho cuidado para no dejar (to leave) ninguna

(6) _____ en el (7) _____ entre las flores. Su plan es

perfecto. Todo lo que necesita lo guarda en la (8) _____ derecha.

CA6-20 Comprensión. Read the story **"Las estatuas"** on page 124 and indicate if the following statements are **cierto (C)** or **falso (F)**.

_____ 1. Brighton es una escuela sólo para chicas.

_____ 2. Las estatuas en el jardín representan a los dos fundadores del colegio.

_____ 3. La estudiante traviesa quiere hacer una broma.

_____ 4. La estudiante pinta unas huellas mientras (while) las otras estudiantes están en clase.

_____ 5. Las huellas sugieren (suggest) una relación íntima entre las dos estatuas.

_____ 6. El próximo día, todas las estudiantes están sorprendidas (surprised) de ver las huellas.

_____ 7. La estudiante traviesa observa que hay pintura en las manos de la estatua de la fundadora.

Enrique Anderson Imbert
Las estatuas

En el jardín de Brighton, colegio de señoritas, hay dos estatuas: la de la fundadora y la del profesor más famoso. Cierta noche —todo el colegio, dormido— una estudiante traviesa salió a escondidas° de su dormitorio y pintó sobre el suelo, entre ambos pedestales, huellas de pasos: leves pasos de mujer, decididos pasos de hombre que se encuentran en la glorieta° y se hacen el amor° a la hora de los fantasmas. Después se retiró con el mismo sigilo regodeándose por adelantado.° A esperar que el jardín se llene de gente. ¡Las caras que pondrían! Cuando al día siguiente fue a gozar la broma vio que las huellas habían sido lavadas y restregadas°: algo sucias de pintura le quedaron° las manos a la estatua de la señorita fundadora.

salió... *sneaked out, slipped out*

se... *come together in the arbor*
se... *make love*
regodeándose... *having a good laugh in anticipation*

scrubbed clean
remained, were still there

CA6-21 Después de leer. Compare your own experiences with practical jokes with a classmate. Discuss the following questions.

1. ¿Te gusta hacer bromas? ¿Has hecho una broma recientemente? ¿Qué hiciste? ¿Cómo reaccionaron "las víctimas" de la broma?

2. ¿Conoces a una persona traviesa? ¿Quién es? ¿Por qué dices que es travieso(a)?

¡Vamos a escribir!

Estrategia: Developing a composition with comparison and contrast

Unlike descriptive writing, which appeals to the reader's physical senses, expository writing (**la exposición**) is directed more toward the reader's intellect. It may, for example, seek to inform, define, analyze, or classify. **La comparación y el contraste** is a kind of expository writing that compares and contrasts two entities. The activities that follow will help you prepare to write a brief composition using this rhetorical style.

CA6-22 Ideas. As with other kinds of writing, it is useful to prepare for an essay on comparison and contrast by brainstorming and gathering pertinent information. Let us suppose that during a study abroad trip to Argentina, a professor has assigned you to write a brief composition comparing and contrasting high schools with universities. In order to consider in what ways U.S. high schools and universities might be similar and different, complete the chart that follows. Possible points of comparison are listed in the left-hand column. The remaining columns provide space to jot down any similarities (**semejanzas**) or differences (**diferencias**) between high schools and colleges. As you complete the following chart, be sure to add any other points of comparison you find appropriate.

Puntos de comparación/ contraste	Semejanzas	Diferencias
el tamaño (size) de las clases		
los tipos de clases/ laboratorios		
los profesores		
la tarea		
la vida social		
el "campus"		
? (una idea original)		

CA6-23 Transiciones. In order to write more clearly about the comparisons and contrasts that you outlined in Exercise CA6-22, you will find it useful to incorporate some of these expressions. Study the new phrases; then, referring to the chart you made in the previous exercise, complete the following practice sentences in Spanish.

> **Vocabulario útil**
>
> en general *in general*
> por ejemplo *for example*
> además *besides; in addition; furthermore*
> en contraste con *in contrast to/with*
> por eso *that's why, for that reason*
> al igual que *just like, just as*
> sin embargo *nevertheless, however*
> en cambio / por otro lado *on the other hand*
> tener mucho (poco) en común *to have a lot (little) in common*

1. En general, la vida social en la universidad _____.

   Por ejemplo, muchos estudiantes _____.

2. En contraste con los estudiantes universitarios, los estudiantes de la escuela secundaria _____

   _____.

   Por eso, _____.

3. En la escuela secundaria, muchos profesores _____

   al igual que en la universidad.

   Sin embargo _____.

Atajo Software (CA6-24)

Phrases:

Comparing and contrasting; Comparing and distinguishing; Expressing an opinion; Linking ideas; Making transitions; Writing a conclusion; Writing an introduction

Vocabulary:

Studies; University

Grammar:

Comparison: with adjectives; Comparisons: of equality; Comparisons: of inequality; Comparisons: irregular; Relative pronoun **que**; Relative pronoun **los que**; Relative pronouns: antecedent

CA6-24 Redacción. Using the preparatory materials you generated in the previous two exercises, write a brief composition in which you compare and contrast one or two aspects of university and high school life. After writing your first draft, edit it for content and style; then proofread it to correct errors in grammar, spelling, and punctuation. If you need more space, use a separate sheet of paper or create your composition on the computer using ATAJO.

_____

_____

_____

_____

_____

_____

_____

_____

_____

_____

_____

_____

_____

_____

_____

¡Vamos a mirar!

Vídeo 1: El trabajo y el ocio

CA6-25 Anticipación. In the video you are about to watch, Miguel interviews two Spanish university students, Alonso and Alejandro. Just like students in other countries, these students from Spain sometimes find it difficult to balance their studies and work with leisure and rest. Before viewing this video, answer the following questions about students at your university or institute.

1. ¿Cuáles son las carreras *(majors)* más populares en tu universidad?

   _____

2. ¿Qué porcentaje de los estudiantes trabaja?

   _____

3. Por lo general, ¿cuándo tienen tiempo los estudiantes para descansar o divertirse?

   _____

CA6-26 Comprensión.

Primera parte: Read the statements below and then watch Miguel's interview of Alonso. Afterward, complete the sentences with the most accurate response.

_____ 1. Alonso estudia la carrera de _____.

    a. medicina

    b. derecho

    c. administración de empresas (negocios)

    d. ingeniería

_____ 2. Alonso tiene _____ años.

    a. dieciocho

    b. veintiún

    c. veinticuatro

    d. veintiocho

_____ **3.** Trabaja en _____.

     a. un despacho de abogados

     b. una farmacia

     c. un banco

     d. ?

_____ **4.** Alonso vive _____.

     a. en una residencia estudiantil

     b. en un apartamento con amigos

     c. con su esposa

     d. con su madre

_____ **5.** Para Alonso, es importante trabajar porque _____.

     a. quiere experiencia práctica en su carrera

     b. acaba de comprar un coche nuevo

     c. tiene que pagar casi todos los gastos *(expenses)* en su casa

     d. piensa estudiar en los Estados Unidos el próximo año

_____ **6.** Cuando Alonso tiene tiempo libre, le gusta _____.

     a. jugar al fútbol y montar en bicicleta

     b. leer y tocar el piano

     c. salir con sus amigos

     d. escuchar música o bailar

Segunda parte: Before watching Miguel's interview of Alejandro, read the questions below. As you watch the video, take notes on the information you hear. Afterward, answer the questions in complete sentences in Spanish.

1. ¿Qué carrera estudia Alejandro?

_____

2. ¿Le gusta su carrera?

_____

3. ¿Cuántas asignaturas tiene este año?

_____

4. ¿Por qué no le gusta mucho la asignatura de derecho internacional privado?

_____

5. ¿En qué trabaja?

_____

Vídeo 2: Vistas de Argentina

CA6-27 Preparación. The next section of the video provides an overview of Argentina. Before watching this segment, familiarize yourself with some of the new vocabulary you will hear by completing the sentences below with the most logical words from the list. Be sure to conjugate any verbs in the present tense and to make adjectives agree with the nouns they modify.

SUSTANTIVOS
cartas *playing cards*
fuerza *force*
llanuras *plains*

ADJETIVOS
lindo *pretty, lovely*
peligroso *dangerous*
plano *flat*
vivo *lively*

VERBOS
ejercer *to practice (a profession)*
gozar de *to enjoy*
parecerse a *to look like; resemble*

1. Buenos Aires es una ciudad muy _____; hay mucha actividad en las calles a todas hora del día y de la noche.

2. Muchos turistas piensan que Buenos Aires _____ París porque las dos ciudades son centros de gran cultura.

3. Los bonaerenses —los habitantes de Buenos Aires— _____ muchas profesiones; son profesores, médicos, bancarios, empresarios, científicos, etcétera.

4. Los bonaerenses también _____ muchas oportunidades para el recreo, desde los salones de baile hasta los juegos de vídeo.

5. A muchas personas les encanta jugar a las _____.

6. Las pampas de Argentina son una zona geográfica muy _____; no hay montañas y valles.

7. En las _____ de Argentina hay mucho ganado *(cattle)*.

8. Los gauchos, o "cowboys" argentinos, representan la _____ físca y moral.

9. En el sur de Argentina hay muchos glaciares; es mejor viajar con guías *(guides)* porque es una región _____.

10. Argentina es un país de muchos paisajes *(landscapes)* _____.

Nombre _____ Fecha _____

CA6-28 Comprensión: Observar y reconocer. With which region is each of the following terms more closely associated? As you watch the video, indicate your response by placing a checkmark in the appropriate column: the capital city (**la capital**), the plains (**las llanuras**), or the south (**el sur**).

	la capital	las llanuras	el sur
1. la influencia europea			
2. los gauchos			
3. la Casa Rosada			
4. los caballos			
5. los glaciares			
6. el lazo			
7. el tango			
8. las montañas			

CA6-29 Comprensión: ¿Qué recuerdas de Argentina? Read the statements below and then watch the video on Argentina a second time. Indicate if each statement is **cierto (C)** or **falso (F)**. If the statement is false, rewrite it with the correct information.

_____ **1.** La zona con más habitantes es la de la costa.

_____

_____ **2.** En Buenos Aires hay mucha influencia del Brasil y Portugal.

_____

_____ **3.** A la casa del presidente de Argentina se le llama la "Casa Blanca".

_____

_____ **4.** El tango es una forma musical muy típica de Argentina.

_____

_____ **5.** Las llanuras son famosas por su gran producción de maíz.

_____

_____ **6.** Los niños de las llanuras aprenden a montar a caballo cuando son muy pequeños.

_____

_____ **7.** El Cono Sur tiene magníficas playas turísticas.

_____

_____ **8.** El clima del Cono Sur es tropical.

_____

Somos turistas

Paso 1

Vocabulario temático: Las vacaciones y las preferencias

CA7-1 Las vacaciones. Los centros turísticos nos ofrecen muchas oportunidades para divertirnos. Completa las siguientes actividades.

Primera parte: ¿Qué se puede hacer en Ecuador durante las vacaciones? Completa las frases con las expresiones más lógicas de la lista.

comprar artesanía
descender el río en canoa
escalar el volcán Cotopaxi
hacer surfing

probar el pan de yuca
sacar fotos de las gigantescas tortugas
ver una exposición de escultura y pintura
visitar varias iglesias antiguas

1. En el Museo de Arte Moderno de Quito, se puede _____.

2. En el famoso mercado de Otavalo, se puede _____.

3. En el Parque Nacional de Cotopaxi, se puede _____.

4. En la ciudad colonial de Cuenca, se puede _____.

5. En Playas, en la costa del Pacífico, se puede _____.

6. En las islas Galápagos, se puede _____.

7. En el Parque Nacional Yasuní en el Amazonas, se puede _____.

8. En el restaurante El Patio en Guayaquil, se puede _____.

Segunda parte: ¿Cuál es el centro turístico más importante de tu estado o región? ¿Qué se puede hacer allí? Completa las frases de una manera lógica.

El centro turístico más importante de _____ es _____.

Allí se puede _____

y _____.

También, se puede _____.

CA7-2 Las preferencias. ¿Qué te gusta hacer durante las vacaciones? Completa las frases con tus actividades preferidas. Consulta la lista de expresiones en la sección **Vocabulario temático** de tu libro de texto.

1. En las grandes ciudades, me gusta _____ y _____.

   A veces, me gusta _____.

2. Cuando voy a la costa, me encanta _____ y _____.

   Pero no me gusta mucho _____.

3. En las montañas, me gusta _____ y _____. También

   me encanta _____.

4. Me interesa el ecoturismo porque me encanta _____. También me gusta

   _____.

5. Me gustaría ir al extranjero porque me gusta _____ y me interesa

   _____.

Gramática: Resumen del tiempo presente del indicativo

CA7-3 El tiempo presente. Teresa está hablando con su agente de viajes sobre un viaje a Ecuador. Completa el diálogo con los verbos más lógicos de la lista. Escribe cada verbo en el presente del indicativo.

Primera parte:

costar (ue)	pensar (ie)	querer (ie)	tener (ie)
esperar	poder (ue)	salir	volver (ue)

AGENTE: Buenas tardes. ¿En qué (yo) **(1)** _____ servirle?

TERESA: Mi esposo y yo **(2)** _____ hacer un viaje a Ecuador.

¿**(3)** _____ Ud. información sobre tours?

AGENTE: Sí, por supuesto. Pero dígame primero, ¿cuánto tiempo **(4)** _____

Uds. pasar en Ecuador?

TERESA: Unos diez días. Nos gustaría ir en el mes de junio.

AGENTE: Aquí tengo un tour a Quito que **(5)** _____ el 5 de junio y

(6) _____ el día 16. No **(7)** _____ mucho,

menos de $1.500.

Segunda parte:

conocer	hablar	necesitar	traer
estar	ir	ser	venir (ie)

TERESA: ¿**(8)** _____ incluido el hotel en el precio del tour?

AGENTE: Sí, incluye todo —hotel, avión, tres comidas diarias y visita de la ciudad. Yo

(9) _____ personalmente al guía, el Sr. Covarrubias, y les prometo

que Uds. **(10)** _____ a divertirse mucho. Además, el Sr.

Covarrubias **(11)** _____ experto en la historia ecuatoriana y

también **(12)** _____ varias lenguas.

TERESA: Todo me parece muy bien, pero (yo) **(13)** _____ hablar con mi

esposo antes de tomar una decisión.

AGENTE: Muy bien. Espero su llamada.

CA7-4 Más sobre el tiempo presente. Inés es una persona muy organizada. Cuando sale de vacaciones, siempre se prepara bien. ¿Y tú? ¿Te preparas bien para las vacaciones? Compara tus preparativos con los de Inés. Escribe oraciones completas en el presente. Sigue el modelo.

MODELO: Inés siempre **consulta** a su agente de viajes antes de las vacaciones.
Yo no **consulto** *con un agente de viajes;* **hago** *mis propias* (own) *reservaciones.*

1. Inés **lee** varios guías *(guidebooks)* turísticos para informarse sobre el destino de sus vacaciones.

_____

2. Inés **compra** cheques de viajes; también **trae** varias tarjetas de crédito. No **lleva** mucho dinero en efectivo.

_____

3. Inés **hace** sus maletas varios días antes de salir. Siempre **escribe** una lista de los artículos que **necesita** llevar.

_____

4. Inés **sale** para el aeropuerto muy temprano, porque **le gusta** llegar con dos horas de antelación *(two hours early).*

_____

5. Inés **se pone** ropa muy cómoda *(comfortable clothing)* para viajar.

_____

6. Inés **ve** el pronóstico de tiempo *(weather report)* en la televisión antes de salir de casa.

_____

Gramática: El *se* pasivo y el *se* impersonal

CA7-5 El *se* pasivo y el *se* impersonal. Cada cultura tiene sus propias costumbres *(customs, traditions).* Completa las siguientes actividades para aprender más.

Primera parte: Tu nuevo amigo ecuatoriano te está describiendo algunas costumbres de Ecuador. ¿Qué aprendes de él? Escribe oraciones como las del modelo; tienes que incorporar el *se* **pasivo/ impersonal.**

MODELO: en la Sierra (las montañas) / comer / locro de papas (una sopa de papas y queso) / con frecuencia
En la Sierra, se come locro de papas con frecuencia.

1. en el Oriente / servir / muchos platos con yuca

_____

2. viajar / mucho / en autobús / en las ciudades

_____

3. hablar / quichua / en la Sierra

_____

4. practicar / el fútbol, el vóleibol y el básquetbol

_____

5. decir / "buen provecho" / antes de comer

_____

6. usar / los títulos "don" y "doña" / mucho

_____

7. visitar / los cementerios / el dos de noviembre

_____

8. llevar / ropa *(clothing)* / tradicional / en las zonas rurales

_____

Segunda parte: ¿Cómo es la vida en tu univerisdad? Contesta las preguntas de un nuevo estudiante ecuatoriano con oraciones completas.

1. MARCOS: Necesito comprar libros de texto para mis clases. ¿Dónde se venden?

Tú: _____

2. MARCOS: ¿Dónde se puede comer bien y barato *(cheaply, inexpensively)*?

Tú: _____

3. MARCOS: Tengo ganas de bailar este fin de semana. ¿En qué club se toca música latina?

Tú: _____

4. MARCOS: Me gusta estudiar temprano por la mañana. ¿A qué hora se abre la biblioteca?

Tú: _____

Paso 2

Vocabulario temático: Haciendo diligencias

CA7-6 Haciendo diligencias. Completa las frases con una palabra lógica de la lista.

aéreo	cambiar	estampilla	jarabe	tarjeta postal
antiácidos	cheques de viajero	farmacéutico	pasaporte	
aspirina	comisión	farmacia	sol	

1. Para visitar un país en el extranjero, es necesario sacar un _____ y, a veces, una visa.

2. Antes de ir a Europa, es aconsejable _____ los dólares por euros.

3. Normalmente se paga una _____ del 1% para efectuar el cambio.

4. Es mejor pagar con tarjeta de crédito o llevar _____ cuando se viaja.

5. Es típico mandarles una _____ a los amigos cuando se está de vacaciones.

6. Para mandar una carta, hay que comprar una _____ en correos.

7. Generalmente el correo _____ es más caro que el correo normal.

8. Se venden medicamentos en la _____.

9. Para la tos, es recomendable tomar un _____ .

10. Para problemas gastrointestinales, se pueden tomar unos _____ .

11. Con frecuencia, el _____ recomienda una crema para la quemadura de

_____ .

12. Para el dolor *(pain)* en general, la _____ es un buen remedio.

Vocabulario temático: Cómo pedir y dar instrucciones

CA7-7 Ubicación. Para ti, ¿es fácil orientarte cuando estás en una ciudad nueva? Completa las actividades.

Primera parte: Guayaquil es la ciudad más grande de Ecuador y es un centro industrial y comercial. Mira el plano del centro de la ciudad. Combina las frases de las columnas A y B para describir la ubicación *(location)* de varios lugares.

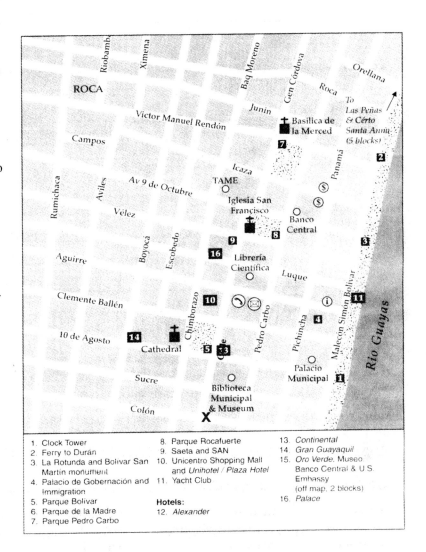

1. Clock Tower
2. Ferry to Durán
3. La Rotunda and Bolívar San Martín monument
4. Palacio de Gobernación and Immigration
5. Parque Bolívar
6. Parque de la Madre
7. Parque Pedro Carbo

8. Parque Rocafuerte
9. Saeta and SAN
10. Unicentro Shopping Mall and Unihotel / Plaza Hotel
11. Yacht Club

Hotels:
12. *Alexander*

13. *Continental*
14. *Gran Guayaquil*
15. *Oro Verde.* Museo Banco Central & U.S. Embassy (off map, 2 blocks)
16. *Palace*

A

_____ 1. El monumento a los héroes nacionales Bolívar y San Martín está _____ .

_____ 2. La Basílica de la Merced está _____ .

_____ 3. El Hotel Continental está _____ .

_____ 4. El Unicentro está _____ .

_____ 5. La Librería Científica está _____ .

_____ 6. La Biblioteca Municipal está _____ .

B

a. enfrente del Parque Pedro Cabo

b. a dos cuadras de la Catedral

c. al lado del río Guayas

d. bastante cerca del Palacio Municipal

e. en la esquina de las calles Chile y 10 de Agosto

f. en la calle Luque

Segunda parte: ¿Conoces bien tu campus? Describe dónde están los siguientes lugares.

MODELO: la biblioteca

La biblioteca está en la calle Greene, al lado del centro de estudiantes.

1. La biblioteca _____.

2. Mi residencia _____.

3. La casa del (de la) presidente de la universidad _____.

4. El centro administrativo _____.

CA7-8 Cómo dar instrucciones. Mira otra vez el plano de la ciudad de Guayaquil y completa las actividades.

Primera parte: Los turistas están en la esquina de las calles Sucre y Chile (está indicado con una X en el plano). Lee las instrucciones del policía e identifica el destino de cada turista. Escoge el destino de la lista. *(Note: The tourists are facing north.)*

el Banco Central
la Catedral
el Hotel Gran Guayaquil

la Iglesia de San Francisco
el Palacio de Gobernación
el Palacio Municipal

1. SRA. MAGALY: Por favor, ¿cómo se va a _____?

POLICÍA: Siga derecho por la calle Chile. Está al final de la calle.

2. SR. PONCE: ¿Dónde está _____?

POLICÍA: Está bastante cerca de aquí. Vaya a la próxima esquina. Doble a la izquierda en la calle 10 de Agosto. Camine dos cuadras. Está en la esquina a la derecha.

3. GUILLE: Por favor, ¿para ir a _____?

POLICÍA: Vaya derecho por la calle Chile por dos cuadras. Doble a la derecha y siga otras dos cuadras. Doble a la izquierda en la calle Pichincha. Está allí, a la derecha.

Segunda parte: Consulta el plano de Guayaquil y escribe las instrucciones. Los turistas están en el lugar indicado con una X.

4. SRTA. ÁLVAREZ: Por favor, ¿cómo se va al Banco Central?

POLICÍA: _____.

5. SR. GÓMEZ: ¿Para ir al Hotel Palace?

POLICÍA: _____.

Gramática: Los mandatos formales

CA7-9 Los mandatos formales. Los turistas tienen muchas preguntas, pero su guía turística tiene todas las respuestas. Completa las actividades.

Primera parte: Primero, relaciona las preguntas con las respuestas más lógicas. Después, escribe el verbo en la forma de un mandato formal (Ud.).

MODELO: ¿Se aceptan cheques personales en el hotel?
        h. No. (Pagar) *Pague* con tarjeta de crédito.

Los turistas

_____ **1.** ¿Se sirve comida muy picante *(spicy, hot)* en ese restaurante?

_____ **2.** ¿Se puede entrar en la Catedral ahora?

_____ **3.** ¿Se cambian cheques de viajero en nuestro hotel?

_____ **4.** ¿Se permite fumar en el gran salón del hotel?

_____ **5.** ¿A qué hora se cena aquí?

_____ **6.** ¿Se comen muchos mariscos aquí?

_____ **7.** Se sirve el café muy fuerte *(strong)*, ¿verdad?

a. No, ahora no. (Esperar) _____ hasta mediodía.

b. Sí, pero la comisión es alta. (Cambiar) _____ los cheques en el banco.

c. No. (Salir) _____ al patio si Ud. quiere fumar.

d. Sí. Si le afecta mucho la cafeína, (pedir) _____ un descafeinado.

e. Sí. (Probar) _____ los camarones. Están riquísimos.

f. Tarde. (Hacer) _____ su reservación para las nueve y media.

g. Sí. (Traer) _____ unos antiácidos si Ud. tiene problemas con la digestión.

h. No. (Pagar) _____ con tarjeta de crédito.

Segunda parte: Varios estudiantes ecuatorianos vienen a tu universidad para estudiar inglés por tres meses en el verano. ¿Qué les recomiendas? Contesta las preguntas con oraciones completas usando mandatos formales.

MODELO: ¿Cuánto dinero debemos traer?
        Traigan *un mínimo de $150 por semana.*

1. ¿Qué tipo de ropa debemos llevar?

_____

2. ¿Qué lugares debemos visitar?

_____

3. ¿Dónde debemos comer?

_____

4. ¿Qué platos típicos debemos pedir?

_____

5. ¿Dónde podemos alquilar un auto?

_____

Paso 3

Vocabulario temático: El cuerpo humano

CA7-10 Las partes del cuerpo. Cuando José Luis fue a las ruinas de Machu Picchu, vio unos extraterrestres *(aliens, extraterrestrials)*. Lee su descripción y haz un dibujo *(make a drawing)* de uno de los extraterrestres.

Los extraterrestres son bajos pero muy delgados. Tienen la cabeza grande con tres ojos, una nariz pequeña y una boca grande con muchos dientes. Tienen dos orejas; no tienen pelo. Tienen el cuello largo y los hombros estrechos *(narrow)*. Tienen dos brazos pero en las manos tienen seis dedos. Tienen dos piernas cortas, sin *(without)* rodillas. En los pies tienen tres dedos. ¡No llevan ropa *(clothing)*!

CA7-11 Los dolores. ¿Qué les duele a las siguientes personas? ¿Por qué? Sigue el modelo.

MODELO: ¿Qué le pasa a Elena? (los pies; bailar toda la noche)
Le duelen los pies, porque bailó toda la noche.

1. ¿Qué te pasa? (la garganta; gritar mucho durante el partido de fútbol)

   _____

2. ¿Qué les pasa a los niños? (el estómago; comer muchos dulces)

   _____

3. ¿Qué le pasa a Ud.? (los ojos; no dormir bien anoche)

   _____

4. ¿Qué les pasa a Rita y a Linda? (los brazos; levantar pesas por dos horas ayer)

   _____

5. ¿Qué le pasa al abuelo? (las rodillas; correr dos kilómetros ayer)

   _____

6. ¿Qué les pasa a Uds.? (la espalda; trabajar mucho en el jardín este fin de semana)

   _____

Vocabulario temático: Las enfermedades

CA7-12 En el consultorio médico. Mira los dibujos y completa las actividades.

Primera parte: ¿Quién está hablando en cada caso? Indica si es Julio (**J**), la Dra. Vega (**V**), Laura (**L**) o el Dr. Peña (**P**).

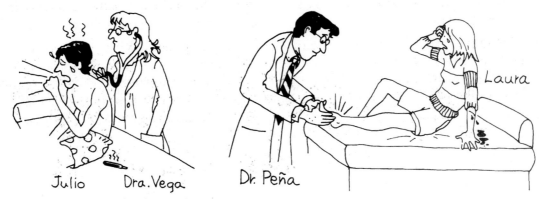

Julio   Dra. Vega   Dr. Peña   Laura

_____ **1.** Tengo tos y me duele el pecho.

_____ **2.** Me caí de mi bicicleta y me torcí el tobillo.

_____ **3.** Respire.

_____ **4.** Saque la lengua.

_____ **5.** ¿Te duele mucho el tobillo?

_____ **6.** Me corté el brazo también.

_____ **7.** Creo que tengo fiebre.

_____ **8.** Tengo que sacarte una radiografía.

_____ **9.** Ud. tiene bronquitis.

_____ **10.** Voy a ponerte una inyección anti-tetánica.

_____ **11.** ¿Necesito un yeso?

_____ **12.** Creo que tienes una fractura.

_____ **13.** ¿Tengo que tomar antibióticos?

_____ **14.** Le recomiendo que tome una pastilla dos veces al día.

_____ **15.** El corte no es serio; no tengo que darte puntos.

_____ **16.** Voy a recetarle un jarabe también.

Segunda parte: Escoge **uno** de los dibujos y escribe un diálogo entre el (la) paciente y el (la) médico(a).

_____

_____

_____

_____

_____

_____

CA7-13 El presente del subjuntivo. ¿Cuál es el mejor remedio para estas personas? Completa las frases con una expresión lógica de la lista; escribe el verbo en el presente del subjuntivo.

MODELO: Marta tiene bronquitis. El médico quiere que (ella) *tome antibióticos.*

beber mucho jugo de naranja
comprar jarabe en la farmacia
correr por varios días
esterilizar el agua antes de beberla
ir a la sala de urgencias del hospital
ponerse una crema

sacar una radiografía
tener un repelente para los mosquitos
tomar antibióticos
tomar aspirina inmediatamente
traer un bloqueador solar

1. José Luis tiene mucha tos. Es mejor que (él) _____.

2. Me torcí el tobillo. Es necesario que el médico me _____.

3. Mi hermano y yo estamos resfriados. Mamá quiere que (nosotros) _____

   _____.

4. Si tienes fiebre, es mejor que (tú) _____.

5. Isaac y Nancy se quemaron la espalda en el sol. Es necesario que (ellos) _____

   _____.

6. Tienes una historia de problemas cardíacos y ahora te duele el pecho. Recomiendo que (tú) ___

   _____.

7. El agua no es potable aquí. Es preferible que (nosotros) _____

   _____.

8. Si Uds. vienen a la playa conmigo, recomiendo que (Uds.) _____

   _____.

9. Hay una epidemia de malaria en la costa. Es necesario que Ud. _____

   _____.

10. A Cristina le duelen los pies y los tobillos. Es importante que (ella) no _____

    _____.

CA7-14 Para viajar sin problemas. El siguiente artículo de la revista *Imagen* tiene consejos para viajar sin *(without)* problemas. Lee el artículo y completa las actividades.

PARA VIAJAR SIN PROBLEMAS

- Lleva dinero suficiente para el viaje.
- Empaca la mitad de la ropa que piensas usar.
- Infórmate sobre el clima y la temperatura para planificar la ropa y las actividades.
- Utiliza ropa y zapatos cómodos que requieran cuidado mínimo.
- Informa a tus seres queridos sobre el itinerario de viajes, hoteles y números de teléfono.
- Asegura el equipaje mientras viajas.
- Verifica la diferencia de horas.
- Reconfirma los vuelos y verifica los asientos.
- Lleva los pasaportes para viajes fuera de Estados Unidos.

Primera parte: Lee los consejos. ¿Cuáles de los siguientes temas se mencionan? Indica tus respuestas con una X.

_____ el transporte   _____ la ropa

_____ la documentación   _____ los casos de emergencia

_____ el dinero   _____ la salud

Segunda parte: Basándote en el artículo, escribe consejos para las siguientes personas. Cambia los verbos al presente del subjuntivo. Sigue el modelo.

MODELO: ROSITA: No quiero llevar mucho dinero porque tengo miedo de perderlo.
        TÚ: Es mejor que *lleves dinero suficiente para el viaje.*

1. CAROLINA: Voy a llevar tres maletas. Quiero estar preparada para cualquier tipo de actividad.

    TÚ: ¡¿Tres maletas?! Te recomiendo que _____.

2. SUSANA: Salgo mañana para mi viaje a Europa. Es la primera vez que viajo sin mis padres y no pienso decirles nada sobre mis planes.

    TÚ: ¿Pero qué va a pasar si tienes alguna emergencia? Es importante que _____

_____.

3. CLAUDIO: ¡No veo la hora *(I can't wait)* de ir a Costa Rica! Pienso ir a la playa todos los días.

    TÚ: Pero ahora es la época de lluvia *(rainy season)* en Costa Rica. Es mejor que _____

_____.

Integración

CA7-15 El fin de semana de los padres. La madre de tu compañero(a) de cuarto llega a la residencia, buscando a su hijo(a). Pero él (ella) está en la biblioteca. Ya que *(Since)* ella es hispanohablante, tú le escribes las instrucciones para ir de la residencia a la biblioteca. Usa mandatos formales y otras expresiones de obligación para explicarle la mejor ruta para llegar. Trata de no repetir los verbos.

Sí, señora, es fácil ir a la biblioteca de aquí. Primero, salga de este edificio y ____ _____

_____

_____

_____

_____

_____

_____

y sin ningún problema usted va a llegar a la biblioteca.

CA7-16 ¡Me siento terrible! ¿Qué les pasa a estas personas y qué recomendaciones reciben?
Usa tu imaginación para escribir unos mini-diálogos entre ellos. Hay que incluir:

• preguntas y respuestas
• descripción de los síntomas
• recomendaciones para sentirse mejor

MODELO:

> ALBERTO: *Ay, doctora. Estudié toda la noche y ahora me duele la cabeza.*
>
> DRA. MILAGROS: *Usted debe dormir más. Tome dos aspirinas. Y, descanse. ¡No lea más!*
>
> ALBERTO: *Y, ¿si no me siento mejor?*
>
> DRA. MILAGROS: *Le recomiendo que llame al consultorio mañana.*

FARMACÉUTICO: _____
_____
_____

SRA. CORTÉS: _____
_____

FARMACÉUTICO: _____
_____

SRA. CORTÉS: _____
_____
_____

KATYA: _____
_____
_____

DR. GONZAGA: _____
_____

KATYA: _____
_____
_____

DR. GONZAGA: _____
_____
_____

Un paso más

Vistazo gramatical: El futuro

CA7-17 El futuro. La agencia Expediciones Emeraldforest ofrece varios tours en Ecuador. Aquí tienes el itinerario para el tercer día de un tour a Pañacocha. Completa las actividades.

EXPEDICIONES EMERALDFOREST
AV. AMAZONAS N24-29 Y PINTO
TELEFAX 541-543
e-mail: emerald@ecuanex.net.ec
Quito - Ecuador

PAÑACOCHA
5 DIAS 4 NOCHES

3er. Día Pañacocha
Navegaremos en canoas a remo para admirar un pequeño sistema de lagunas y realizaremos algunas paradas para pescar pirañas. A lo largo del camino podremos observar muchos pájaros nativos como Oropéndolas, Papagayos, Tucanes, y más. En la tarde realizaremos pesca de pirañas y terminaremos nuestro día con una emocionante excursión para mirar a los animales nocturnos.

Primera parte: Lee el itinerario y contesta las preguntas con oraciones completas.

1. ¿Qué medio de transporte usarán los participantes en el tour?

_____

2. ¿Qué deportes acuáticos practicarán?

_____

3. ¿Qué animales observarán?

_____

4. ¿Qué harán al final del día?

_____

Segunda parte: Tú quieres hacer el tour a Pañacocha, y necesitas más información sobre qué harás los otros días de la excursión. ¿Qué le preguntarás al agente de viajes? Escribe tres preguntas lógicas con los verbos en el futuro.

1. _____

2. _____

3. _____

Rincón literario

"Primer encuentro"

Este cuento *(short story)* es la creación del salvadoreño Álvaro Menen Desleal, uno de los pocos autores latinoamericanos que se especializan en la ciencia ficción. Se trata de *(It deals with)* un viaje muy especial —un viaje intergaláctico— y un encuentro *(encounter)* con extraterrestres.

CA7-18 Antes de leer. Lee las oraciones; indica tu opinión con la escala de 1 a 5.

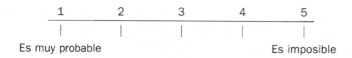

```
        1        2        3        4        5
        |        |        |        |        |
   Es muy probable                    Es imposible
```

_____ **1.** La vida *(life)* existe en otros planetas.

_____ **2.** La vida en otros planetas —si existe— es inteligente.

_____ **3.** Los extraterrestres tienen una forma humana.

_____ **4.** El primer encuentro *(encounter)* entre extraterrestres y seres *(beings)* humanos va a ser pacífico.

_____ **5.** Los seres humanos vamos a aceptar a los extraterrestres fácilmente *(easily)*.

Vocabulario útil

encuentro *encounter*
los retrocohetes *retrorockets*
la nave *spaceship*
se acercó (acercarse) *he approached*
polvo *dust*
se posó (posarse) *landed*
supervivencia *survival*
embajador *ambassador*

cortés *cordial, polite*
le molestó (molestar) *bothered him*
un rato *a moment, short while*
dorado *golden*
destellar *to sparkle, glitter*
parpadeó (parpadear) *blinked*
la escotilla *hatch (of a spaceship)*

Álvaro Menen Desleal
Primer encuentro

No hubo explosión alguna. Se encendieron, simplemente, los retrocohetes, y **la nave se acercó a la superficie del planeta**. Se apagaron los retrocohetes y la nave, entre polvo y gases, con suavidad poderosa, se posó.

Fue todo.

Se sabía que vendrían.° Nadie había dicho cuándo; pero la visita de habitantes de otros mundos era inminente. Así, pues, **no fue para él una sorpresa total**. Es más: **había sido entrenado,°** como todos, para recibirlos. "Debemos estar preparados —le instruyeron en el Comité Cívico— ; un día de estos (mañana, hoy mismo...), pueden descender de sus naves. De lo que ocurra en los primeros minutos del encuentro dependerá la dirección de las futuras relaciones interespaciales... Y quizás nuestra supervivencia. Por eso, cada uno de nosotros debe ser un embajador dotado del más fino tacto, de la más cortés de las diplomacias".

Por eso caminó sin titubear° el medio kilómetro necesario para llegar hasta la nave. El polvo que los retrocohetes habían levantado le molestó un tanto; pero **se acercó sin temor alguno**, y sin temor alguno se dispuso a esperar° la salida de los lejanos visitantes, preocupado únicamente° por hacer de aquel primer encuentro un trance grato para dos planetas, un paso agradable y placentero.°

Al pie de la nave pasó un rato de espera, la vista fija en el metal dorado que el sol hacía destellar con reflejos que le herían los ojos; pero ni por eso parpadeó.

Luego se abrió la escotilla, por la que se proyectó sin tardanza una estilizada escala de acceso.°

No se movió de su sitio, pues temía° que cualquier movimiento suyo, por inocente que fuera, lo interpretaran los visitantes como un gesto hostil. Hasta se alegró de no llevar sus armas consigo.

Lentamente, oteando, comenzó a insinuarse,° al fondo de la escotilla, una figura.

Cuando **la figura se acercó a la escala para bajar**, la luz del sol le pegó° de lleno.° **Se hizo entonces evidente su horrorosa, su espantosa forma.**

Por eso, él no pudo reprimir° un grito de terror.

Con todo, hizo un esfuerzo° supremo y esperó, fijo en su sitio, el corazón al galope.

La figura bajó hasta el pie de la nave, y se detuvo frente a él, a unos pasos de distancia.

Pero él corrió entonces. Corrió, corrió y corrió. Corrió hasta avisar a todos, para que prepararan sus armas: no iban a dar la bienvenida° a un ser con dos piernas, dos brazos, dos ojos, una cabeza, una boca...

Se... *Everyone knew that they would come.*

había... *he had been trained*

sin... *without hesitating*

se... *he got ready to wait*
preocupado... *concerned only*

por... *to make this first contact a pleasant encounter for both planets*

escala... *staircase, ladder*
he feared

oteando... *one began to see*

la luz... *the sunlight lit him up* / de... *completely*

to hold back, repress
effort

dar... *to welcome*

CA7-19 Comprensión. Lee el cuento y completa las actividades.

Primera parte: En la columna A, hay un resumen *(summary)* del cuento. En la columna B, hay frases claves *(key sentences)* del cuento. Relaciona cada acontecimiento *(event)* del resumen con sus frases claves.

A: Resumen

_____ 1. Los extraterrestres llegan al planeta.

_____ 2. Un representante de los habitantes del planeta espera a los extraterrestres.

_____ 3. El representante está tranquilo; piensa que los extraterrestres van a ser amigos.

_____ 4. El extraterrestre sale de su vehículo espacial.

_____ 5. El representante está horrorizado cuando ve al extraterrestre.

B: Frases claves

a. "Se sabía que vendrían… no fue para él una sorpresa total… había sido entrenado, como todos, para recibirlos."

b. "…la nave se acercó a la superficie del planeta."

c. "Se hizo entonces evidente su horrorosa, su espantosa forma… Por eso, él no pudo reprimir un grito de terror."

d. "Luego se abrió la escotilla… la figura se acercó a la escala para bajar…"

e. "Por eso caminó sin titubear el medio kilómetro necesario para llegar hasta la nave… se acercó sin temor alguno… "

Segunda parte: Lee el cuento de nuevo y completa las frases de una manera lógica.

_____ 1. En el primer párrafo de este cuento, aprendemos que ____.

    a. una nave espacial llega al planeta

    b. hay una batalla entre los extraterrestres

    c. el protagonista está en el cine mirando una película de ciencia ficción

_____ 2. El protagonista del cuento ____.

    a. está muy sorprendido cuando ve la nave

    b. ataca a los visitantes inmediatamente

    c. tiene que recibir a los visitantes

_____ 3. El encuentro entre el protagonista y el visitante es un momento crítico porque ____.

    a. los visitantes tienen el poder *(power)* de destruir el planeta

    b. el protagonista piensa capturar y estudiar a los visitantes

    c. el protagonista quiere establecer relaciones pacíficas con los visitantes

_____ 4. El protagonista pierde control cuando ____.

    a. el visitante saca *(takes out)* su arma

    b. ve claramente la figura del visitante

    c. otra nave espacial llega

_____ 5. El visitante tiene la forma de ____.

    a. un reptil

    b. un monstruo gigantesco

    c. un ser humano

CA7-20 Después de leer. Imagínate que acabas de ver *(you have just seen)* a un extraterrestre. Describe su forma a un(a) compañero(a) de clase. Tu compañero(a) tiene que escuchar tu descripción y hacer un dibujo *(drawing)* en una hoja de papel. Si quieres, puedes escribir tu descripción aquí primero.

_____

_____

_____

¡Vamos a escribir!

Estrategia: Using a bilingual dictionary when writing

Bilingual dictionaries are useful tools for writers, but they must be used with care. Here are some tips on how to avoid translation errors when you consult an English-Spanish dictionary. Read each tip and complete the accompanying activities.

CA7-21 No abuses del diccionario. Writing is a much less frustrating task if dictionary use is kept to a minimum. Before consulting a dictionary, you should first try to simplify what you want to say by expressing yourself with familiar words. For example, to simplify a sentence like "A huge crowd showed up for the opening night gala on board our cruise ship," you might say "Many people attended the first dance on our cruise."

Sentences with slang or colloquial phrases should also be "decoded" into simpler, more direct speech. For example, you might say, "He got very angry," instead of "He went ballistic." Although this strategy of simplification results in less precise expression of ideas at the early stages of learning, it helps you learn to communicate efficiently in a wider range of circumstances.

To practice this strategy, rewrite the following expressions in simpler English, and then try to render the same idea in Spanish.

1. My grandmother has a sweet tooth.

   English: _____

   Spanish: _____

2. Water sports provide excellent aerobic conditioning.

   English: _____

   Spanish: _____

3. In this country all financial institutions cease operations at midday.

   English: _____

   Spanish: _____

Atajo Software (CA7-21)

Grammar: _____

Nouns: irregular gender; Nouns: orthographic changes **z** to **c**, Verbs: infinitives

---

CA7-22 Usa tu diccionario con cuidado. When consulting an English-Spanish dictionary, follow these tips in order to select the proper word.

- **Identify the part of speech.** Decide if the word you want to use in your sentence is a noun, adjective, adverb, etc. Read the definitions in that section.

- **Select the definition that matches the context.** Read through all the definitions in the category you have selected before making a tentative selection. If your dictionary does not provide details for each of the options provided, you may need to cross-reference each one.

Study the dictionary entries that follow and complete the missing elements in the following sentences.

1. *(The people)* _____ de la ciudad de Buenos Aires es muy cosmopolita.

2. Mi novio es guapo, alto y *(dark)* _____.

3. *(The bar)* _____ es famoso por sus tapas.

4. El museo está en *(the corner)* _____ de la avenida Bolívar y la calle Colón.

bar¹ (bär) **I.** s. (*rod*) barra; (*of gold*) lingote *m*; (*lever*) palanca; (*of a prison*) barrote *m*; (*of soap*) pastilla (de jabón); (*of chocolate*) tableta; (*of color*) raya, franja; (*obstacle*) obstáculo; (*tavern*) bar *m*; (*counter*) mostrador *m*; MARÍT. banco (de arena, grava); DER. (*tribunal*) tribunal *m*; (*legal profession*) abogacía; (*lawyers*) cuerpo de abogados; MÚS. (*line*) barra; (*measure*) compás *m* ♦ **behind bars** entre rejas • **prisoner at the b.** DER. acusado **II.** tr. **barred, bar-ring** (*to fasten*) cerrar con barras; (*to obstruct*) obstruir; (*to exclude*) excluir; (*to prohibit*) prohibir; (*to mark*) rayar **III.** prep. ♦ **b. none** sin excepción.

corner (kôr'nər) **I.** s. (*exterior angle*) esquina; (*interior angle*) rincón *m*; (*intersection*) esquina; (*predicament*) aprieto, apuro; FIG. (*place*) región *f*, rincón (de país, ciudad); (*guard*) cantonera, rinconera; (*monopoly*) monopolio, acaparamiento; ANAT. rabillo (del ojo); (*commissure*) comisura (de los labios) ♦ **around the c.** a la vuelta de la esquina • **in a c.** en un aprieto • **out of c. of one's eye** con el rabillo del ojo • **the four corners of the earth** las cinco partes del mundo • **to cut corners** (*to go directly*) tomar atajos; (*to economize*) reducir gastos • **to drive someone into a c.** arrinconar *o* acorralar a alguien • **to turn the c.** doblar la esquina; (*to improve*) pasar el punto crítico.

people (pē'pəl) **I.** s. [p. **people**] (*nation*) pueblo <*the American p.* el pueblo norteamericano>; (*persons*) gente *m* <*country p.* gente del campo>; (*in definite numbers*) personas <*only about ten p. came* sólo vinieron unas diez personas>; (*citizens*) ciudadanos; (*subordinates*) gente, empleados; (*inhabitants*) gente, personas, habitantes *m* <*a city with several million p.* una ciudad de varios millones de habitantes>; (*family*) familia; (*ancestors*) antepasados; (*human beings*) personas, seres humanos <*they're p., not animals* son personas, no bestias>; (*beings*) seres *m* <*the furry little p. of the woods* los pequeños seres peludos del bosque> ♦ **most people** mucha gente, muchas personas • **most people** la mayoría de la gente • **peoples** pueblos • **people's republic** república popular • **old p.** los viejos • **poor p.** los pobres • **the common p.** *o* **the p.** el pueblo, la gente común y corriente • **young p.** los jóvenes **II.** tr.-**pled, -pling** poblar.

dark (därk) **I.** adj. **-er,-est** (*without light*) oscuro, sin luz; (*dim*) opaco, gris; (*said of a color*) oscuro; (*complexion*) moreno, morocho; (*threatening*) amenazador; (*deep*) profundo (sonido, voz); (*dismal*) triste; (*evil*) siniestro; (*unknown*) desconocido, misterioso; (*secret*) secreto, oculto; (*ignorant*) ignorante **II.** s. (*darkness*) oscuridad *f*, tinieblas *f*; (*nightfall*) anochecer *m*, noche *f*; PINT. (*shade*) sombra ♦ **to be in the d.** no estar informado.

¡Vamos a mirar!

Vídeo 1: Una visita a la farmacia

CA7-23 Anticipación. En España, los farmacéuticos pueden recomendar un remedio a sus clientes cuando no se sienten bien. En este segmento, Miguel va a la farmacia. Lee las siguientes oraciones e indica quién habla, la farmacéutica (**F**) o Miguel (**M**).

_____ 1. ¿Qué te pasa?

_____ 2. Me duele un poco la garganta.

_____ 3. Creo que estas pastillas te harán bien.

_____ 4. Me vas a dar una caja de pastillas.

_____ 5. ¿Cuánto es?

CA7-24 Comprensión. Mire el vídeo y contesta las preguntas con oraciones completas.

1. ¿Qué síntomas tiene Miguel?

   _____

2. ¿Qué le recomienda la farmacéutica?

   _____

3. ¿Qué más compra él?

   _____

4. ¿Cuánto paga Miguel?

   _____

Vídeo 2: Vistas de Ecuador

CA7-25 Preparación. Antes de mirar el vídeo sobre Ecuador, familiarízate con el vocabulario nuevo de este segmento. Completa las oraciones con las palabras más lógicas de la lista.

barrio *neighborhood*
lujosas *luxurious, rich*
Patrimonio Cultural de la Humanidad *World Heritage Site*
promedio *average*
rascacielos *skyscrapers*
santo patrón *patron saint*
se deriva *is derived from / is based on*
valle *valley*

1. El nombre de Ecuador _____ de su ubicación *(location)* a cero grados de latitud.

2. Quito está en un _____ entre las montañas y los volcanes de los Andes.

3. La temperatura _____ de la capital es de setenta y un grados.

4. Quito fue declarado un _____ por la UNESCO, el departamento cultural de las Naciones Unidas.

5. Debido a *(Owing to)* sus raíces católicas, Quito tiene un _____.

6. Ipiales es un _____ comercial popular donde se vende de todo.

7. Las zonas residenciales populares están al sur del centro histórico, mientras que las zonas más

   _____ están al norte.

8. En contraste con el centro histórico, las nuevas zonas comerciales tienen

   _____ ultramodernos.

CA7-26 Comprensión: Observar y reconocer. Mira el vídeo sobre Ecuador. ¿En qué zona de la ciudad están las siguientes cosas?

_____ 1. Hoteles, tiendas de artesanía, restaurantes, cibercafés

_____ 2. La Plaza Grande, la Iglesia de San Francisco, el barrio Ipiales

_____ 3. Barrios residenciales lujosos, rascacielos, grandes centros comerciales

a. centro histórico

b. (avenida) Amazonas

c. norte

CA7-27 Comprensión: ¿Qué recuerdas de Quito? Lee las preguntas de abajo y después vuelva a mirar el vídeo. Contesta las preguntas con oraciones completas en español.

1. ¿En qué parte del país está ubicado la capital de Ecuador?

   _____

2. ¿Quiénes fundaron Quito?

   _____

3. ¿Cómo es la arquitectura del centro histórico de Quito?

   _____

4. ¿Por qué es famosa la Iglesia de San Francisco?

   _____

   _____

5. ¿Qué se puede ver en la zona Amazonas de la capital?

   _____

   _____

6. ¿Cuáles son algunos contrastes entre el norte de la capital y el centro histórico?

   _____

   _____

Capítulo **8**

¡A divertirnos!

Paso 1

Vocabulario temático: Las invitaciones

CA8-1 Las invitaciones. Tú y tus amigos están ocupados con los estudios, pero también lo pasan bien en el tiempo libre. Combina los comentarios de las dos columnas de una manera lógica.

Tus invitaciones y comentarios

_____ **1.** ¿Te gustaría ir a la playa este fin de semana con nosotros? Vamos a esquiar y bucear.

_____ **2.** ¿A qué hora empieza el concierto?

_____ **3.** ¿Por qué no vamos al partido de béisbol esta noche?

_____ **4.** ¿Puedes pasar por mi casa a las ocho? Creo que la película empieza a las nueve.

_____ **5.** ¿Quieres ir a la exposición de pinturas de Botero? Todos dicen que es fabulosa.

_____ **6.** ¿Por qué no jugamos al tenis esta tarde? No tengo ganas de estudiar hoy.

Las respuestas de tus amigos

a. Creo que el primer conjunto toca a las ocho y media.

b. Lo siento, pero mi hermana necesita usar el coche esta noche. ¿Por qué no nos encontramos en el café enfrente del cine?

c. ¡Con mucho gusto! Me encantan los deportes acuáticos.

d. Es que no tengo raqueta… y, bueno, en realidad, no sé jugar.

e. ¡Cómo no! ¿En qué museo se exhíben?

f. Lo siento pero me es imposible. Mañana tengo un examen y necesito estudiar.

CA8-2 Más sobre las invitaciones. Estás estudiando español en San José, Costa Rica. Esta semana no hay clases y quieres salir un poco.

Primera parte: Lee los anuncios de las "Actividades de la semana" en San José, Costa Rica, para investigar las posibilidades de diversión. Contesta las preguntas con oraciones completas.

MÚSICA

1. ¿Quiénes van a tocar en el concierto en el Teatro Nacional?

_____

2. ¿Dónde se puede escuchar un concierto de música rock?

_____

3. ¿Qué días hay música jazz en el Fellini Jazz Club?

_____

4. ¿Cuál de los eventos musicales es el más caro? ¿Cuánto es la entrada *(admission)*?

_____

tiempo LiBЯE

Actividades de la semana

MÚSICA

Adrián Goizueta y su grupo experimental. Presentación de su último disco, *Amaramares*. Teatro Nacional, San José, 20:00h. Entradas: c4.000, c3.000, c1.000. Tel. 221-53-41. Viernes 14.

JAZZ

Fellini Jazz Club. En el Restaurante Fellini, 200m sur de la Toyota, Paseo Colón. Noches de jazz, de 20:30h. a 23:00h. Entrada gratuita. Tel. 222-35-20. Viernes y sábados.

ROCK

Inconsciente Colectivo. Club de Amigos de Palmares, Palmares, 20:00h. Entrada: c1.000. Tel. 395-77-86, 452-00-25. Sábado 15.

TEATRO

Apartamento de soltero. Comedia. Teatro La Máscara, 400m este y 25m sur del Teatro Nacional. De viernes a domingo, 20:00h. Entrada: c1.500. Tel. 222-45-74.

El enemigo. Comedia. Teatro Skené. Contiguo a KFC, Barrio La California, carretera a San Pedro. De viernes a domingo, 20:00h. Entrada: c1.500 (general) y c1.000 (estudiantes). Tel. 283-97-00.

CINE

El policía destemplado. Ciclo de cine policíaco francés. Alianza Francesa, 200m oeste del INS, Barrio Amón, 19h. Entrada gratuita. Tel. 222-22-83. Lunes 17.

La niña de tus ojos. Sala Garbo, Paseo Colón. De lunes a viernes. Funciones: 15h., 19h. y 21h. Entrada: c1.300. Tel. 222-10-34.

PLÁSTICA

El jardín de Osiris. Pinturas de Rolando Faba. Galería Memorándum, avenida 3, calles 34–36, Paseo Colón, San José. De lunes a viernes, de 8:30h. a 17:30h. Entrada gratuita. Tel. 256-07-71, 254-24.22. Finaliza 22 de julio.

Grafismos de la India. Pinturas de pequeño formato de Miguel Casafont. Auditorio Manuel Jiménez Borbón, instalaciones de La Nación, Llorente de Tibás. De lunes a viernes, de 8h. a 24h. Y de 14h a 18h. Entrada gratuita. Tel. 247-14-33.

TEATRO

5. ¿Qué van a presentar en el Teatro La Máscara?

_____

6. ¿A qué hora empieza la obra *El enemigo*?

_____

PLÁSTICA

7. ¿Qué exhíben en la Galería Memorándum?

_____

8. ¿Cómo se llama la exposición en el Auditorio Manuel Jiménez Borbón?

_____

CINE

9. ¿Qué película dan en la Alianza Francesa?

_____

10. ¿A qué hora es la primera sesión de la película *La niña de tus ojos*?

_____

Segunda parte: ¿Cuál de los eventos te interesa más? Escribe una pequeña carta por correo electrónico a tu amigo(a). Invítalo(la) a uno de los eventos. Incluye información sobre el evento, el día, la hora y el precio *(price)* de la entrada.

Fecha: _____

De: _____

Asunto: _____

Para: _____

_____

_____

_____

_____

_____

_____

_____

_____

_____

_____

Vocabulario temático: Un fin de semana divertido

CA8-3 El pretérito. Aquí tienes una conversación entre Lucía y Magaly, dos jóvenes costarricenses.

Primera parte: Completa las oraciones con el pretérito de los verbos.

LUCÍA: Hola, Magaly. ¿Qué tal tu fin de semana?

MAGALY: (Yo: Divertirse) (**1**) _____ mucho. Mi amigo Alejandro y yo

(salir) (**2**) _____ el sábado por la noche. Primero,

(nosotros: cenar) (**3**) _____ en el fabuloso restaurante Chango.

Luego, (nosotros: ir) (**4**) _____ a la Discoteca Cocoloco donde

(bailar) (**5**) _____ toda la noche. ¿Y tú, Lucía? ¿Cómo

(tú: pasar) (**6**) _____ el fin de semana?

LUCÍA: Yo también lo (pasar) **(7)** _____ bien. El viernes

(yo: tener) **(8)** _____ que quedarme en casa y terminar un trabajo,

pero el sábado (yo: ir) **(9)** _____ a la fiesta de cumpleaños de una

compañera de trabajo.

MAGALY: ¡Qué bien!

LUCÍA: Sí, la fiesta (ser) **(10)** _____ muy divertida, y además

(yo: conocer) **(11)** _____ a un chico muy amable.

MAGALY: ¿Sí? ¿Y te (él: invitar) **(12)** _____ a salir?

LUCÍA: ¡Claro! Vamos al cine está noche.

Segunda parte: Contesta las preguntas con oraciones completas.

1. ¿Con quién salió Magaly el sábado?

_____

2. ¿Qué hicieron Magaly y su amigo?

_____

3. ¿Por qué se quedó Lucía en casa el viernes?

_____

4. ¿Qué hizo ella el sábado?

_____

Gramática: Más sobre el pretérito

CA8-4 El pretérito de los verbos con cambios en la raíz. Aquí tienes el diario de Rosario.
Léelo y después completa el resumen *(summary)* de sus actividades de una manera lógica. Incluye
verbos de la lista en el pretérito.

22 de enero

Querido diario,

¡Este fin de semana, me divertí mucho!

El sábado me levanté muy temprano por la mañana, me vestí rápidamente y apenas *(hardly)*
tuve tiempo para desayunar cuando Roberto, Luis y Carla pasaron por mí en su carro.
Llegamos a la playa de Nicoya a las once y media. Jugamos al vóleibol, nadamos en el mar
e hicimos jetski. Luego, almorzamos en un pequeño restaurante; pedimos unos mariscos
riquísimos. Más tarde, volvimos a la playa donde hablamos y descansamos un rato.
¡Roberto y Luis se durmieron en el sol y se quemaron la espalda! Por la noche
conseguimos boletos para un concierto. El conjunto tocó muy bien. Volvimos a casa
a las dos de la madrugada. Estoy cansada pero muy contenta...

conseguir (i)   **dormirse (u)**   **servir (i)**
divertirse (i)   **pedir (i)**   **vestirse (i)**

Resumen

1. Este fin de semana Rosario y sus amigos _____.

2. El sábado por la mañana, Rosario se levantó temprano y _____.

3. Rosario y sus amigos pasaron la mañana en la playa y luego fueron a un restaurante, donde todos

   _____.

4. Después de almorzar, volvieron a la playa, donde Roberto y Luis _____

   _____

5. Por la noche, Rosario y sus amigos _____.

CA8-5 El pretérito de los verbos irregulares. Contesta las preguntas sobre la escena con oraciones completas sobre el picnic de la familia Ramos.

1. ¿Adónde fueron ayer los Ramos? ¿Para qué?

   _____

   _____

2. ¿Llegaron al parque en autobús?

   _____

   _____

3. ¿Qué se puso Tatiana para no quemarse al sol?

4. ¿Qué le dio Emilio a su hijo para comer? ¿Cómo reaccionó el hijo Miguel?

   _____

5. ¿Qué más trajeron los Ramos para comer y beber?

   _____

6. ¿Dónde pusieron la comida para el picnic?

   _____

7. ¿Qué "invitados" *(guests)* vinieron al picnic?

   _____

8. ¿Tuvo miedo Paco cuando vio a los "invitados"? ¿Qué dijo?

   _____

9. En tu opinión, ¿qué hicieron los Ramos cuando supieron que los osos *(bears)* comían *(were eating)* su comida?

_____

10. ¿Se divirtió mucho la familia?

_____

_____

Paso 2

Vocabulario temático: Las estaciones y el tiempo

CA8-6 Las estaciones del año. Contesta las preguntas con oraciones completas.

1. ¿Cuál es tu estación favorita? ¿Por qué te gusta?

_____

_____

2. ¿Qué estación del año no te gusta mucho? ¿Por qué?

_____

_____

3. ¿Cuáles son tus actividades favoritas durante la primavera? ¿durante el otoño?

_____

_____

CA8-7 El tiempo. Muchas veces el tiempo afecta nuestras actividades. ¿Qué te gusta hacer durante las siguientes condiciones atmosféricas?

MODELO: Cuando hace calor, me gusta *ir a la playa y nadar.*

1. Cuando hace sol y calor, me encanta _____.

2. Cuando nieva, me encanta _____.

3. Cuando llueve, a veces me gusta _____

   y otras veces me gusta _____

4. Cuando el día está pésimo, prefiero _____.

5. Cuando hay tormenta, prefiero _____.

Vocabulario temático: Los días festivos y las celebraciones

CA8-8 Los días festivos. Los días festivos son motivo de gran celebración tanto en los Estados Unidos como en el mundo hispano. Completa las siguientes actividades.

Primera parte: Escribe el nombre del día festivo que corresponde a cada fecha o descripción.

el Día de Acción de Gracias	**la Noche Buena**	**la Noche Vieja**
el Día de las Brujas	**la Pascua Florida**	**la Navidad**
el Día de la Independencia	**el Día del Año Nuevo**	**el Pésaj**
la Janucá	**el Día de los Enamorados**	**el Día de las Madres**

1. el 31 de octubre _____

2. el 1ro de enero _____

3. el cuarto jueves de noviembre _____

4. el 14 de febrero _____

5. el 25 de diciembre _____

6. el 4 de julio, en los EE.UU. _____

7. un período de ocho noches en diciembre _____

8. el 31 de diciembre _____

9. un domingo en marzo o abril _____

10. el 24 de diciembre _____

Segunda parte: Clasifica los días festivos según las siguientes catagorías.

1. Un día festivo patriótico _____

2. Dos días festivos religiosos _____

3. Dos días festivos populares con los niños _____

4. Un día festivo típico de los Estados Unidos _____

5. Tu día festivo favorito _____

CA8-9 Más sobre las celebraciones. Estás hablando con tu amigo Jorge sobre los días festivos. Completa las actividades.

Primera parte: Jorge te está contando cómo celebró varios días festivos el año pasado. Completa las descripciones con una expresión de la lista; escribe los verbos en el **pretérito**.

apagar las velas	**dar una docena de rosas rojas**
brindar con champaña	**llevar disfraz**
cantar villancicos (carols)	**ver unos fuegos artificiales**

1. Mi esposa y yo hicimos una fiesta en casa para celebrar la Navidad. Mi esposa tocó el piano y

   todos nosotros _____.

2. Para la Noche Vieja, fuimos a una gran fiesta de celebración. A la medianoche, nosotros _____

   _____.

3. Para el Día de los Enamorados, decidí hacer algo especial para mi esposa. (Yo) Le _____

   _____.

4. Para mi cumpleaños, mis amigos hicieron una fiesta sorpresa. Mi esposa hizo un pastel y yo

_____ .

5. Para el Día de la Independencia asistimos a una celebración patriótica. Después del desfile

(nosotros) _____ .

6. Para el Día de las Brujas, los vecinos invitaron a nuestros hijos a una fiesta. Los niños se

divirtieron mucho y, claro, todos _____

Segunda parte: ¿Cómo celebraste tú los días festivos el año pasado? Escoge **dos** días festivos de la lista. Escribe dos o tres oraciones en el pretérito para cada uno.

el Día de la Independencia   el Día de Acción de Gracias
la Navidad   tu cumpleaños
el Día de las Brujas   el Año Nuevo

1. _____

_____

2. _____

_____

CA8-10 La Navidad. En el siguiente artículo del periódico *Éxito* de Chicago, tres inmigrantes hispanos describen cómo piensan celebrar la Navidad. También describen cómo se celebra este día en sus respectivos países. Lee el artículo y contesta las preguntas con oraciones completas.

Chile

Con sólo año y medio en la *Ciudad de los vientos,* Marianela Fernández celebrará este próximo día 24 su primera Navidad en los Estados Unidos. "Y lo pienso hacer a la chilena", aseguró. "En Chile, la noche del 24 llega el viejo Pascuero, que es el Santa Claus chileno, así que esa misma noche, al toque de las doce, se abren los regalos. Para la cena, como para este tiempo en Chile es verano, comemos un asado, pan de pascua y tomamos cola de mono, que es una especie de ponche de huevo con agua ardiente. De hecho, me están enviando uno de Chile para tomarlo en casa este año".

Puerto Rico

"Este año la celebración grande no va a ser en Navidad, sino el día seis, cuando lleguen los Reyes Magos. Pero en Nochebuena siempre nos reunimos en casa de mi abuela a comer arroz con gandules, lechón asado, pasteles y arroz con dulce y a beber coquito —una bebida parecida al eggnog, pero con ron y leche de coco—. En una ocasión celebramos hasta parrandas; fuimos de casa en casa tocando música típica puertorriqueña. Este año no sé si salgamos a parrandear", nos comentó Fernando Deida, quien lleva viviendo en Chicago 15 años, mientras el pequeño Nandi, de tres años, afirmaba que Santa Claus a su casa sí va a llegar.

Cuba

"En la Cuba de mi niñez, el 24 por la noche era para la reunión familiar; algunos iban a la iglesia, a la misa de gallo o el culto de la media noche. Luego, el 6 de enero, los Reyes Magos les traían regalos a los niños. Pero aquí le añadimos los regalos de Santa Claus", comentó Magdalena García, que vive en Chicago desde hace casi 30 años. "Desafortunadamente, estas tradiciones se perdieron en Cuba".

Vocabulario útil

al toque de las doce *at the stroke of midnight*

asado *roast (meat)*

agua ardiente *clear brandy (distilled from fruit juices)*

los Reyes Magos *the Magi, the Three Kings*

el Día de los Reyes *the Feast of the Epiphany (January 6)*

gandules *pigeon peas*

lechón *suckling pig*

ron *rum*

parrandas *a series of parties at friends' houses*

la misa de gallo *Midnight Mass*

Chile

1. ¿Cuál es el equivalente de *Santa Claus* en Chile?

   _____

2. ¿Cuando reciben y abren sus regalos los niños?

   _____

3. ¿Qué se come y se bebe como parte de la celebración?

   _____

Puerto Rico

4. ¿En qué día se celebra en grande?

   _____

5. ¿Dónde pasan la Noche Buena Fernando Deida y su familia?

   _____

6. ¿Cuáles son algunas de las especialidades puertorriqueñas para la Navidad?

   _____

Cuba

7. En Cuba, ¿cuándo recibían sus regalos los niños?

   _____

8. ¿Cuál era el día para las reuniones familiares?

   _____

9. En la familia de Magdalena García, ¿cómo tuvieron que adaptar sus tradiciones a la cultura de los Estados Unidos?

   _____

Gramática: El imperfecto

CA8-11 El imperfecto. Un grupo de amigas se reúne después de muchos años sin verse *(without seeing one another)*. Se ponen nostálgicas y empiezan a contar recuerdos de su niñez. Completa la conversación con las expresiones más lógicas de la lista; escribe los verbos en el imperfecto.

acampar al aire libre	**llover**	**ir al campo**
cantar villancicos *(carols)*	**hacer sol**	**nevar**
encender las velas	**hacer un picnic**	**reunirse en mi casa**
estar despejado	**ir a las montañas**	**nadar**

CARMELA: Lo que yo recuerdo más son los veranos. Siempre hacía buen tiempo

—**(1)** _____ y **(2)** _____. ¿Recuerdan

Uds. cuando nosotras salíamos de la ciudad e **(3)** _____,

donde vivía mi abuela? Ella siempre nos preparaba unos sándwiches y nosotras

(4) _____. Y a veces, por la noche, nosotras

(5) _____, y los mosquitos nos comían vivas.

Rosa: Sí, ésos eran días inolvidables *(unforgettable)*. Pero a mí, en realidad me gustaba más el invierno, especialmente cuando **(6)** _____ y nosotras

(7) _____ con nuestras familias para esquiar.

Ángeles: A mí también me gustaba el invierno, sobre todo *(above all)* cuando llegaba la Navidad. ¿Recuerdas, Rosa, como las tres *(the three of us)* **(8)** _____

para hacer regalos para nuestros padres?

Rosa: Sí, lo recuerdo muy bien. Tú y Carmela siempre **(9)** _____

y ¡el perro siempre empezaba a aullar *(to howl)*!

CA8-12 Más sobre el imperfecto. Rosa recuerda con mucho cariño *(affectionately)* a su sobrina Amanda. Vuelve a escribir *(to rewrite)* esta descripción en el imperfecto.

Amanda

Tiene tres años. Es una niña preciosa. Es morena con los ojos morenos. Juega todos los días con sus hermanos mayores en una casa donde todo está en orden. Su actividad favorita es jugar a las escondidas *(hide and seek)*. Se ve muy joven, pero se divierte tanto con ellos que le permiten jugar con los chicos mayores. Nadie quiere arruinar su felicidad.

El juego es fácil. Alguien cuenta de uno a cien y los otros corren a esconderse. Hay un lugar muy bueno detrás de la casa dónde la niña va. Los otros no saben dónde está ella y ella no les dice nada. A veces se duerme y los otros tienen que buscarla. Cuando la encuentran, todos se ríen *(laugh)*. ¡Qué bien lo pasan!

Amanda

_____
_____
_____
_____
_____
_____
_____
_____
_____

CA8-13 Preguntas en el imperfecto. ¿Qué recuerdas de tu niñez *(childhood)*? Contesta las preguntas con oraciones completas; incluye verbos en el imperfecto.

Cuando eras niño(a),…

1. ¿qué te gustaba hacer durante el verano?

_____

2. ¿qué hacías cuando llovía y no podías salir a jugar?

_____

3. ¿qué programas mirabas en la televisión?

_____

4. ¿qué deportes practicaban tú y tus amigos?

_____

5. ¿cuál era tu día festivo favorito? ¿Cómo lo celebrabas?

_____

_____

6. ¿cómo celebrabas tu cumpleaños generalmente?

_____

_____

Paso 3

Vocabulario temático: Cómo contar un cuento

CA8-14 Cómo contar un cuento. Luisa le está contando a su amigo Pablo la triste historia de Martita. Relaciona las preguntas y los comentarios de Pablo (columna A) con las respuestas de Luisa (columna B) para formar una conversación completa.

Pablo

_____ **1.** Hola, Luisa. ¿Qué me cuentas?

_____ **2.** ¿A Martita? No, no sé nada. ¿Qué le pasó?

_____ **3.** ¡Pobrecita! ¿Cuándo se le rompió el brazo?

_____ **4.** ¡No me digas! ¿Cómo fue?

_____ **5.** Sí. Pero no comprendo. ¿Cómo se le rompió el brazo?

_____ **6.** ¿De veras? ¡Qué horror!

Luisa

a. ¡Tiene el brazo roto!

b. Pues, su novio la invitó a su casa para celebrar su cumpleaños, y cuando Martita entró por la puerta, todos gritaron *(shouted)* "¡Sorpresa!"

c. Hola, Pablo. Oye, ¿sabes lo que le pasó a Martita?

d. Sí, es increíble.

e. Martita se sorprendió tanto que se cayó por la escalera *(stairs)*.

f. Anoche, en su fiesta de cumpleaños.

CA8-15 Reaccionar a los eventos. Varios de tus amigos te cuentan sus noticias. ¿Cuál es tu reacción? Completa los diálogos con reacciones y preguntas de las listas.

REACCIONES

¡No me digas!
¿De veras?
¡Qué horror!
¡Qué alivio!
¡Qué buena suerte!

PREGUNTAS

¿Dónde estaba?
¿Cuándo ocurrió?
¿Cuándo fue?
¿Qué tiempo hacía?
¿Qué te pasó?

1. EVA: ¡Mi abuela me mandó un paquete con galletas!

   TÚ: ¡_____!

2. GERARDO: ¿Sabes lo que me pasó?

   TÚ: No, ¿_____?

3. ROSALINDA: Estaba preocupada por el examen de historia. ¡Pero saqué una "A"!

   TÚ: ¡_____!

4. JACINTO: Tuve un accidente en mi coche.

   TÚ: Ay, no. ¿_____?

   JACINTO: Anoche.

5. INÉS: A mi madre le robaron la cartera *(pocketbook)*.

   TÚ: ¡_____!

   ¿_____?

   INÉS: En el parque.

Gramática: El imperfecto y el pretérito

CA8-16 El primer contraste. Scott, un estudiante norteamericano, pasó un año en la Universidad de Salamanca, en España. Aquí te cuenta una experiencia interesante. Completa la historia con el imperfecto o el pretérito, según el caso. Pon un círculo alrededor del verbo correcto.

1. (Era / Fue) la primavera de 2001.

2. Yo (estaba / estuve) en Salamanca porque (estudiaba / estudié) español en la universidad allí.

3. Todos los sábados mis amigos y yo (salíamos / salimos) juntos.

4. Un sábado (íbamos / fuimos) a bailar.

5. Cuando (entrábamos / entramos) en una de las discotecas más populares de la ciudad,…

6. …todos (bailaban / bailaron) a la música rock.

7. Una joven española me (invitaba / invitó) a bailar.

8. Ella (tenía / tuvo) el pelo negro y (era / fue) muy guapa.

9. De repente *(Suddenly)*, alguien (ponía / puso) un disco de sevillanas —música clásica española.

10. La chica me (enseñaba / enseñó) a bailar sevillanas.

11. (Bailábamos / Bailamos) toda la noche.

12. (Era / Fue) una noche inolvidable *(unforgettable)*.

Nombre _____ Fecha _____

CA8-17 El primer contraste. Vas a escribir un cuento original. Sigue las instrucciones a continuación y escribe tu cuento en la página 164 o en otra hoja de papel.

1. Set the scene for your story by choosing *one* sentence from group A and *one* from group B. Change the verbs into the **imperfecto.** If you prefer, write two original sentences that set the scene for your story.

   A
   (ser) una noche oscura y tormentosa
   (ser) las diez de la mañana
   (ser) la primavera
   (ser) un sábado normal
   ?

   B
   (hacer) sol y los pájaros (cantar)
   (llover) mucho
   (nevar) un poco y todo (estar) tranquilo
   (hacer) frío y (estar) nublado
   ?

2. Describe where you were and what was going on by choosing *one* sentence from group A and *one* from group B; write the verbs in the **imperfecto.** Or, if you prefer, write two original sentences that provide the same sort of information.

   A
   yo (estar) en casa solo(a)
   yo (estar) en la biblioteca
   mis amigos y yo (estar) en la residencia universitaria
   mi familia y yo (estar) en la habitación de nuestro hotel
   ?

   B
   yo (escribir) una carta en la computadora
   yo (escuchar) la radio
   nosotros (hablar) de nuestros planes para el día
   nosotros (mirar) una vieja película de terror en la televisión
   ?

3. Begin narrating the main events of the story by choosing *one* sentence from each group below. Write the verbs in the **pretérito.** Or, write three original sentences that tell what happened.

   A
   de repente *(suddenly)*, el teléfono (sonar)
   de repente, alguien (llamar) a la puerta
   de repente, un perro (empezar) a aullar *(howl)*
   de repente, yo (oír) un ruido *(noise)* extraño
   ?

   B
   inmediatamente yo (ir) a investigar
   yo (contestar) el teléfono
   yo (decir) "Adelante" *("Come in")*
   yo (ver) un poco de movimiento
   ?

C

después yo (oír) la voz de un hombre viejo
entonces yo (ver) un pequeño niño
luego un hombre (entrar)
en ese momento yo (notar) una nube de humo *(a cloud of smoke)*
?

4. Describe what/whom you just heard/saw by choosing *one* of the series of sentences below. Write the verbs in the **imperfecto.** Or, write two or three original sentences that provide a similar kind of description.

(ser) bajo y moreno; (llorar) *(to cry)* un poco
(ser) alto y rubio; (llevar) ropa negra
yo no (poder) ver nada; el aire (estar) opaco
yo no (poder) entender bien porque (tener) un acento francés

5. Move the story ahead by telling what you did next. Choose *one* of the sentences below; write the verbs in the **pretérito.** Or, write an original sentence that tells what you did.

yo (decidir) llamar a la policía
yo (decir), "¿Qué pasa?" pero no me (contestar)
yo (empezar) a gritar *(shout)*
en ese momento yo (perder) el conocimiento *(to lose consciousness)*
?

6. Write an original conclusion to your story in two or three sentences. Tell what you did or what happened; use the **pretérito.** Then give your story a title.

Gramática: El pretérito y el imperfecto: El segundo contraste

CA8-18 El segundo contraste. Mira los dibujos y completa la historia de Juan con el imperfecto o el pretérito, según el caso.

Siempre voy a recordar el día que conocí a mi novia…

1. (Ser) _____ una bonita tarde del otoño.
   (Hacer) _____ sol y un poco de viento. Yo
   (caminar) _____ por la calle con mi
   pequeño perro, Totó.

2. Cuando Totó y yo (pasar) _____ delante de
   la casa de mi nueva vecina, Totó (ver) _____
   un gato. El gato (ser) _____ grande;
   (dormir) _____ en el porche de la casa.

3. Inmediatamente Totó (empezar) _____
   a ladrar *(to bark)*. Y, claro, el gato
   (despertarse) _____. Totó (soltarse
   [to break loose]) _____ _____ y
   (correr) _____ tras el gato.

4. Mientras, Totó y el gato (pelearse *[to fight]*)
   _____, la nueva vecina
   (salir) _____ de su casa.
   (Ser) _____ una chica muy atractiva.
   (Tener) _____ más o menos veinte años.
   Y era evidente que (estar) _____ muy preocupada por su gato.

Nombre _____ **Fecha** _____

5. Yo (querer) _____ salvar la situación.

(Yo: separar) _____ a los dos animales y

le (devolver *[to return]*) _____ el gato a

su dueña *(owner)*. Afortunadamente, el gato (estar)

_____ completamente bien, sin lesiones.

6. Mi vecina me (dar) _____ las gracias y

me (invitar) _____ a tomar un café y así

(ser) _____ cómo nos conocimos mi

novia y yo.

Integración

CA8-19 Cuando era más joven. ¿Recuerdas cómo eras cuando eras más joven? ¿Cómo eras físicamente? ¿Cómo era tu personalidad? ¿Qué cosas te gustaba hacer? ¿Cuáles eran tus actividades favoritas? ¿Quiénes eran tus mejores amigos y cómo pasabas el tiempo con ellos? ¿Cuáles eran tus comidas favoritas? ¿tus juguetes o deportes favoritos? ¿Cuáles eran tus días de fiesta favoritos? ¿Cómo te gustaba celebrarlos? Escribe una descripción de cómo eras durante **una** de las etapas de tu juventud: cuando tenías cinco años, diez años o quince años.

Recuerdo que cuando yo tenía _____ años, _____.

_____

_____

_____

_____

_____

_____

_____

_____

_____

_____

_____

_____

CA8-20 Trágame tierra. ¿Has experimentado *(Have you experienced)* una historia de horror? Éstas son las situaciones humillantes *(humiliating)* que todos tenemos, especialmente durante la adolescencia. Describe aquí alguna de estas experiencias. Tienes que usar el imperfecto y el pretérito. Aquí tienes algunas ideas:

• un secreto que salió durante una reunión de familia
• en la escuela secundaria, un día cuando no tenías la lección preparada
• cuando saliste por primera vez con alguien que te interesaba
• cuando tus amigos te hicieron una broma *(played a joke on you)*

_____

_____

_____

_____

_____

_____

_____

_____

_____

_____

_____

_____

_____

Un paso más

Vistazo gramatical: *Por* vs. *para*

CA8-21 *Por* vs. *para*. Tienes que preparar un anuncio publicitario para la radio. Aquí tienes el guión *(script)*. Complétalo con **por** o **para,** según el caso.

¡Amigos!

El Gimnasio Bio Cultura Latina anuncia una nueva clase **(1)** _____ los aficionados *(fans)* de las artes marciales —"Boxeo chino y Kung fu".

Vengan y aprendan técnicas indispensables **(2)** _____ la defensa personal.

Esta novedosa clase se va a ofrecer tres veces **(3)** _____ semana.

Todo **(4)** _____ el bajo precio de 3.000 colones **(5)** _____ mes. Y, **(6)** _____ un período limitado, se regala una toalla *(towel)* con cada inscripción.

Boxeo chino, ¡**(7)** _____ ponerse en forma! **(8)** _____ más información, llamen al Gimnasio Bio Cultura Latina al 240-92-33.

Rincón literario

"El tiovivo"

El tiovivo *(merry-go-round)* es una de las atracciones favoritas de los niños en los parques y en las ferias. "El tiovivo" también es el título de un cuento de la escritora española Ana María Matute.

Matute nació en Barcelona, en 1926. Está entre los autores más importantes y prolíficos del período pos-Guerra Civil Española (1936 a 1939). Muchas de sus obras *(works)* se caracterizan por el pesimismo y la marginación *(alienation)*. "El tiovivo" forma parte de una colección de cuentos "dedicados a niños alegres en un mundo triste o niños tristes en un mundo alegre".

CA8-22 Antes de leer. ¿Te gustaban los tiovivos cuando eras niño(a)? Contesta las preguntas sobre tus experiencias.

1. Piensa en la primera vez que montaste *(you rode)* a un tiovivo. ¿Cuántos años tenías?

   _____

2. De niño(a), ¿montabas al tiovivo con frecuencia?

   _____

3. ¿Cuánto costaba el boleto para el tiovivo?

   _____

4. ¿Cómo te sentías cuando estabas en el tiovivo? ¿Tenías miedo a veces?

   _____

Vocabulario útil

el tiovivo

la chapa de hojalata

la noria

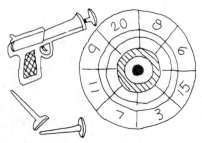
el tiro al blanco

un caballo con alas

Ana María Matute
El tiovivo

El niño que no tenía perras gordas° merodeaba° por la feria con las manos en los bolsillos, buscando por el suelo. El niño que no tenía perras gordas no quería mirar al tiro al blanco, ni a la noria, ni, sobre todo, al tiovivo de los caballos amarillos, encarnados y verdes, ensartados en barras de oro. El niño que no tenía perras gordas, cuando miraba con el rabillo del ojo°, decía: "Eso es una tontería° que no lleva a ninguna parte. Sólo da vueltas y vueltas°, y no lleva a ninguna parte". Un día de lluvia, el niño encontró en el suelo una chapa redonda de hojalata; la mejor chapa de la mejor botella de cerveza que viera nunca. La chapa brillaba tanto que el niño la cogió y se fue corriendo al tiovivo, para comprar todas las vueltas. Y aunque llovía y el tiovivo estaba tapado con la lona°, en silencio y quieto, subió en un caballo de oro, que tenía grandes alas. Y el tiovivo empezó a dar vueltas, vueltas, y la música se puso a dar gritos° por entre la gente, como él no vio nunca. Pero aquel tiovivo era tan grande, tan grande, que nunca terminaba su vuelta, y los rostros de la feria, y los tolditos°, y la lluvia, se alejaron° de él. "Qué hermoso es no ir a ninguna parte", pensó el niño, que nunca estuvo tan alegre. Cuando el sol secó la tierra mojada°, y el hombre levantó la lona, todo el mundo huyó, gritando°. Y ningún niño quiso volver a montar en aquel tiovivo.

Ediciones Destino, S.A.

Spanish coins of little value / wandered

out of the corner of his eye / stupid old thing

goes around and around

canvas

to shout

little awnings
got far away

dried the wet ground

everyone fled screaming

CA8-23 Comprensión.

Primera parte: Consulta el Vocabulario y lee el cuento en la página 169. Después, completa las oraciones con la respuesta más lógica.

_____ **1.** El protagonista del cuento es un niño _____.
   a. pobre
   b. de la clase media
   c. de una familia rica

_____ **2.** El niño está en _____.
   a. un parque de atracciones
   b. una feria
   c. una fiesta de cumpleaños

_____ **3.** El niño dice que el tiovivo, el tiro al blanco y la noria son "tonterías" *(silly old things)* porque _____.
   a. no le gustan
   b. son cosas de niños más pequeños
   c. no tiene suficiente dinero para disfrutarlos *(to enjoy them)*

_____ **4.** El niño creía que la chapa era _____.
   a. de plata
   b. de oro
   c. dinero

_____ **5.** Cuando el niño subió al caballito *(got on the horse)*, _____.
   a. no había nadie en la feria
   b. un hombre le gritó *(shouted at him)*
   c. muchos niños estaban en el tiovivo

Segunda parte: Contesta las preguntas con oraciones completas.

1. ¿Qué encontró el niño un día en el suelo *(on the ground)*? En su imaginación, ¿qué era?

_____

_____

2. ¿Qué quería comprar el niño?

_____

3. ¿Porqué no había nadie en la feria ese día (el día que el niño encontró algo)?

_____

4. Cuando el niño montó en el caballito, ¿qué pasó, en su imaginación? ¿Cómo se sentía el niño?

_____

_____

5. Al día siguiente, cuando la feria abrió, ¿qué encontraron?

_____

6. ¿Cómo reaccionaron los otros niños?

_____

CA8-24 Después de leer. Conversa con tu compañero(a) sobre estos temas de tu niñez.

1. Cuando eras niño(a), ¿con qué frecuencia ibas a un parque de atracciones? ¿A cuál te gustaba ir? ¿Preferías montar al tiovivo o a la noria?

2. Cuando eras niño(a), ¿qué hacías los días de lluvia? ¿Salías a jugar o te quedabas en casa? Si te quedabas en casa, ¿qué hacías? ¿Te sentías aburrido(a)?

¡Vamos a escribir!

Estrategia: Writing a personal narrative in the past

When you write a narrative **(una narración)**, you are simply telling a story or recounting an anecdote. The story might be real or imaginary, funny or sad. It might revolve around something that happened to you, or it could deal with something that happened to somebody else. The following activities will help you write a personal narrative. If you need more space, use a separate sheet of paper or create your composition on the computer using ATAJO.

Atajo Software (CA8-26)

Phrases:

Describing the past; Describing the weather; Expressing time relationships; Making transitions; Sequencing events; Talking about habitual actions; Talking about past events

Vocabulary:

Check the **Atajo** menu for topics appropriate to your narrative.

Grammar:

Verbs: Imperfect; Verbs: irregular preterite; Verbs: preterite; Verbs: preterite and imperfect

CA8-25 La narración. As you read the story **"El accidente"**, write your answers to the questions on page 172. Read the questions first. They will help you focus on the most important elements of style to consider when writing a narrative.

El accidente

Un bonito día de agosto, mi novio Eric y yo decidimos ir a Santee Park, un parque estatal que está a cincuenta millas de nuestra ciudad. Era un día maravilloso para hacer un picnic. El cielo estaba completamente despejado. Hacía calor, pero no tanto para el mes de agosto. Y claro, llevábamos todos nuestros platos favoritos: pollo frito, ensaladilla de patatas, pasteles de coco.

Aunque no había mucho tráfico, cuando ya llevábamos treinta minutos de camino, apareció un enorme camión *(truck)* delante de nosotros. Como el camión iba muy despacio, Eric decidió pasarlo. Estábamos muy cerca del camión, a punto de pasarlo, cuando de repente el camión empezó a doblar a la izquierda sin poner el indicador *(without signaling)*. Eric trató de parar *(to stop)* el carro, pero no hubo suficiente tiempo. Chocamos con *(We hit)* el camión y escuchamos un ruido tremendo.

Todo pasó en un instante. Después de calmarnos un poco, nos bajamos del carro. Todos estábamos bien, incluso el conductor del camión, pero nuestro carro estaba destruido. Después de hablar con la policía, llamamos por teléfono a una amiga que nos llevó a casa. Dejamos la comida del picnic en el camino para las hormigas *(ants)*. El sol ya no parecía tan brillante como antes.

1. **Ordering the events:** Although the events of a narrative may be told in any order, the most straightforward way is in chronological order. When using this style, the narrative is generally divided into three parts: (1) **la situación**, or introduction, which sets the scene and tells the events leading up to the main action of the story; (2) **el punto culminante**, or climax, which describes the main events or high point of the story; and (3) **el desenlance**, or denouement, which tells the outcome or consequences of the events. Where are these three parts found in the narrative **"El accidente"**?

_____

_____

2. **The narrator:** The narrator is the voice of the person telling the story. The narrator may be the protagonist, a secondary character, or an observer who has no role at all in the events. Who is the narrator in this story?

_____

_____

3. **The tone:** Tone refers to the narrator's attitude and manner of telling the story. What feelings does "El accidente" evoke? Is the mood the same throughout the narrative?

_____

_____

_____

CA8-26 Ahora me toca a mí. Write a short narrative of something memorable that happened to you. Use a topic such as a surprise party, a disastrous first date, or the first time you drove by yourself (failed a test, went camping, etc.). Develop your narrative in chronological order and include the three parts: **la situación, el punto culminante, el desenlace.** After you have written and edited your story, double-check the verbs for correct use of the imperfect and the preterite. If you need more space, use a separate sheet of paper or create your composition on the computer using ATAJO.

_____

_____

_____

_____

_____

_____

_____

¡Vamos a mirar!

Vídeo 1: El álbum de fotos

CA8-27 Anticipación. En este segmento, Laura y sus dos hijos, Patricia y Martín, están mirando algunas fotos en el álbum de la familia. Antes de mirar el vídeo, contesta estas preguntas.

1. ¿Te gusta sacar fotos? ¿Tienes tus fotos organizadas en un álbum?

_____

2. ¿Tienen tus padres muchas fotos de cuando tú eras pequeño(a)? ¿Cuáles son tus fotos favoritas de tu niñez?

_____

3. ¿Has visto (*Have you seen*) fotos de tus padres de cuando ellos eran pequeños? ¿Cómo era tu madre? ¿y tu padre?

_____

CA8-28 Comprensión. Antes de mirar el vídeo de Laura y sus dos hijos, lee las preguntas de abajo. Después, completa el ejercicio con las respuestas correctas.

_____ **1.** ¿Quién es la niña en la primera foto?

    a. Es Laura (la madre), cuando era pequeña.

    b. Es la maestra (la profesora) de Laura de la escuela primaria.

    c. Es una amiga de Laura que iba a la misma escuela.

_____ **2.** ¿Por qué están todos muy elegantes en la segunda foto?

    a. Era una fiesta de cumpleaños.

    b. Era la Navidad.

    c. Era el aniversario de bodas de los abuelos.

_____ **3.** Según Laura, ¿cómo era el Sr. Treviño?

    a. Era un señor muy simpático.

    b. Era una persona triste, porque su esposa se murió.

    c. Era muy trabajador y serio.

_____ **4.** ¿Qué piensan los niños de la foto en la playa?

    a. Piensan que su mamá estaba más gorda.

    b. Piensan que su papá tenía más pelo.

    c. Piensan que los trajes de baño (*swimsuits*) eran muy feos.

_____ **5.** Según su padre, ¿qué necesitan hacer los niños?

    a. Tienen que bañarse y acostarse.

    b. Deben lavarse los dientes y acostarse.

    c. Necesitan lavarse las manos y la cara.

Vídeo 2: Vistas de Costa Rica

CA8-29 Preparación. Antes de mirar el vídeo sobre Costa Rica, lee estas oraciones y complétalas con la palabra más lógica de la lista.

cafetales *coffee plantations*	**maduros** *ripe, mature*
cosechas *crops*	**peatones** *pedestrians*
estabilidad *stability*	**protegidas** *protected*
fuentes *fountains*	**recoger** *to pick, picking*
fuerzas militares *military forces*	**ticos** *Costa Ricans (colloquial)*

    1. Los habitantes de Costa Rica son conocidos popularmente como _____,
porque cuando hablan, usan mucho el sufijo (*suffix*) **tico**, como "chiqui**tico**" (muy pequeño).

2. Se cultiva el café en grandes plantaciones que se llaman _____.

3. Cuando los granos de café están _____, tienen un color rojo muy bonito.

4. _____ el café es un trabajo difícil, porque hay que hacerlo a mano.

5. Otras _____ importantes son la caña de azúcar, el cacao y las bananas.

6. A diferencia de (*Unlike*) algunos otros países centroamericanos, Costa Rica es famosa por su _____ política; es una democracia desde hace ciento cincuenta años.

7. En 1948, hubo una breve guerra civil en Costa Rica por seis semanas; después, el presidente Figueres abolió (*abolished*) el ejército (*army*). Desde entonces, Costa Rica no tiene _____.

8. San Juan es una ciudad con muchas plazas y parques, donde se encuentran _____ y jardines.

9. Muchos ticos tienen coches, pero en las ciudades el autobús es el medio de transporte más común. Hay muchos _____ por las calles, también.

10. Gran parte de Costa Rica consiste en zonas naturales que están _____ por la ley (*law*) para perservar la flora y la fauna de la región.

CA8-30 Comprensión: Observar y reconocer. Mira el vídeo sobre Costa Rica. ¿En qué orden se habla de estos temas? Escribe los números de 1 a 6.

_____ el número de habitantes

_____ los atractivos culturales

_____ los atractivos naturales

_____ la capital

_____ los productos principales

_____ el gobierno

CA8-31 Comprensión: ¿Qué recuerdas de Costa Rica? Mira el vídeo de nuevo y completa las oraciones con la información correcta.

1. Geografía: Costa Rica es un pequeño país en _____.

2. Población: Costa Rica tiene aproximadamente _____ de habitantes.

3. Ciudades: La capital de Costa Rica es _____.

4. Atractivos culturales: Hay muchos artefactos precolombinos en _____.

5. Economía: Las dos cosechas más importantes son _____ y _____.

6. Atractivos naturales: Hay once _____ en Costa Rica, y dos son activos.

7. Otros atractivos naturales: Muchos turistas van al _____ para hacer ecoturismo: mirar las flores, ver los pájaros, etcétera.

Capítulo **9**

De compras

Paso I

Vocabulario temático: En un gran almacén

CA9-1 La ropa. Estas personas llevan combinaciones de ropa un poco locas. Mira los dibujos y completa las actividades.

Primera parte: Describe qué llevan las personas; incluye detalles.

MODELO: *Teresa lleva un traje de baño con lunares, unos calcetines y botas.*

Teresa

1. _____
_____
_____
_____
_____

Antonio

2. _____
_____
_____
_____
_____

Gloria

3. _____
_____
_____
_____
_____

Guillermo

4. _____
_____
_____
_____
_____

Charo

Nombre _____ Fecha _____

Segunda parte: A veces llevamos combinaciones locas de ropa para ciertos tipos de fiestas o celebraciones. Piensa en una ocasión semejante *(similar occasion)* y describe la ropa que llevaste.

MODELO: *Una vez, cuando estaba en la escuela secundaria, nuestra escuela celebró "Topsy-turvy Day". Ese día yo llevé una camiseta blanca de manga corta con unos pantalones elegantes de seda. Me puse un calcetín rojo y otro amarillo. También llevé la camisa de mi pijama y el sombrero de mi padre.*

_____
_____
_____
_____
_____

CA9-2 La ropa y los números ordinales.

La Sra. Ramírez está entrenando *(is training)* a la nueva dependiente. Necesita explicarle qué artículos se venden en cada piso. ¿Qué dice ella? Consulta el directorio del gran almacén y escribe oraciones como las del modelo. Menciona tres o cuatro artículos específicos para cada piso.

MODELO: *En la planta baja se venden perfumes, cosméticos, bolsos* (handbags) *y otros accesorios para mujeres.*

```
10  Administración
 9  Librería; sonido e imagen;
    computadoras
 8  Electrodomésticos
 7  Muebles: salas y comedores
 6  Muebles: dormitorios
 5  Ropa para jóvenes
 4  Ropa para caballeros (men)
 3  Ropa para niños y bebés
 2  Ropa para damas (ladies)
 1  Zapatería
PB  Accesorios; perfumería
```

1. En el primer piso… _____
_____
_____
_____
2. _____
_____
3. _____
4. _____
5. _____
6. _____
7. _____
8. _____
9. _____
10. _____

Vocabulario temático: De compras

CA9-3 De compras para ropa nueva. Julián necesita comprar ropa nueva. Mira el dibujo y completa las actividades.

Primera parte: ¿Quién está hablando? Indica si es Julián (**J**) o el dependiente (**D**) de la tienda.

_____ **1.** ¿Qué desea?

_____ **2.** ¿Qué talla lleva Ud.?

_____ **3.** Estoy buscando unos pantalones.

_____ **4.** No me quedan bien.

_____ **5.** ¿Tiene una talla más pequeña?

_____ **6.** ¿Quiere probarse éstos?

_____ **7.** ¿Dónde está el probador?

_____ **8.** Llevo la talla 44.

_____ **9.** ¿Qué color prefiere?

_____ **10.** Negro o gris.

_____ **11.** ¿Cuánto cuestan?

_____ **12.** ¿Cómo le quedan?

_____ **13.** Pase por aquí. Está a la derecha.

_____ **14.** ¿Cómo quiere pagar?

_____ **15.** Voy a llevármelos.

_____ **16.** ¿Por qué no se prueba éstos?

Segunda parte: Escribe un diálogo original entre Julián y el dependiente.

MODELO: DEPENDIENTE: *Buenos días, señor. ¿Qué desea?*
JULIÁN: *Estoy buscando unos pantalones.*

_____

_____

_____

_____

_____

_____

_____

_____

_____

_____

_____

CA9-4 La guía de catálogos. JC Penney ofrece la siguiente información en español para sus clientes hispanos. Lee la información y contesta las preguntas con oraciones completas.

Haga su pedido por teléfono

Llame gratis en español al: **1-800-336-7337.** De lunes a sábado de 7 a.m. a 11 p.m. hora del centro. Domingo de 9 a.m. a 11 p.m. hora del centro.

Nótese: Si está llamando de México, marque 95 y luego 800-336-7337.

Para hacer un pedido en inglés, llame al 1-800-222-6161. Llame desde los Estados Unidos o Canadá las 24 horas del día.

¡Entrega rápida! Cuando haga un pedido, díganos dónde desea que se le entregue y nosotros le diremos cuándo esperarlo. Hacemos entregas a domicilio, en cualquier lugar del país; si lo desea, también puede recoger su pedido en cualesquiera de nuestros 1,900 Despachos del Catálogo de JCPenney. Si

está llamando desde México, planee recoger su pedido en cualesquiera de los establecimientos de JCPenney de los Estados Unidos. La mayoría de los pedidos se entregan en un período de 2 a 3 días laborales.

Puede seleccionar la forma de pago. En los Departamentos del Catálogo, aceptamos efectivo o tarjeta de crédito. Lo sentimos, no entregamos C.O.D. a domicilio.

Pagos Mensuales Más Bajos. Utilice el Sistema de Cargo de Compras Mayores de JCPenney para convertir muchos pedidos de $200 o más en bajos pagos mensuales.

1. Si un cliente quiere hacer un pedido (*to place an order*) en español, ¿a qué número debe llamar por teléfono?

   _____

2. ¿Qué días de la semana se ofrece este servicio a los clientes hispanos?

   _____

3. ¿Durante qué horas se puede llamar?

   _____

4. Si un cliene hace un pedido el lunes, ¿qué día puede esperar recibir el paquete?

   _____

5. ¿Cómo se puede pagar?

   _____

Gramática: Otros verbos como *gustar*: *parecer* y *quedar*

CA9-5 Los verbos como *gustar*. ¿Qué piensan todos de la boda *(wedding)* de Armando y Carmen? Combina los elementos para escribir oraciones completas. Es necesario usar un complemento indirecto (**me, nos, te, le, les**) con todos los verbos.

MODELO: (a mí): encantar / el vestido de la novia *(bride)*
Me encanta el vestido de la novia.

1. (a mí): encantar / los vestidos de las damas *(bridesmaids)*

   _____

2. (a nosotros): no / gustar / mucho el vestido de la madre de la novia

   _____

3. al novio / quedar bien / su traje

   _____

4. a la novia / quedar estrecho *(narrow, tight)* / los zapatos

   _____

5. (a nosotros): los novios / parecer / muy elegante

   _____

6. (a mí): los zapatos de las damas / parecer / feo

   _____

Paso 2

Vocabulario temático: En un mercado

CA9-6 Los artículos en un mercado. Linda, una estudiante americana, quiere comprar varios regalos, pero no recuerda las palabras exactas en español. Lee las descripciones de Linda. ¿Qué está describiendo? Escribe la palabra correspondiente de la lista.

MODELO: *una gorra* Es similar a un sombrero.

un anillo	unas gafas de sol	el oro	un plato de cerámica
unos aretes	una guayabera	un paraguas	
un bolso	unas maracas	una piñata	

_____ 1. Ofrecen protección para los ojos.

_____ 2. Es muy útil *(useful)* cuando está lloviendo.

_____ 3. Es un instrumento musical de percusión.

_____ 4. Son adornos de plata o de oro para las orejas.

_____ 5. Las mujeres lo usan para llevar su dinero, sus llaves, sus gafas, etcétera.

_____ 6. Es una camisa que se lleva mucho en climas tropicales.

_____ **7.** Es un adorno para los dedos.

_____ **8.** A los niños les gusta romperla.

_____ **9.** Es un metal precioso.

_____ **10.** Es un objeto decorativo.

Vocabulario temático: ¡A regatear!

CA9-7 ¡A regatear! En los mercados es típico regatear. Completa las actividades sobre el mercado de La Paz, Bolivia.

Primera parte: César quiere comprar un **chullo**, una gorra de lana popular entre los indígenas. Pon la conversación en el orden correcto; escríbe los números de 1 a 7.

_____ **a.** ¡Claro! Aquí tiene. Es de pura lana.

_____ **b.** ¡Qué caro! ¿Me puede hacer un descuento?

_____ **c.** Muy bien. Me llevo dos.

_____ **d.** ¿Podría mostrarme ese chullo?

_____ **e.** Veinte bolivianos.

_____ **f.** ¿Cuánto cuesta?

_____ **g.** Si Ud. compra dos, le doy un descuento de cinco bolivianos.

Segunda parte: Estás en el mercado y quieres comprar unas máscaras para Carnaval. El precio es muy alto y quieres regatear. ¿Qué puedes decir para pedir un descuento? **¡Ojo!** Es muy importante no menospreciar la mercancía *(not to put down the merchandise).* Escribe tres oraciones originales.

1. _____

2. _____

3. _____

CA9-8 No sé la palabra exacta. A veces no sabemos la palabra exacta para expresarnos. ¿Cómo explicas tú el significado de los objetos a continuación?

MODELO: *Es una cosa que se usa cuando hace mucho sol y una persona quiere ver mejor. Se puede comprar en cualquier (any) tienda donde se vende ropa de verano.*

1. _____

_____

_____

_____

_____

_____

2. _____

_____

_____

_____

_____

_____

3. _____

_____

_____

_____

_____

_____

_____

4. _____

_____

_____

_____

_____

5. _____

_____

_____

_____

_____

_____

Gramática: Los complementos indirectos

CA9-9 Los complementos indirectos. Siempre es divertido dar y recibir regalos. Completa las actividades.

Primera parte: Pilar y Víctor son dos niños un poco traviesos *(mischievous)*. La semana antes de Reyes, Víctor entró a hurtadillas *(sneaked into)* al dormitorio de sus padres y miró todos los regalos. Ahora Pilar quiere saber qué descubrió su hermano. Completa su conversación de una manera lógica. Tienes que incluir la información en los pequeños dibujos.

MODELO: PILAR: Oye, Víctor, ¿qué te regaló abuelita este año?
           VÍCTOR: *Me regaló un suéter.*

1.   PILAR: ¿Qué nos compraron papi y mami?

      VÍCTOR: _____

      _____

      _____

      _____

2.   PILAR: ¡Ay! ¡Qué ilusión! Bueno, ¿y tía Alejandra?
              ¿Qué nos regaló?

      VÍCTOR: A mí _____

      _____

      A ti _____

      _____

3.   PILAR: Y nuestra tía Elvira, ¿nos compró algo?

      VÍCTOR: _____

      _____

      _____

      _____

4.   PILAR: ¿Y esa caja *(box)* grande que abuela trajo el otro
              día? Es para papá y mamá, ¿no?

      VÍCTOR: _____

      _____

      _____

      _____

5. PILAR: Oye, Víctor. Yo no tengo regalos para mami y
papi. ¿Ya les compraste tú sus regalos?

VÍCTOR: Sí, a papá _____

Y a mamá _____

Segunda parte: ¿Recibiste muchos regalos para tu graduación de la escuela secundaria? ¿Qué regalos recibieron tus amigos? Completa las oraciones de una manera lógica.

1. Cuando me gradué de la escuela secundaria,…

mis padres me regalaron _____.

mis abuelos me dieron _____.

mi novio(a) me dio _____.

2. Cuando mi mejor amigo(a) _____ se graduó de la escuela secundaria,…

sus padres le regalaron _____.

su novio(a) le dio _____.

yo le di _____.

Paso 3

Vocabulario temático: Más compras

CA9-10 Imagen y sonido. Estás en TecnoBol, donde venden muchos aparatos tecnológicos modernos. ¿Cuál es el regalo perfecto para cada persona? Completa las oraciones con las palabras más lógicas de la lista.

un beeper
una cámara
un contestador automático
un radiocasete portátil

un teléfono celular
una videocámara
una videocasetera

1. Tío Álvaro va de vacaciones a Hawai. Debemos comprarle _____; así puede sacar fotos de los volcanes y de la playa.

2. Alicia nunca está en casa cuando la llamo por teléfono. Ella necsita
_____; así podemos dejarle un mensaje.

3. Marta y Enrique están muy orgullosas *(proud)* de su nueva nieta. ¿Por qué no les regalamos
_____? Así pueden filmar a la bebé cuando quieran *(whenever they want)*.

4. Enrique viaja mucho en su auto por motivos de trabajo. Creo que necesita
_____ para llamar a sus clientes.

5. A Josefina le encanta correr en el parque. Debemos comprarle _____;
así puede escuchar música mientras corre.

CA9-11 En una farmacia. Aquí tienes la publicidad para varios productos personales. ¿Cuál es el producto en cada caso?

_____ 1. ¡Inovación! **Fructis**, con concentrado activo de frutas. Para pelo normal fino.

_____ 2. **Licor de Polo-3.** Triple acción anti-caries. Dientes blancos y fuertes con fluor.

_____ 3. **Sanex.** Protección duradera sin alcohol. Con micro-talco.

_____ 4. **Fa.** Gel de baño. Frescor estimulante con extractos de ginseng.

_____ 5. **Pro Plus.** ¡Nuevo! Cabeza con forma de diamante. Mediano.

a. champú
b. jabón
c. cepillo de dientes
d. desodorante
e. pasta dentífrica

CA9-12 En una papelería. Este crucigrama *(crossword puzzle)* consiste en artículos que se venden en las papelerías. Complétalo con los equivalentes en español.

Horizontal
1. scissors
4. chalk
7. paper clips
8. notebook
9. index/note cards
10. ballpoint pen
11. sheets *(of paper)*

Vertical
2. felt-tipped pens/markers
3. pencil sharpener
5. pencil
6. stapler

Gramática: Los complementos directos

CA9-13 Los complementos directos. ¿Dónde guardas *(do you keep/store)* estas cosas?
Contesta con oraciones completas e incluye un complemento directo pronominal (**lo, la, los, las**).

MODELO: ¿Dónde guardas tu cámara?
La guardo en el clóset de mi dormitorio.

¿Dónde guardas… ?

1. tus discos compactos

   _____

2. tu champú y tu acondicionador

   _____

3. tus presillas

   _____

4. tu beeper

   _____

5. tus tarjetas de crédito

   _____

6. tu cámara

   _____

7. tus cartas de amor

   _____

8. tu ropa de verano

   _____

CA9-14 Más sobre los complementos directos. Lee los grupos de oraciones. Vuelve a
escribir la **segunda** oración con un complemento directo para eliminar la repetición. Sigue el modelo.

MODELO: Mi amigo Glenn es un hombre extraordinario. Conocí a Glenn en 1995.
Lo conocí en 1995.

1. Mi amiga Laura es una persona fenomenal. Conocí a Laura en 1995.

   _____

2. Laura y su esposo Ben viven en California. Visito a Laura y Ben todos los años.

   _____

3. Tienen una casa bonita en San Francisco. Construyeron su casa en 1998.

   _____

4. A Ben le gustan los coches viejos. Restaura los coches viejos y después vende los coches viejos.

   _____

5. Laura es propietaria de una tienda de ropa elegante. Pero ahora quiere vender la tienda y ser autora.

_____

6. El año pasado Laura escribió un cuento *(short story)* para una revista. Leí el cuento y me gustó mucho.

_____

Gramática: Dos complementos

CA9-15 Dos complementos: Un poco de análisis. Estás estudiando español en Bolivia. Siempre escuchas bien a las conversaciones de otras personas porque quieres observar aplicaciones de la gramática que estás estudiando en clase. Aquí tienes varias conversaciones que has escuchado. Analízalas de la siguiente manera:

- Pon un círculo alrededor del complemento **indirecto.**
- Subraya *(Underline)* el complemento **directo.**
- Indica con una flecha *(arrow)* el **referente** del complemento directo.

MODELO: MARTA: ¡Me encanta tu vestido!

PAULA: ¡Gracias! (Me) lo regaló mi mamá.

1. **En clase:**

   PAULA: ¡Qué sandalias más bonitas!

   MARTA: ¡Gracias! Me las regaló mi tía.

2. **En una joyería** *(jewelry store):*

   LUZ: Mira estos aretes, Javier. Son muy originales, ¿verdad?

   JAVIER: Sí, muy originales. Si quieres, te los compro.

3. **En una fiesta de aniversario:**

   MARICARMEN: Y esta botella de champaña, ¿de quién es?

   PACO: Nos la trajo tu hermana Silvia.

4. **En la fiesta de cumpleaños:**

   PATRICIA: ¿Quién le dio a Carolina ese perfume?

   MARTA: Se lo regaló su abuela.

5. **En una boutique:**

   SUSANA: ¿Por qué estás comprando una corbata?

   MARGARITA: Se la voy a regalar a mi papá para el Día del Padre.

6. **Por teléfono:**

   LISA: ¡Ay, mamá! Se rompió nuestro refrigerador. Juan y yo no tenemos el dinero para comprar otro; no sé qué vamos a hacer.

   MAMÁ: ¡No te preocupes! Se lo compramos tu papá y yo.

CA9-16 Dos complementos. Aquí tienes a Karina en el día de su graduación; acaba de recibir muchos regalos. Contesta las preguntas con oraciones completas. Usa dos complementos.

MODELO: ¿Quién le regaló a Karina un balón *(soccer ball)*?
          Se lo regaló Hugo.

1. ¿Quién le regaló a Karina una bicicleta?

   _____

2. ¿Quiénes le dieron dinero?

   _____

3. ¿Quiénes le compraron un suéter?

   _____

4. ¿Quién le dio un anillo de compromiso *(engagement)*?

   _____

5. ¿Quiénes le regalaron una sortija *(ring with a gemstone)*?

   _____

Integración

CA9-17 Ir de compras. A algunas personas les gusta mucho ir de compras; puede ser hasta *(even)* un pasatiempo. Otras personas detestan ir de compras; lo evitan *(they avoid)* a todo costo. ¿Qué piensas tú? Escribe un párrafo de doce a quince oraciones. Incluye la siguiente información:

¿Te gusta ir de compras?
¿Con qué frecuencia vas?
¿Con quién(es)?
¿Qué tiendas o productos te interesan más?

¿Compras por catálogos? ¿por Internet?
¿Te gusta ir de escaparates *(go window shopping)*?
¿Cómo pagas?
¿Cómo te sientes cuando vas de compras?

_____

_____

_____

_____

_____

_____

_____

_____

_____

_____

_____

_____

CA9-18 Historia de horror. Esta chica pasó un momento malo en el cumpleaños de su prima. Lee la historia y completa las actividades.

> Mamá guarda los regalos de Navidad o de cumpleaños que no nos gustan y, en algunas ocasiones, los volvemos a regalar. Mi prima cumplió años y le di uno de ellos. Al abrirlo, me miró con sorpresa y me dijo: "Qué casualidad. Es igual al suéter que te regalé por tu santo". Es que era ¡el mismo! La suerte es que ella pensó que se trataba de una coincidencia.

Primera parte: Contesta las preguntas con oraciones completas.

1. A veces la chica y sus hermanos reciben regalos que no les gustan. ¿Qué hace la madre con esos regalos?

_____

2. ¿Qué le dio la chica a su prima para su cumpleaños?

_____

3. ¿Por qué estaba sorprendida la prima cuando recibió el regalo?

_____

4. ¿Se dio cuenta *(Did she realize)* que era el mismo suéter?

_____

Segunda parte: Busca estas oraciones en la historia y analiza los complementos. ¿Son directos o indirectos?

1. **nos** gustan   _____

2. **los** volvemos a regalar   _____

3. **le** di uno de ellos   _____

4. **me** miró con sorpresa   _____

5. **me** dijo   _____

6. Es igual al suéter que **te** regalé….   _____

Un paso más

Vistazo gramatical: El condicional

CA9-19 El condicional. Completa la conversación con el condicional de los verbos.

SONIA: Oye, Raúl. ¿Te (gustar) **(1)** _____ salir con Annette y conmigo el

sábado por la tarde? Vamos al "Shopping Norte".

RAÚL: No sé. ¿Qué (nosotros: hacer) **(2)** _____ allí?

SONIA: ¡(Nosotros: ir) **(3)** _____ de compras, por supuesto! Y luego

(nosotros: poder) **(4)** _____ ir al cine. Me (encantar)

(5) _____ ver la nueva película de Tom Cruise. A ti, ¿no?

RAÚL: En realidad, me (interesar) **(6)** _____ más salir a bailar… y además

(yo: deber) **(7)** _____ estudiar esa tarde.

SONIA: Por favor, Raúl, ven *(come)* con nosotras. (Nosotros: divertirse)

(8) _____ tanto.

RAÚL: Bueno, voy a pensarlo. Te llamo más tarde, ¿de acuerdo?

Rincón literario

"Romance de la niña negra"

El argentino Luis Cané (1897 a 1957) escribió varios ensayos *(essays)* y poemas, entre ellos, dos "Romances de la niña negra". En el siguiente romance, el primero que escribió, una niña negra sufre la discriminación racial. En el segundo romance, que no aparece aquí, la niña muere y va al cielo *(heaven)*; allí Dios *(God)* les manda a todos los ángeles a que jueguen con ella.

CA9-20 Antes de leer. La discriminación puede ocurrir en cualquier sociedad. En Argentina, se enseñaba **"Romance de la niña negra"** para enseñarles a los niños que no deben discriminar. Antes de leer el poema, contesta las siguientes preguntas sobre la discriminación entre niños.

1. A veces aún *(even)* los niños pequeños discriminan a otros niños. ¿Cuáles de estos tipos de discriminación entre niños has observado? Indica tus respuestas con un ✔.

_____ **a.** a los niños que no hablan bien el inglés

_____ **b.** a los niños pobres

_____ **c.** a los niños de otra raza u origen étnico

_____ **d.** a los niños de otra religión

_____ **e.** a los niños que tienen menos talento o habilidad atlética

_____ **f.** otro tipo (explica cuál) _____

Luis Cané
Romance de la niña negra

Toda vestida de blanco,
almidonada° y compuesta,°   *starched / all dressed up*
en la puerta de su casa
estaba la niña negra.

Un erguido moño° blanco   *hair bow*
decoraba su cabeza,
collares de cuentas° rojas   *beads*
al cuello le daban vueltas.°   *daban... encircled*

Las otras niñas del barrio
jugaban en la vereda°;   *sidewalk*
las otras niñas del barrio
nunca jugaban con ella.

Toda vestida de blanco,
almidonada y compuesta,
en un silencio sin lágrimas°   *tears*
lloraba la niña negra.

2. ¿Cómo reaccionan los niños que se sienten discriminados? Lee esta lista de reacciones e indica cuáles, en tu opinión, son las reacciones más representativas.

_____ **a.** Tratan de desquitarse *(get even)*.

_____ **b.** Sufren en silencio.

_____ **c.** Lloran *(They cry)*.

_____ **d.** Se lo comunican a sus padres.

_____ **e.** Otra reacción (explica) _____

CA9-21 Comprensión. Lee el poema y contesta las preguntas con oraciones completas.

1. ¿Dónde estaba la niña negra?

_____

2. ¿Qué ropa y qué accesorios llevaba?

_____

3. ¿Qué hacían las otras niñas?

_____

4. ¿Por qué no jugaban las niñas con la niña negra?

_____

5. ¿Cómo se sentía la niña?

_____

CA9-22 Después de leer. Cuando eras niño(a), ¿te sentiste rechazado(a) *(rejected)* por los otros niños alguna vez? Escribe aquí de tus experiencias en esta ocasión. Contesta las preguntas; añade *(add)* otros detalles si quieres.

1. ¿Cuántos años tenías?

_____

2. ¿Dónde estabas?

_____

3. ¿Por qué te sentiste rechazado(a)?

_____

_____

4. ¿Cómo reaccionaste?

_____

_____

¡Vamos a escribir!

Estrategia: Editing and proofreading

Two important steps in the refinement of a manuscript are editing (**editar**) and proofreading (**corregir**). Editing involves the revision of the factual content and the organization of the text, while proofreading deals with the correction of grammar, spelling, and punctuation. You will practice these tasks in the exercises that follow.

> **Atajo Software (CA9-25)**
>
> **Grammar:**
>
> Accents on interrogatives; Accents: general rules; Adjective agreement; Adjective position; Possessive adjectives: **mi(s)**, **tu(s)**; Possessive adjectives: **nuestro**, **vuestro**; Possessive adjectives: **su(s)**; Verbs: preterite

CA9-23 Editar. Editing is the process of honing the language of our writing so that we express ourselves clearly and effectively. To do this, we must take an objective look at our entire composition and examine the way in which we have stated and organized our thoughts.

Your classmate Luisa would like your help in editing her letter. As you read it, answer the questions that follow and make other suggestions for ways to improve the content and organization of this letter. For the moment, try to ignore errors of grammar, punctuation, or spelling.

1. Does the text have a sense of a beginning, a middle, and an end? Should any of those three parts be lengthened or shortened?

2. Is the main idea of each paragraph clear? Is each paragraph cohesive? Should any information be added, deleted, or moved? Should any paragraphs be combined or split apart?

3. Do the paragraphs flow smoothly one after the other? Are adequate transitions made when the main topic changes?

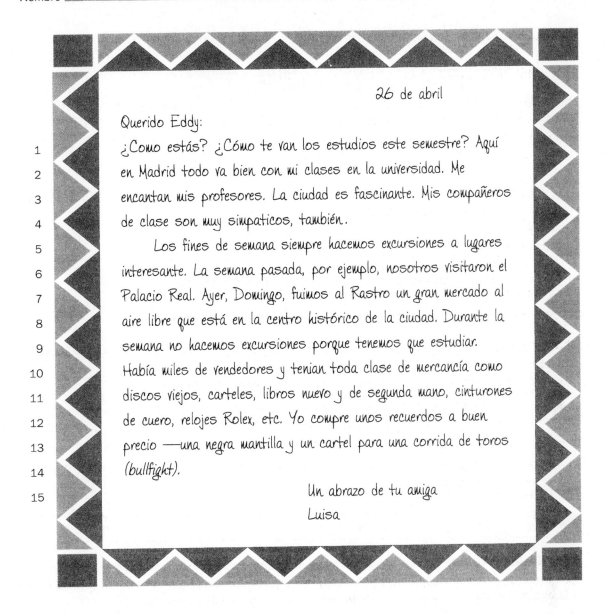

26 de abril

Querido Eddy:

1 ¿Como estás? ¿Cómo te van los estudios este semestre? Aquí
2 en Madrid todo va bien con mi clases en la universidad. Me
3 encantan mis profesores. La ciudad es fascinante. Mis compañeros
4 de clase son muy simpaticos, también.

5   Los fines de semana siempre hacemos excursiones a lugares
6 interesante. La semana pasada, por ejemplo, nosotros visitaron el
7 Palacio Real. Ayer, Domingo, fuimos al Rastro un gran mercado al
8 aire libre que está en la centro histórico de la ciudad. Durante la
9 semana no hacemos excursiones porque tenemos que estudiar.
10 Había miles de vendedores y tenian toda clase de mercancía como
11 discos viejos, carteles, libros nuevo y de segunda mano, cinturones
12 de cuero, relojes Rolex, etc. Yo compre unos recuerdos a buen
13 precio —una negra mantilla y un cartel para una corrida de toros
14 (bullfight).

                  Un abrazo de tu amiga
15   Luisa

CA9-24 Corregir. Once you have edited your writing, you are ready for the last step in the writing process—proofreading. In this step, you check for mistakes related to word choice, grammar, spelling, and punctuation. When proofreading your compositions in English, you probably search for all these kinds of errors at the same time. At this stage in your study of Spanish, however, you may achieve more accuracy by looking for different kinds of mistakes in each pass. For example, when checking for grammatical accuracy, you might begin by making sure that each verb agrees with its subject and is in its proper tense.

Proofread Luisa's letter and correct any errors you find. Examine carefully each of the following points. (Hint: There are 13 errors, located in lines 1, 2, 4, 6, 7, 8, 10, 11, 12, 13, and 15.)

- Does each verb agree with its subject? (**Él estás → Él está**)
- Is the form of each verb correct? (**pedió → pidió**)
- Do all articles and adjectives agree with the nouns they modify?
  (**una falda bonito → una falda bonita**)
- Are the adjectives in proper position? (**unos blancos guantes → unos guantes blancos**)
- Are any words misspelled? Are accents placed properly? Have the rules for capitalization been observed?
- Is the punctuation correct?

CA9-25 Te toca a ti. Look back at your previous work and choose a composition you would like to improve. Using the guidelines presented and practiced earlier for editing and proofreading, revise your old composition into a new and improved draft. If you need more space, use a separate sheet of paper or edit your composition on the computer using ATAJO.

_____

_____

_____

_____

_____

_____

_____

_____

_____

_____

_____

_____

_____

¡Vamos a mirar!

Vídeo 1: Vamos de compras

CA9-26 Anticipación. En este vídeo, vamos de compras. En el primer segmento, Miguel entrevista a dos jóvenes españolas, Elena y Amudena, sobre la ropa que prefieren comprar y llevar en diferentes ocasiones. En el segundo segmento, Laura y una amiga van de compras en una tienda en el Distrito Federal de México. Antes de mirar los dos segmentos, contesta estas preguntas.

1. Imagínate que vas a una boda *(wedding)*. ¿Qué ropa quieres llevar?

_____

2. Ahora imagínate que tienes una entrevista importante. ¿Qué ropa vas a llevar?

_____

3. ¿Prefieres llevar ropa informal o formal? ¿Gastas mucho dinero en ropa?

_____

4. ¿Qué ropa llevas más en el verano? ¿en el invierno?

_____

5. ¿Qué colores prefieres? ¿Qué colores te quedan bien?

_____

CA9-27 Comprensión. Mira el vídeo y completa las oraciones con la información correcta.

Primer segmento:

_____ 1. Elena quiere comprar ropa para ____.

    a. ir a la playa   **c.** una boda

    b. una entrevista   **d.** ir a esquiar

_____ 2. Elena dice que probablemente va a comprar ____.

    a. unos pantalones de lana   **c.** un vestido con flores

    b. un traje de seda   **d.** unas camisetas y pantalones cortos

_____ 3. Amudena casi siempre compra ropa ____.

    a. informal   **c.** cara

    b. formal   **d.** económica

_____ 4. Para el verano, Amudena prefiere llevar ____.

    a. pantalones largos, pero de algodón   **c.** vaqueros y sandalias

    b. traje de baño con camisetas   **d.** faldas o pantalones cortos

Segundo segmento:

_____ 5. Laura está buscando ____.

    a. un vestido   **c.** una blusa

    b. un traje   **d.** una falda

_____ 6. A Laura le va mejor el color ____.

    a. rosa   **c.** rojo

    b. azul   **d.** crema

_____ 7. La falda cuesta ____ pesos.

    a. 599   **c.** 529

    b. 299   **d.** 229

_____ 8. Laura decide comprar ____.

    a. sólo el traje   **c.** el top y la falda

    b. el traje y el top   **d.** sólo el vestido

Vídeo 2: Vistas de Bolivia

CA9-28 Preparación. Aquí tienes unas palabras importantes del vídeo sobre Bolivia. Antes de mirarlo, completa las oraciones con las palabras más lógicas de la lista.

altiplano *high plateau*   **tejidos** *fabrics*
descendientes *descendents*   **totora** *cattails, bulrushes*
lago *lake*   **vestuario** *wardrobe*

1. Bolivia tiene tres regiones geográficas. En el este están los llanos, un territorio de bosques. En el centro están los valles, un área muy fértil. En el oeste está el _____, una zona de altitud elevada.

2. Bolivia no tiene salida al mar, pero al norte está el _____ Titicaca, el cual es navegable.

3. La gran parte de la población es indígena. Los dos grupos principales incluyen los aymara y los quechua, los cuales son _____ de los incas.

4. En las grandes ciudades, las personas usan ropa al estilo europeo. En las zonas rurales, tienen un _____ distintivo. Muchas mujeres indígenas llevan una pollera (una falda de colores brillantes), una manta (un chal) y un sombrero al estilo inglés.

5. Muchos indígenas usan lana en colores brillantes para confeccionar los _____ para su ropa.

6. Otra tradición antigua es la construcción de barcas (barcos pequeños) de _____, una planta nativa.

CA9-29 Comprensión: Observar y reconocer. Aquí tienes algunos de los temas del vídeo sobre Bolivia. Mira el vídeo e indica en qué orden se presentan los temas. Escribe los números de 1 a 7.

_____ la cultura de Tiahuanaco   _____ el altiplano

__1__ el número de habitantes y la capital   _____ los aymara y los quechua

_____ los productos agrícolas y de artesanía   _____ la música

_____ las barcas de totora

CA9-30 Comprensión: ¿Qué recuerdas de Bolivia? Mira el vídeo de nuevo y completa las oraciones con la respuesta correcta.

_____ **1.** Bolivia es un país de aproximadamente _____ millones de habitantes.

    a. 8   **b.** 18   **c.** 80

_____ **2.** El lago Titicaca es famoso porque _____.

    a. tiene más de 700 especies de peces

    b. es el lago navegable más alto del mundo

    c. fue el centro del imperio incaico

_____ **3.** La cultura de Tiahuanaco se estableció en el área del lago Titicaca _____.

    a. antes de la llegada de los incas

    b. después de la llegada de los españoles

    c. cerca del año 1400

_____ **4.** Casi el _____ por ciento de la población de Bolivia es indígena.

    a. 7   **b.** 17   **c.** 70

_____ **5.** En los mercados de artesanía de Bolivia se encuentran _____.

    a. artículos de cerámica y tejidos

    b. artículos de joyería y piñatas

    c. artículos de hierro y de oro

_____ **6.** Se cree que la gente precolombina usaba las barcas de totora _____.

    a. en sus ritos funerales

    b. para viajar a territorios remotos

    c. porque no había madera *(wood)*

Capítulo 10

¡Así es la vida!

Paso I

Vocabulario temático: Cómo hablar de pequeños malestares y dar consejos

CA10-1 Los pequeños malestares y los consejos. A veces los estudios universitarios provocan mucho estrés. Completa las actividades.

Primera parte: La Sra. Ochoa está preocupada por su hijo Felipe, un estudiante universitario. Completa su conversación con las palabras más lógicas de la lista.

agotado	días libres	no sé
comidas balanceadas	insomnio	te aconsejo
cuidarte	mala cara	tienes razón

SRA. OCHOA: ¿Qué te pasa, hijo? Tienes (**1**) _____.

FELIPE: ¡Ay, Mamá! Es que estoy (**2**) _____ de tanto estudiar.

SRA. OCHOA: Hijo, tus estudios son importantes, pero deberías (**3**) _____

mejor. ¿A qué hora te acuestas por lo general?

FELIPE: A las once y media. Pero padezco de (**4**) _____ por el estrés y

a veces duermo sólo cuatro o cinco horas.

SRA. OCHOA: ¿Por qué no te tomas unos (**5**) _____? Puedes venir a casa y

yo te preparo todos tus platos favoritos. Me imagino que en la cafetería no comes

(**6**) _____.

FELIPE: Bueno, (**7**) _____. Tengo un examen el próximo lunes y

pensaba estudiar todo el fin de semana.

SRA. OCHOA: Hijo, (**8**) _____ que vengas a casa por unos días. Así puedes

descansar mejor y también estudiar sin las distracciones de la residencia.

FELIPE: Creo que (**9**) _____.

Segunda parte: Contesta las preguntas con oraciones completas.

1. ¿Te sientes agotado(a) a veces? ¿Cuándo?

_____

2. ¿Qué aspecto de la universidad te provoca mucho estrés?

_____

3. ¿Sufres de insomnio de vez en cuando? ¿Qué haces cuando tienes insomnio?

_____

4. En general, ¿te cuidas bien? ¿Qué debes cambiar en tu vida para cuidarte mejor?

_____

5. ¿Necesitas tomar unos días libres? ¿Qué te gustaría hacer si tuvieras *(if you had)* dos o tres días libres?

_____

CA10-2 Más consejos. Varios de tus amigos te piden consejos. ¿Qué consejos les das en estas situaciones? Completa las oraciones de una manera lógica. Usa las siguientes estructuras:

- **Deberías** + infinitivo (**Deberías hacer más ejercicio.**)
- **¿Por qué no** + presente del indicativo? (**¿Por qué no haces más ejercicio?**)

1. FLORA: ¡Estoy tan agotada! Mi compañera de cuarto mira la televisión hasta las tres de la madrugada y no puedo dormir.

TÚ: ¿Por qué no _____?

2. LORENZO: Cuando hablé por teléfono con mi novia ayer, me dijo que estaba enferma. Pero, anoche fui a la biblioteca y ¡la vi allí con Javier!

TÚ: Deberías _____.

3. RAMONA: Estudié muchísimo para el examen de inglés, pero sólo saqué una "C" en el examen.

TÚ: Deberías _____.

4. IGNACIO: ¡No tengo energía para nada! Y sé que fumo demasiado.

TÚ: ¿Por qué no _____?

CA10-3 Las virtudes de la siesta.
Muchos hispanos tienen la costumbre de dormir un poco por la tarde. El siguiente artículo describe algunos de los beneficios de la siesta.

Primera parte: Lee el artículo e indica si las oraciones son **ciertas (C)** o **falsas (F)**.

Vocabulario útil

disminuir *to reduce*
aprovechar *to take advantage of*
desarrollar *to develop*
aumentar *to increase*

_____ **1.** Si padeces de insomnio, no debes dormir la siesta.

_____ **2.** Las personas que duermen la siesta tienen menos ataques cardíacos.

A.G.E.

Las virtudes de la siesta

- Ayuda a recuperar el sueño y es un excelente remedio contra el insomnio.
- Disminuye en un 30% el riesgo de padecer accidentes cardiovasculares.
- Reduce hasta 2 horas la necesidad de dormir lo que permite aprovechar el tiempo.
- El estado de semi-sueño que caracteriza la siesta desarrolla la creatividad. Invenciones como el tocadiscos o el bolígrafo han tenido su punto de arranque durante la siesta.
- Aumenta el rendimiento laboral en un 20% por encima de la media.

La siesta es ayuda a recuperar el sueño y previene enfermedades cardiovasculares.

_____ **3.** Si duermes la siesta, puedes dormir menos durante la noche.

_____ **4.** Hay una desventaja en dormir la siesta: produce sensaciones de torpeza (*slow thinking*).

_____ **5.** Si duermes la siesta, puedes trabajar más eficientemente.

Segunda parte: Contesta las preguntas sobre la siesta con oraciones completas.

1. ¿Con qué frecuencia duermes la siesta?

_____

2. Si te echas una siesta, ¿por cuánto tiempo duermes?

_____

3. ¿Cómo te sientes después de dormir la siesta?

_____

4. ¿Has tenido alguna idea creativa durante la siesta?

_____

Gramática: Usos del presente del subjuntivo: cómo influir sobre los demás

CA10-4 El presente del subjuntivo. A veces todos necesitamos un poco de ayuda con nuestros problemas. Completa estas actividades.

Primera parte: Lee estas conversaciones y complétalas con los verbos más lógicos de la lista. Tienes que escribir el verbo en el presente del subjuntivo.

En el consultorio del médico

comer   dejar   hacer   perder (ie)   trabajar

SR. NERI: Bueno, doctor. No sé cómo empezar a explicarle mi problema. Es que tengo mucho estrés en mi vida por motivos de mi trabajo. Yo sé que fumo demasiado y creo que he engordado (*I've gained*) unos kilos. Últimamente, me duele aquí, en el pecho.

DR. GARCÍA: No se preocupe, Sr. Neri. Ud. no tiene problemas cardíacos. Pero sí necesita modificar su vida. Primero, le aconsejo que **(1)** _____ de fumar. También quiero que Ud. **(2)** _____ cuatro o cinco kilos. Es necesario que Ud. **(3)** _____ comidas bajas en grasa y que **(4)** _____ más ejercicio aeróbico.

Con la psicóloga

adaptarse   cuidarse   dormir (ue)   salir   tener (ie)

SRA. VARGAS: Doctora, mi esposo y yo nos queremos (*we love each other*) mucho. Pero desde que tenemos nuestro bebé, siempre estamos peleando (*fighting*). Casi nunca dormimos porque el bebé se despierta tres o cuatro veces cada noche.

PSICÓLOGA: Uds. son padres nuevos, y es importante que Uds. **(5)** _____ un poco de paciencia. Los bebés pequeños tienen un horario muy raro (*strange*) para

dormir, y en los primeros meses, es preferible que Uds. **(6)** _____
al horario de su bebé. También les recomiendo que **(7)** _____
la siesta por la tarde, cuando el bebé duerme. ¡Y no se olviden! Es importante que
Uds. **(8)** _____ solos de vez en cuando, sin el bebé. Un par de
horas sin las presiones del bebé les puede ayudar mucho.

Segunda parte: ¿Cuáles son tus recomendaciones para el Sr. Neri y la Sra. Vargas? Completa las oraciones con tus ideas originales. Necesitas usar el presente del subjuntivo en tus respuestas.

1. Sr. Neri, recomiendo que Ud. _____.

2. Sra. Vargas, les aconsejo que Ud. y su esposo _____.

Gramática: El presente del subjuntivo: Verbos con cambios ortográficos y verbos irregulares

CA10-5 Verbos con cambios ortográficos y verbos irregulares. A veces los compañeros de cuarto pueden ser más objetivos y darnos buenos consejos. Completa las conversaciones entre los compañeros de cuarto con los verbos más lógicos de la lista. Escribe el verbo en el presente del subjuntivo.

Mucho estrés

dar   explicar   organizarse   sacar   traer

MARÍA: ¿Qué te pasa? Tienes mala cara.

ALICIA: Estoy agotada. Esta semana tengo que preparar tres exámenes y dos informes.

MARÍA: No sé por qué siempre esperas hasta el último momento. Es importante que tú

(1) _____ mejor.

ALICIA: Tienes razón. Pero no tengo mucho tiempo porque trabajo treinta horas por semana para pagar la matrícula *(tuition costs).*

MARÍA: Yo te aconsejo que les **(2)** _____ a tus padres tu situación económica. Tus padres quieren que tú **(3)** _____ buenas notas en tus clases, ¿no? Van a entender que es imposible si sigues trabajando tanto.

ALICIA: En realidad, no quiero que ellos me **(4)** _____ dinero. Quiero ser más independiente.

Problemas con la novia

dar   estar   ir   saber   ser

ANDRÉS: No sé qué hacer. Mi novia está enojada porque se me olvidó su cumpleaños.

MARCOS: Andrés, te recomiendo que (tú) **(5)** _____ inmediatamente a su casa para pedirle perdón. Es importante que ella **(6)** _____ que esto fue un simple error por tu parte.

ANDRÉS: Ya fui a su casa; y no quiso abrir la puerta.

MARCOS: ¡Entonces está furiosa de verdad! En este caso, es mejor que (tú) no

(7) _____ tan insistente. ¿Por qué no la dejas calmarse un poco

primero? Luego, le compras un regalo, algo romántico. Yo sugiero que (tú) le

(8) _____ rosas rojas.

ANDRÉS: Bueno, tienes razón.

CA10-6 Más práctica con el subjuntivo.
Milagros está molesta *(upset)* con su novio, Sergio, porque hace varios días que no la llama. Ahora está hablando del problema con su compañera de cuarto Rosario. Completa la conversación entre las dos amigas: Milagros explica la situación, y Rosario le da consejos. Usa la información en el dibujo y tu imaginación para crear el diálogo.

JUEVES VIERNES SÁBADO DOMINGO

¿QUIERES JUGAR AL TENIS ESTA TARDE?

ROSARIO: ¿Qué te pasa, Milagros? No pareces muy contenta últimamente *(lately)*.

MILAGROS: _____

_____

ROSARIO: ¡No me digas! Ese Sergio es un idiota! Pero, ¿no te llamó esta mañana?

MILAGROS: _____

_____

ROSARIO: Bueno, yo te aconsejo que _____

porque _____. También, es importante

que _____.

MILAGROS: Sí, tienes razón.

Paso 2

Vocabulario temático: Algunos acontecimientos familiares

CA10-7 Los sentimientos. ¿Cómo te sientes en estas situaciones? ¿Estás orgulloso(a)? ¿desanimado(a)? ¿contento(a)? Escribe tu respuesta en una oración completa con **estoy** + uno de los adjetivos de la lista.

MODELO: Tu amiga fuma mucho. Ahora está embarazada y no quiere dejar de fumar.
Estoy preocupado(a).

alegre	emocionado(a)	preocupado(a)
contentísimo(a)	encantado(a)	sorprendido(a)
deprimido(a)	enojado(a)	triste
desanimado(a)	orgulloso(a)	

1. Tu mejor amiga conoció a un chico hace tres meses. Van a casarse la próxima semana.

   _____

2. Tuviste diez entrevistas para empleo para el verano pero no recibiste ninguno de los puestos *(jobs)*.

   _____

3. Después de quince años felices con tu familia, tu perro se murió.

   _____

4. Tu profesora de inglés te dijo que tu composición fue la mejor de la clase.

   _____

5. Tu hermana, quien adora a los niños, se casó el año pasado y ahora está embarazada.

   _____

6. Tus padres ganaron *(won)* un coche en un concurso *(contest)* y decidieron dártelo.

   _____

CA10-8 Los acontecimientos familiares. Completa la historia de Lucinda y Beto con las palabras más lógicas de la lista.

anillo	cita	embarazada	tristes
bebé	compañero	enamorado	velorio
boda	compromiso	encantado	
casarse	divorciarse	orgullosos	

Cuando Lucinda tenía dieciséis años, tuvo su primera (**1**) _____. Su

(**2**) _____ fue Beto, el guapo vecino de al lado. Desde ese primer día

fue evidente que Beto estaba (**3**) _____ de Lucinda; salieron juntos

todas las semanas. Para su dieciocho cumpleaños, Beto le dio a Lucinda un anillo de

(**4**) _____ y se casaron un año más tarde. La (**5**) _____

fue una ocasión de gran alegría para las dos familias, aunque todos creían que los novios eran un

poco jóvenes para (**6**) _____.

Unos meses después, Lucinda le dijo a su esposo que ella estaba (7) _____.

Beto estaba (8) _____, pero también un poco preocupado porque no ganaba

mucho dinero en su trabajo. El (9) _____ nació el próximo mayo; los nuevos

padres estaban muy (10) _____ de su hijo. Los primeros años fueron un poco

difíciles para la familia. Y Beto y Lucinda estaban muy (11) _____ y sorpren-

didos cuando los padres de Beto se separaron y decidieron (12) _____. Pero

con el amor pudieron triunfar sobre los desafíos (challenges) de la vida.

CA10-9 Las crónicas sociales. Muchos periódicos y revistas dedican varias páginas a los grandes acontecimientos familiares. Es típico tener artículos sobre bodas, aniversarios, compromisos, fiestas de quince años, bautizos, primeras comuniones y otras ocasiones especiales. Aquí tienes dos pequeños artículos de una revista puertorriqueña. Léelos y completa las actividades.

Fernando José y sus orgullos padres, José y Annie Alonso.

Crónica A

1. ¿Qué ocasión celebró la familia Alonso?

   _____

   _____

2. ¿Cuántos padrinos (godparents) tiene Fernando José?

   _____

   _____

3. ¿Cómo fue la celebración?

   _____

   _____

4. Haz un pequeño árbol genealógico de la familia Alonso. Escribe los nombres de seis personas en esta familia.

Bautizo de Fernando José

El hermoso niño Fernando José Alonso Fernández recibió las sagradas aguas bautismales en ceremonia celebrada en la Iglesia San José de Caguas. Radiantes de felicidad se encontraban sus padres José R. Alonso y la profesora Annie Fernández de Alonso. Fueron padrinos de bautismo la Dra. Irma Santor, Dr. Carlos Fernández, Wanda Fernández y Antonio Delgado. Muy contentas se encontraban las hermanitas de Fernando José, Cristina, Adriana y Viviana. En grande fue festejada la significativa ocasión, con una fiesta en el Colegio de Ingenieros amenizada por la orquesta de Víctor Roque y la Gran Manzana.

Crónica B

5. ¿Qué ocasión celebraron Viviana y su familia?

_____

_____

6. ¿Dónde tuvieron la fiesta?

_____

_____

7. ¿Qué sirvieron de comer?

_____

_____

8. ¿Cómo contribuyeron (*contributed*) a la celebración Javier de Anfora y Denise Hauy? ·

_____

_____

9. ¿Qué papel (*role*) tuvo el Licenciado Carlos Irizarry en la celebración?

_____

_____

Los 15 de
Viviana San Emeterio Rivera

"Noche de Fantasía y Carnaval"

La linda quinceañera Viviana San Emeterio Rivera vivió una noche de fantasía y grandes emociones durante la celebración de sus quince años en el Hotel San Juan. Diferente y exquisita fue la decoración que Javier de Anfora realizó para la gran ocasión. Tanto Viviana como su elegante mamá, Milagros "Millie" Rivera de Bonilla, lucieron regias en creaciones de Denise Hauy. Muy elocuente estuvo el Lcdo. Carlos Irizarry Yunqué al pronunciar el brindis en honor a Viviana. Familiares y amigos levantaron sus copas de champán para brindar por la felicidad de la linda homenajeada quien estudia su segundo año de escuela superior en Saint John's. Los numerosos invitados disfrutaron de las delicias dispuestas en las estaciones de comida mejicana, italiana, carnes y mariscos. La gran fiesta fue amenizada por el Grupo Paradiso y por Musique Xpress.

Gramática: Usos del subjuntivo: las emociones

CA10-10 El subjuntivo con las emociones. Tus amigos te están contando muchas noticias. Completa las conversaciones con tus reacciones. Usa el presente del subjuntivo y sigue el modelo.

MODELO: RONALDO: Mis padres van a separarse.
         TÚ: es triste / (ellos) separarse
           Es triste que se separen.

1. JUANA: Mi abuela está en el hospital.
   TÚ: siento mucho / (ella) estar enferma

   _____

2. PANCHO: Mi hermano va a estudiar en Japón este verano.
   TÚ: es maravilloso / (él) tener esa oportunidad

   _____

3. LISA: ¡Mi abuela va a casarse con el Sr. Pacheco en mayo!
   TÚ: ojalá / (ellos) ser muy felices

   _____

4. RAMÓN: Creo que María y Carmen sacaron una "F" en el examen.
   TÚ: me preocupa / (ellas) estudiar tan poco

   _____

5. RITA: Tengo problemas con mi novio. Es muy celoso *(jealous)*.
TÚ: él tiene miedo / (tú) salir con otro chico

_____

6. ROBERTO: Mis padres no dijeron nada anoche cuando les dije que Ana y yo estamos comprometidos.
TÚ: probablemente les sorprende / (tú) comprometerse tan pronto

_____

7. ANITA: Así que *(So)* tú y tu compañera de cuarto van a pasar el verano en Europa. ¿Qué piensan tus padres de eso?
TÚ: no les gusta / (nosotras) viajar solas

_____

8. CARLOS: Tienes una relación muy abierta *(open)* con tus padres.
TÚ: les alegra mucho / (nosotros) hablar de todo

_____

Gramática: El presente del subjuntivo: los verbos con cambios en la raíz

CA10-11 Los verbos con cambios en la raíz y resumen. Las hermanas Castillo son muy distintas. Felisa es más alegre y más positiva, mientras que Dolores es más pesimista, más negativa. Toma el papel de cada hermana y completa sus comentarios con una expresión de la lista. Es necesario usar una expresión de la lista diferente para cada oración.

MODELO: FELISA: ¿Sabes que Margarita tiene una cita esta noche con Pepe Romano?
DOLORES: ¡No me digas!
FELISA: Pues, me alegro de que *salga con él. Es muy simpático.*
DOLORES: Yo no. Tengo miedo de que *no la trate bien.*

divertirse un poco con sus amigos
estar embarazada a su edad
no poder asistir a mi fiesta de cumpleaños
no tratarla bien
pedirles dinero a nuestro padres

pensar casarse con un hombre divorciado
querer casarse con un hombre tan guapo y rico
realizar *(to fulfill)* su sueño de tener un hijo
salir con él
traer a su nueva novia

1. FELISA: Nuestros padres van de vacaciones con los Moreno por dos semanas.
DOLORES: Sí, lo sé.

FELISA: Pues, es bueno que _____.

DOLORES: ¡Qué va! Es una lástima que _____.

2. FELISA: Nuestra tía Liliana va a tener un bebé.
DOLORES: No te lo creo.

FELISA: Pues, sí, estoy contenta de que _____.

DOLORES: ¿Qué dices? Me preocupa mucho que _____.

3. FELISA: ¿Sabes que Enrique Bello le dio un anillo de compromiso a nuestra prima Mabel?
DOLORES: ¡Eso es increíble!

FELISA: Pues, a mí no me sorprende que ella _____.

DOLORES: A mí me molesta que ella _____.

Nombre _____ Fecha _____

4. FELISA: Nuestro medio hermano viene a pasar el fin de semana.

DOLORES: Hace más de un año que no lo vemos.

FELISA: Sí. Ojalá que_____. Quiero conocerla.

DOLORES: A mí me enfada que él siempre_____ cuando nos visita.

Paso 3

Vocabulario temático: Dime de tu vida

CA10-12 Buenas y malas noticias. Siempre podemos compartir *(share)* las buenas y las malas noticias con nuestros amigos más íntimos. Completa las actividades.

Primera parte: Acabas de recibir una carta de tu amigo Luis. Lee sus noticias y anota si es una buena notica o una mala noticia. Después, escribe una reacción lógica.

REACCIONES

¡Qué buena noticia!	¡Qué bien!	¡Qué pena!	¡No me digas!
¡Cuánto me alegro!	¡Maravilloso!	¡Qué lástima!	¡Ojalá que todo salga bien!
¡Qué buena suerte!	¡Magnífico!	¡Cuánto lo siento!	¡Eso es increíble!

Las noticias	Buena	Mala	Reacción
Modelo: Mis padres van a regalarme un coche para mi cumpleaños.	✔		¡Qué buena suerte!
1. Acabo de recibir otra multa por exceso de velocidad.			
2. Salí bien en mi prueba de historia medieval.			
3. Mis padres me dieron un préstamo y ahora puedo pagar mis cuentas.			
4. Es casi seguro que me van a dar una beca.			
5. Mi novia y yo nos llevamos muy bien.			
6. Tengo que cambiar de compañero de cuarto porque me está robando dinero.			
7. Me ofrecieron el puesto que yo quería.			
8. Mi hermano siempre me pide préstamos pero nunca me devuelve el dinero.			

Segunda parte: Quieres escribirle una carta a tu mejor amigo(a). ¿Qué buenas y malas noticias tienes tú? Escribe oraciones completas.

Buenas noticias

1. _____

2. _____

Malas noticias

3. _____

4. _____

CA10-13 Preguntas personales. Contesta las preguntas sobre tu vida actual con oraciones completas.

1. ¿Cómo te va el semestre —bien, mal o regular?

_____

_____

2. ¿Tienes suficiente dinero para pagar tus cuentas? Explica.

_____

_____

3. ¿Te llevas bien con tu compañero(a) de cuarto? Explica.

_____

_____

4. ¿Vas a salir bien en todas tus clases? Explica.

_____

_____

5. Cuando tienes problemas personales, ¿a quién le pides consejos?

_____

_____

6. Cuando tienes problemas con tus clases, ¿a quién le pides ayuda?

_____

_____

Gramática: Usos del presente del indicativo: la certeza

CA10-14 La certeza. ¿Cómo te va? Combina los elementos de las dos columnas para crear seis oraciones **verdaderas** *(true)* sobre tu vida. Escribe los verbos entre paréntesis en el presente del indicativo. Sigue el modelo.

MODELO: Sé que... ***debo*** *pedirle ayuda a mi profesor de español.*

Sé que...	(yo: tener) una beca para continuar mis estudios
Estoy seguro(a) de que...	(yo: necesitar) encontrar un buen puesto para el verano
Es seguro que...	(yo: ir) a graduarme en dos años
Es verdad que...	mi compañero(a) de cuarto y yo (llevarse) bien
Es evidente que...	nunca (yo: recibir) multas de tráfico
Creo que...	siempre (yo: pagar) mis cuentas a tiempo *(on time)*
Me parece que...	generalmente (yo: salir) bien en mis pruebas y exámenes en la clase de español
	(yo: deber) pedirle ayuda a mi profesor(a) de español
	(yo: querer) cambiar de compañero(a) de cuarto el próximo año
	la policía me (dar) muchas multas

1. _____

2. _____

3. _____

4. _____

5. _____

6. _____

Gramática: Usos del presente del subjuntivo: La duda

CA10-15 La duda. Combina elementos de las dos columnas para crear seis oraciones **verdaderas** *(true)* sobre tu vida. Tienes que escribir los verbos entre paréntesis en el presente del subjuntivo.

MODELO: Dudo que… *mis amigos y yo* ***vayamos*** *a México para las próximas vacaciones.*

No estoy seguro(a) de que...	mi mejor amigo(a) (casarse) este año
No creo que...	mi mamá (estar) embarazada
Dudo que...	mis abuelos (venir) a vivir con mi familia
Es posible que...	mis tíos (divorciarse)
Es probable que...	mi hermano(a) (graduarse) de la escuela secundaria este año
Es imposible que...	mi compañero(a) de cuarto (volver) a la universidad el próximo año
No es verdad que...	mi novio(a) me (dar) un anillo para mi próximo cumpleaños
	mi padre (querer) cambiar de trabajo
	mis amigos y yo (salir) mal en nuestras clases
	mis amigos y yo (ir) a México durante las próximas vacaciones

1. _____

2. _____

3. _____

4. _____

5. _____

6. _____

Integración

CA10-16 ¿Verdad o mentira? ¿Hasta qué punto crees tú en la información que te dan? Usa las expresiones de certeza y duda para expresar tus opiniones. Después, escribe una oración para justificar tu opinión. Trata de no repetir los verbos.

MODELO: Más personas hablan español en la Ciudad de Nueva York que en la ciudad de San Juan, Puerto Rico.
No creo que se hable más español en Nueva York que en San Juan porque el idioma oficial de Puerto Rico es el español.
o: *Es verdad que hay más hispanohablantes en Nueva York que en San Juan porque muchos inmigrantes hispanos viven en Nueva York.*

1. México, D.F., es la ciudad más poblada del mundo.

_____

_____

2. Las mujeres tienen las mismas oportunidades que los hombres en el mundo de los deportes profesionales.

_____

_____

3. Un título de la universidad es garantía de un buen trabajo.

_____

_____

4. Hay más amor en una familia grande que en una familia pequeña.

_____

_____

5. El estrés resulta de tener demasiadas responsabilidades y no suficiente dinero.

_____

_____

6. Los problemas de dinero siempre tienen solución.

_____

_____

7. Los novios deben vivir juntos antes de casarse.

_____

_____

8. Es fácil hacer buenos amigos en la universidad.

_____

_____

CA10-17 Buenas noticias y malas noticias. Tu primo chileno te escribe una carta con las últimas noticias. Lee su carta y respóndele. En tu carta, tienes que hacer lo siguiente.

• Comentar las buenas y malas noticias
• Incorporar las expresiones de la lista
• Contarle una noticia de tu vida

| me sorprende que | es bueno que | estoy emocionado(a) que |
| siento que | es importante que | estoy triste de que |

Querido(a) primo(a),

Saludos de Medellín. Te escribo con buenas noticias y malas noticias. Primero las buenas. Acabo de recibir una carta de aceptación para estudiar en los Estados Unidos el año que viene. Estoy muy contento. Hay unos problemas de finanzas, pero espero solucionarlos muy pronto. Si me ofrecen una beca están solucionados. Soy muy optimista y empiezo los preparativos esta semana.

Por otro lado (On the other hand), ¿recuerdas la boda de Alfredo y Olivia a la que asistimos el año pasado? Pues, ¡fíjate! ¡Acaban de separarse! Parece que la situación es permanente. Ella quiere tomar un nuevo trabajo en otra ciudad, pero como él tiene su compañía aquí, él no quiere ir. Por el momento, la separación es su única solución.

¿Qué te parece? Escríbeme pronto.

Abrazos,
Eduardo

Querido Eduardo,

Acabo de recibir tus noticias y ¡qué sorpresa!

_____

_____

_____

_____

_____

_____

_____

_____

_____

_____

_____

Abrazos,

_____

Un paso más

Vistazo gramatical: Los pronombres relativos

CA10-18 Los pronombres relativos. Marisa está describiendo su universidad. Completa las actividades.

Primera parte: Lee las oraciones y escoge el pronombre relativo más apropiado.

MODELO: Ésta es la universidad (donde)/ que) yo estudio.

1. Vivo en una residencia (que / quien) me gusta mucho.

2. Los estudiantes (que / quien) viven aquí son muy simpáticos.

3. La chica con (que / quien) vivo es muy estudiosa y amable.

4. La cafetería (que / donde) comemos sirve comida bastante apetitosa.

5. La profesora para (el cual / la cual) trabajo es la Dra. Guzmán.

6. Me gustan las clases (que / las cuales) tengo este semestre.

7. Tengo profesores (que / quienes) realmente comprenden a sus estudiantes.

8. Dan exámenes (que / lo cuales) son justos y razonables *(reasonable)*.

Segunda parte: Describe tus experiencias en la universidad; completa las oraciones con tu información personal.

1. Vivo en una residencia que _____

_____.

2. Mis amigos y yo comemos en una cafetería que _____

_____.

3. Tengo un(a) profesor(a) que _____

y tengo otro(a) que _____.

Rincón literario

"Viceversa"

Mario Benedetti nació en 1920 en Uruguay, y es uno de los autores más conocidos *(best-known)* de ese país. Su obra incluye varios ensayos, poemas y cuentos. En el siguiente poema, el autor explora las emociones contradictorias provocadas por el amor.

Mario Benedetti
Viceversa

Tengo miedo de verte
necesidad de verte
esperanza de verte
desazones° de verte   *anxieties*

tengo ganas de hallarte°   *to find you*
preocupación de hallarte
certidumbre° de hallarte   *certainty*
pobres dudas de hallarte

tengo urgencia de oírte
alegría de oírte
buena suerte de oírte
y temores° de oírte   *fears*

o sea
resumiendo°   *summing up*
estoy jodido°   estoy... *I'm all messed up*
         y radiante
quizá más lo primero
que lo segundo
y también
         viceversa.

CA10-19 Antes de leer. El amor provoca emociones muy fuertes. ¿Cuáles de las siguientes emociones asocias tú con el amor? Indica tus respuestas con una **X.**

____ confusión   ____ orgullo *(pride)*

____ alegría   ____ optimismo

____ tristeza   ____ pesimismo

____ preocupación   ____ enojo *(anger)*

____ esperanza *(hope)*   ____ frustración

Nombre _____ Fecha _____

CA10-20 Comprensión. Lee el poema y completa esta actividad.

1. El poeta experimenta muchos contrastes en sus sentimientos *(feelings)*. Identifica algunas de las palabras que expresan este contraste y escríbelas en la tabla.

MODELO: *tengo miedo*	*esperanza*

2. Explica el título del poema. ¿Es un título apropiado? _____

_____

CA10-21 Después de leer. Conversa con un(a) compañero(a) sobre el poema.

1. ¿Te gusta este poema?
2. ¿Qué visión del amor presenta este poema?
3. ¿Puede existir el amor entre dos personas sin estos contrastes de emociones?

¡Vamos a escribir!

Estrategia: Writing simple poetry

Most people are intimidated by the idea of writing poetry. However, there are some forms of poetry that are more easily composed than others. One simple kind is known as "cinquain poetry," which is composed of a stanza of five lines. Each line is made up of specific elements, as follows:

Line 1: one word (a noun) that names the subject of the poem

Line 2: two words (either a noun and an adjective, or two adjectives) that describe the subject

Line 3: three words (conjugated verbs, infinitives, or present participles) that describe the action of the subject

Line 4: four words (a short sentence) that express an emotion about the subject

Line 5: one word (of any part of speech) that restates the subject or summarizes the poem

There are two examples of cinquain poems on the following page, one in English and the other in Spanish. While these two poems deal with the same topic, one is not a translation of the other. Read them and note how each line follows the formula explained above.

Bebé
Pequeño, feliz
Sonríe, juega, crece
Nos llenas de alegría
Amor

Baby
Chubby cherub
Giggling, wiggling, squirming
She steals my heart
Daughter

CA10-22 ¡A escribir poemas!

Escribe tu propio poema. Sigue las instrucciones:

1. Escribe el tema de tu poema: usa un sustantivo.
2. Describe el tema con dos adjetivos.
3. Escribe tres verbos, en forma de infinitivo, gerundio o presente del indicativo.
4. Escribe la cuarta línea: una frase de cuatro palabras.
5. Completa tu poema con una sola palabra.

¡Vamos a mirar!

 Vídeo 1: El amor

CA10-23 Anticipación. En este segmento, Carlos vuelve al Cibercafé, donde trabaja su amiga Susana. Antes de mirar el vídeo, contesta estas preguntas.

1. ¿Con qué frecuencia te comunicas con otras personas en el Internet?

   _____

2. ¿Cuál es una ventaja (*advantage*) de esta forma de comunicación? ¿Cuál es una desventaja (*disadvantage*)?

   _____

3. En tu opinión, ¿es posible tener un romance con otra persona en el Internet, sin contacto cara a cara (*face-to-face*)?

   _____

CA10-24 Comprensión. Mira el segmento y contesta las preguntas con oraciones completas.

1. ¿Está Carlos en el Cibercafé para hacer investigación para una clase? Explica.

   _____

2. ¿Quién es Ivonne?

   _____

3. ¿Cómo conoció Carlos a Ivonne?

   _____

4. ¿Qué sabe Carlos de Ivonne?

   _____

5. ¿Qué consejo necesita Carlos?

   _____

6. ¿Qué consejo le da Susana?

   _____

Vídeo 2: Vistas de Chile

CA10-25 Preparación. Vas a mirar un vídeo sobre el hermoso país de Chile. Aquí tienes algunas palabras importantes del vídeo. Completa las oraciones con una palabra lógica de la lista antes de mirar el vídeo.

ascendencia *origin, heritage*   **habitar** *to inhabit*
cobre *copper*   **país natal** *country of birth*
exportador *exporter*

1. El desierto Atacama en el norte de Chile es difícil de _____ por sus temperaturas tan altas y la falta de agua.

2. Hoy en día hay pocos chilenos de _____ indígena, aunque los mapuche forman alrededor del 2% de la población.

3. En el valle central de Chile, donde el clima es templado, se cultivan muchas frutas; por lo tanto, Chile es un importante _____ de uvas, manzanas, nectarinas y melocotones.

4. Chile tiene que importar petróleo y carbón, pero produce mucho _____.

5. Chile es el _____ de las conocidas autoras Gabriela Mistral e Isabel Allende.

CA10-26 Comprensión: Observar y reconocer. Mira el vídeo sobre Chile e indica en qué orden se presentan los siguientes temas. Escribe los números de 1 a 5.

_____ la herencia *(heritage)* multicultural

_____ los contrastes geográficos

_____ el sistema de educación

_____ un famoso poeta chileno

_____ las dos ciudades más importantes

CA10-27 Comprensión: ¿Qué recuerdas de Chile? Vuelve a mirar el vídeo y completa las oraciones a continuación con la mejor respuesta.

_____ 1. _____ es parte del territorio chileno.

    a. Las islas Galápagos

    b. Las islas Malvinas

    c. La isla de Pascua

_____ 2. La gran mayoría de los chilenos vive en _____.

    a. las grandes ciudades

    b. la cordillera de los Andes

    c. las zonas rurales

_____ 3. Valparaíso es _____.

    a. la ciudad natal de Pablo Neruda

    b. un puerto importante

    c. un centro de esquí

_____ 4. Un porcentaje _____ de la población de Chile sabe leer y escribir.

    a. alto

    b. modesto

    c. bajo

_____ 5. Los chilenos son principalmente de origen _____.

    a. español

    b. indígena

    c. mestizo o europeo

_____ 6. Pablo Neruda ganó el Premio Nóbel _____.

    a. de Física

    b. de la Paz

    c. de Literatura

Capítulo **11**

¡A trabajar!

Paso I

Vocabulario temático: Las profesiones y las ocupaciones

CA11-1 Las profesiones y las ocupaciones. Los estudiantes de la Srta. Magaly tienen que escribir una composición sobre las ocupaciones de sus familiares. Aquí tienes la composición de Elisa Martínez.

Primera parte: Completa la composición de Elisa con las palabras más lógicas de la lista.

agente de viajes	asesor técnico	hombre de negocios	médico
agricultor	empresa	jubilada	periodista
ama de casa	enfermedades	maestra	programador

En mi familia están representadas muchas profesiones interesantes.

Mi padre, Arturo, es **(1)** _____. Trabaja para Medi-data, una

(2) _____ que vende software para hospitales y clínicas. Mi madre, Beatriz,

es **(3)** _____. Ella trabaja en Calvo Tours —la agencia de sus padres— unas

quince horas por semana. El resto del tiempo es **(4)** _____ y cuida a nuestra

familia.

Mi tía Felicia, quien vive con nosotros, está **(5)** _____ ahora y se dedica a

ser voluntaria. Pero cuando era más joven, era **(6)** _____ en un colegio,

dónde enseñaba historia.

Mi hermano mayor, Carlos, estudia ciencias de computación en la universidad. Él quiere ser

(7) _____ o quizás **(8)** _____.

Mi tío Enrique (el hermano de mi padre) es **(9)** _____; él se especializa

en las **(10)** _____ neurológicas. Su esposa, mi tía Ginette, ya no *(no longer)*

trabaja, pero antes de casarse era **(11)** _____ y escribía para una revista de

belleza *(beauty)*.

Mi abuelo —todos lo llaman don Francisco— era **(12)** _____ cuando era

más joven. Según me cuentan, él y mi abuela tenían una finca *(farm)* muy hermosa.

Segunda parte: ¿Cuáles son algunas de las ocupaciones de tus familiares? Escribe un párrafo de cinco a ocho oraciones.

_____

_____

_____

_____

_____

_____

_____

CA11-2 El crucigrama de las profesiones. Completa el crucigrama con las palabras más lógicas del *Vocabulario temático.*

Vertical

1. El ___ recomienda tratamientos para enfermedades poco graves.
2. Un corredor de ___ trabaja con las inversiones *(investments)* de sus clientes.
3. Las enfermeras ayudan a sus ___.
4. Un trabajador que pierde su puesto está ___.
6. Un asesor técnico analiza situaciones y da ___.
8. El ___ de una tienda es su propietario.

Horizontal

5. El ___ trabaja en una fábrica *(factory)*.
6. El ___ trata con los datos financieros de una empresa.
7. El ___ es un tipo de supervisor.
9. Los funcionarios ayudan con trámites y ___.
10. Un ___ resuelve problemas legales.
11. El ___ es un profesor en una escuela primaria.

Vocabulario temático: Los planes para el futuro

CA11-3 Los planes para el futuro. Hace varios años que Susana y Ricardo son novios. Van a graduarse de la universidad muy pronto y tienen que hacer sus planes para el futuro. Mira el dibujo y contesta las preguntas con oraciones completas.

1. ¿Qué quiere estudiar Ricardo?

   _____

2. A Ricardo, ¿dónde le gustaría trabajar en el futuro?

   _____

3. ¿Qué espera hacer Susana tan pronto como se gradúe de la universidad?

   _____

   _____

4. ¿Prefiere Susana dedicarse a su carrera de maestra o a su familia? Explica tu respuesta.

   _____

   _____

5. ¿En qué otros aspectos se diferencian *(differ)* los planes de Susana y Ricardo?

   _____

   _____

6. En tu opinión, ¿es importante que una pareja *(couple)* tengan los mismos planes para el futuro antes de casarse? Explica tu respuesta.

   _____

   _____

Gramática: Usos del subjuntivo —Las cláusulas adverbiales de tiempo

CA11-4 Las cláusulas adverbiales de tiempo con el indicativo. María Elena está describiendo su rutina en la universidad. Lee las frases y haz lo siguiente:

• Primero, pon un círculo alrededor de la cláusula adverbial.

• Después, completa la frase y describe tu propia *(your own)* rutina. Usa el presente del indicativo.

MODELO: Generalmente, limpio mi cuarto (cuando regreso de clases los viernes.)

Generalmente, limpio mi cuarto cuando *mis padres vienen a visitarme.*

1. Normalmente, hago la tarea tan pronto como vuelvo de mi última clase.

Normalmente, hago la tarea tan pronto como _____.

2. A veces, mientras lavo la ropa, estudio.

A veces, mientras _____, estudio.

3. Me gusta leer mi correo electrónico *(e-mail)* cuando termino de estudiar.

Me gusta leer mi correo electrónico cuando _____.

4. Muchas veces, después de que regreso de mi trabajo, mis amigos y yo salimos para cenar.

Muchas veces, después de que _____, mis amigos y yo salimos para cenar.

5. Por lo general, no limpio mi cuarto hasta que todo está muy sucio.

Por lo general, no limpio mi cuarto hasta que _____.

CA11-5 Las cláusulas adverbiales con el subjuntivo. ¿Qué les recomiendan estos padres a sus hijos? Completa las oraciones con una expresión lógica de la lista. Escribe los verbos en el presente del subjuntivo.

aceptar la oferta	**mudarse a nuestra nueva casa**
darme un ascenso	**terminar sus estudios**
encontrar un buen puesto	**vivir en esta casa**

1. BETO: Mamá, Graciela y yo vamos a casarnos en abril.

MAMÁ: Pero, hijo, Uds. todavía están en la universidad. Deben esperar hasta que (Uds.) _____

_____

2. PILAR: Papá, yo quiero un perro. Te prometo que voy a cuidarlo bien *(to take good care of him)*.

PADRE: Es que no hay mucho espacio en este apartamento para un perro. Pero te voy a comprar

uno cuando (nosotros) _____.

3. INÉS: Mamá, quiero un tatuaje *(tattoo)*.

MAMÁ: ¡Olvídalo, hija! No te vas a poner ningún tatuaje mientras (tú) _____

_____.

4. JOSÉ ÁNGEL: Todos mis amigos van a la Florida de vacaciones este año. ¿Puedo ir yo también? Creo que no cuesta mucho el viaje.

PADRE: Lo siento, hijo, este año no puede porque hemos tenido muchos gastos *(expenses)* extraordinarios. Pero quizás puedas ir el próximo año, después de que (ellos) _____

_____ en mi empleo.

5. JUANITA: Mamá, no sé qué hacer. Hablé con mi gerente esta mañana, y él quiere que yo vaya a Nueva York para trabajar en la nueva oficina de la empresa. Necesita saber mi decisión para mañana.

MADRE: Bueno, hija, debemos hablar con tu papá antes de que (tú) _____

_____.

Paso 2

Vocabulario temático: En una entrevista

CA11-6 El tipo de trabajo y los talentos. Tú trabajas en una agencias de colocación. Aquí tienes los apuntes *(notes)* sobre varios de tus clientes. Complétalos con las expresiones más lógicas de la lista.

adaptarse a los cambios con facilidad   escribir claramente
contribuir activamente a la sociedad   hablar varios idiomas
de medio tiempo   pague bien
de tiempo completo   sea rutinario
demostrar su creatividad   trabajar bien bajo presión

1. El Sr. Pérez quiere un puesto _____ —de cuarenta horas por semana.

2. La Srta. Martí es muy imaginativa y quiere un trabajo que le permita _____

_____.

3. El Sr. Rossi sabe _____ —francés, italiano y portugués.

4. La Sra. Segarra es muy compasiva *(compassionate)* y prefiere un puesto que le permita _____

_____.

5. Benjamín Machado es bastante flexible y puede _____.

6. Ester Rovira está aburrida con su trabajo de recepcionista y quiere un puesto que no _____

_____.

7. El Sr. Sánchez parece ser un tipo nervioso. No sé si él puede _____

_____.

8. Jaime Zamora tiene una familia numerosa y necesita un puesto que _____

_____.

Nombre _____ Fecha _____

CA11-7 En una entrevista. Quieres trabajar para una agencias de empleos temporeros *(temporary services)* para ganar más experiencia en una variedad de puestos. Tienes una entrevista con el director de la agencia. Completa tu parte del diálogo a continuación.

DIRECTOR: Buenos días.

Tú: **(1)** _____.

DIRECTOR: Yo soy Antonio Mercado, el director de la agencia.

Tú: **(2)** _____.

DIRECTOR: Mucho gusto. Perdone si vamos directamente al grano *(right to the point),* pero es que tengo otro apuntamento en treinta minutos. Tenemos varios puestos disponibles *(available)* ahora. Pero, primero, necesito saber un poco más sobre sus preferencias y sus habilidades. ¿Tiene Ud. ya su título universitario?

Tú: **(3)** _____.

DIRECTOR: ¿Quiere Ud. un puesto de tiempo completo?

Tú: **(4)** _____.

DIRECTOR: ¿Qué tipo de puesto quiere?

Tú: **(5)** _____.

DIRECTOR: Ya comprendo. ¿Qué idiomas sabe hablar?

Tú: **(6)** _____.

DIRECTOR: ¿Se adapta Ud. a los cambios con facilidad?

Tú: **(7)** _____.

DIRECTOR: ¿Qué talentos y habilidades especiales tiene Ud.?

Tú: **(8)** _____.

DIRECTOR: Muy bien. Creo que tengo un puesto que le va a interesar…

Gramática: Las cláusulas adjetivales

CA11-8 Las cláusulas adjetivales. ¿Quiénes son estos hispanos famosos? Usen la información en la lista para crear oraciones completas y verdaderas. Sigue el modelo.

MODELO: Óscar de la Hoya: boxeador mexicano-americano
Óscar de la Hoya es el boxeador mexicano-americano que ganó una medalla de oro en los Juegos Olímpicos de 1992.

> Fue el presidente de Coca-Cola.
> Se considera la "Reina" *(Queen)* de la música afrocaribeña.
> Está conocido por sus reportajes sensacionalistas.
> Fue cirujana *(surgeon)* general de los Estados Unidos.
> Ganó un Grammy Latino en 2000.
> Trabajó por los derechos *(rights)* de los trabajadores agrícolas.
> Fue el primer músico chicano de la música rock.
> Escribió la famosa novela *How the García Girls Lost Their Accents.*
> Ganó una medalla de oro en los Juegos Olimpicos de 1992.

1. Roberto Goizueta: ejecutivo cubano-americano

_____

_____

2. Carlos Santana: músico mexicano-americano

_____

_____

3. Geraldo Rivera: periodista puertorriqueño

_____

_____

4. Antonia Novello: médica puertorriqueña

_____

_____

5. Julia Álvarez: autora dominicano-americana

_____

_____

6. Celia Cruz: cantante cubano-americana

_____

_____

7. Richie Valens: cantante mexicano-americano

_____

_____

8. César Chávez: líder mexicano-americano

_____

_____

Gramática: Usos del subjuntivo —las cláusulas adjetivales

CA11-9 Más sobre las cláusulas adjetivales. Lorena es una persona un poco quejona (*complainer*). ¿Qué quiere Lorena? Completa las oraciones de una manera lógica. Sigue el modelo y usa el presente del subjuntivo.

MODELO: Mi profesor me trata *(treats)* como una niña.
Quiero un profesor que *me trate como una adulta.*

1. Mi profesora es muy aburrida.

Quiero una profesora que _____.

2. Mi apartamento está lejos de mis clases.

Quiere un apartamento que _____.

3. Mi trabajo paga mal.

Quiero un puesto que _____

4. Mi novio siempre sale con sus amigos y me deja en casa sola.

Quiero un novio que _____

5. Mi compañera nunca hace las camas ni limpia el baño.

Quiero una compañera que _____

Paso 3

Vocabulario temático: En una entrevista

CA11-10 La experiencia laboral. ¿Dónde trabajan
estos estudiantes? ¿En qué consiste su trabajo? Escribe dos
oraciones para cada dibujo. Sigue el modelo.

MODELO: *Ana María trabaja con niños en un campamento
de verano. Ella les enseña a los niños a nadar.*

1. _____

_____

_____

_____

_____

2. _____

_____

_____

_____

3. _____

_____

_____

_____

_____

Nombre _____   Fecha _____

4. _____
_____
_____
_____
_____

ELVIRA

CÁNDIDO

5. _____
_____
_____
_____

ADRIANA

6. _____
_____
_____
_____
_____

Gramática: El presente perfecto

CA11-11 El presente perfecto. Trabajas de niñero(a) para una familia puertorriqueña. Uno de los niños, Andrés, es soplón *(tattletale)*. ¿Qué te dice Andrés? Escribe los verbos en el presente perfecto.

MODELO: Martita no (hacer) *ha hecho* su cama hoy.

1. Paquito (comer) _____ todas las galletas.

2. Margarita (pintar) _____ la cola *(tail)* del perro.

3. Luisito (romper) _____ todos mis creyones.

4. Paquito y Luisito (poner) _____ pimienta en la comida del gato.

5. Margarita y Luisito me (llamar) _____ un nombre feo.

6. Paquito (decir) _____ una palabra mala.

7. Margarita y Paquito (salir) _____ de casa sin permiso.

8. Yo no (hacer) _____ nada malo todo el día.

CA11-12 Más sobre el presente perfecto. Eres supervisor(a) en un campamento de niños. ¿Qué les preguntas a tus empleados?

MODELO: JORGE: comprar el helado para la fiesta
Jorge, ¿has comprado el helado para la fiesta?

1. MARISA: alquilar el vídeo para esta noche

_____

2. JORGE: llamar a los padres de Susana

_____

3. ROSA Y LUIS: limpiar los baños

_____

4. CARMEN Y RAMÓN: resolver el problema con la computadora

_____

5. DR. GONZÁLEZ: ver a los dos niños enfermos

_____

6. SRA. GAETANO: escribir a nuestro abogado

_____

CA11-13 Esta semana. ¿Qué has hecho esta semana? Escribe una o dos oraciones en el presente perfecto para cada tema.

MODELO: el tiempo libre
Esta semana me he divertido mucho. Mis amigos y yo hemos jugado muchos deportes.

1. el empleo

_____

_____

2. los estudios y las clases

_____

_____

3. los quehaceres domésticos

_____

_____

4. las compras

_____

_____

5. el tiempo libre

_____

_____

Gramática: Las expresiones de tiempo con *hace*

CA11-14 Las expresiones con *hace*. Lee la información sobre el conocido músico y actor Rubén Blades. Después, contesta las preguntas con oraciones completas. Incorpora expresiones de tiempo con **hace** en tus respuestas.

Rubén Blades

1948	Nace en Panamá.
1968	Graba *(He records)* su primer disco de música salsa.
1974	Se gradúa de la Universidad de Panamá en Ciencias Políticas y Derecho.
1972–74	Trabaja como abogado para el Banco Nacional de Panamá.
1974	Se muda a Nueva York.
1976	Colabora con el músico Willie Colón en el álbum *Metiendo mano*.
1985	Hace su debut como actor en la película *Crossover Dreams*.
1986	Se casa con Lisa Lebenzon.
1988	Sale su primer disco en inglés: *Nothing But the Truth*.
1994	Es candidato para ser presidente de Panamá.
1995	Vuelve a grabar discos y actuar en películas y televisión.

---

1. ¿Cuánto tiempo hace que Rubén Blades vive en los Estados Unidos?

   _____

2. ¿Cuánto tiempo hace que trabaja como músico?

   _____

3. ¿Cuánto tiempo hace que está casado?

   _____

4. ¿Cuánto tiempo hace que trabaja como actor?

   _____

5. ¿Cuánto tiempo hace que se graduó de la universidad?

   _____

6. ¿Cuánto tiempo hace que se postuló para ser presidente de Panamá?

   _____

7. ¿Cuánto tiempo hace que grabó su primer disco?

   _____

CA11-15 Más expresiones con *hace*. Contesta las preguntas sobre tus experiencias personales con una expresión con **hace**.

MODELO: ¿Cuándo aprendiste a conducir un coche?
Aprendí a conducir un coche hace dos años.

1. ¿Cuándo conociste a tu mejor amigo(a)?

_____

2. ¿Cuánto tiempo hace que conseguiste tu primer empleo?

_____

3. ¿Cuándo aprendiste a montar en bicicleta?

_____

4. ¿Cuánto tiempo hace que limpiaste tu cuarto?

_____

5. ¿Cuándo decidiste venir a esta universidad?

_____

6. ¿Cuánto tiempo hace que te graduaste de la escuela secundaria?

_____

Integración

CA11-16 La gobernadora. Durante la campaña electoral de 2000, se publicó este artículo sobre la nueva gobernadora *(governor)* de Puerto Rico. Lee el artículo y contesta las preguntas con oraciones completas.

SILA MARIA CALDERON

"El estatus de Puerto Rico es demasiado importante para que no voten todos los puertorriqueños [dentro y fuera de la isla]"

Datos biográficos

Nombre: Sila María Calderón
Nació el 23 de septiembre de 1942.
Casada con Adolfo Krans. Es madre de dos mujeres y un varón de un matrimonio anterior. Krans tiene cinco hijos también de una relación anterior.

Cargos gubernamentales
- Ayudante Ejecutiva del Secretario del Trabajo
- Ayudante Especial del gobernador de Puerto Rico, Rafael Hernández Colón
- Coordinadora de Programas de Gobierno del gobernador de Puerto Rico
- Primera Secretaria de la Gobernación
- Secretaria de Estado del Estado Libre Asociado de Puerto Rico, mientras retenía también sus funciones como Secretaria de la Gobernación
- Electa Alcaldesa de San Juan
- Presidenta del Partido Popular Democrático

Sobre el estatus político

➤ **Sila Calderón** propone el Desarrollo Autonómo del Estado Libre Asociado en unión permanente con Estados Unidos. Su propuesta consiste en lo siguiente:

1 Reconocimiento de Puerto Rico como una nación.

2 Garantía de ciudadanía y unión permanente a Estados Unidos sobre las bases de consentimiento mutuo.

3 Delegación de poderes a Estados Unidos en asuntos de defensa, mercado y moneda y programas de justicia social, los demás poderes se reservan para el gobierno de Puerto Rico.

4 Participación en los poderes delegados.

5 Reafirmación de las bases morales y jurídicas sobre la soberanía del Estado Libre Asociado.

Fuente: *Partido Popular Democrático*

1. ¿Cómo se llama la nueva gobernadora?

_____

2. ¿Cuántos años tiene ella?

_____

3. ¿Cómo es su familia?

_____

4. ¿Qué tipo de experiencia laboral tiene?

_____

5. En general, los políticos puertorriqueños debaten tres opciones para la isla: seguir en el estatus de Estado Libre Asociado *(Commonwealth)*, hacerse el estado 51 de los Estados Unidos o independizarse completamente de los Estados Unidos. ¿Cuál de las opciones prefiere la gobernadora?

_____

CA11-17 Un puesto bilingüe. Tienes una entrevista para un puesto bilingüe (español-inglés). En el centro de orientación *(career center)*, recomiendan que te prepares para contestar preguntas básicas en español. Aquí tienes las preguntas. Contesta cada una con dos o tres oraciones completas.

1. ¿Qué campo de trabajo le interesa más?

_____

_____

2. ¿Qué tipo de jefe le gustaría tener?

_____

_____

3. Describa sus talentos especiales.

_____

_____

4. ¿Qué experiencia laboral tiene Ud.?

_____

_____

5. ¿Cuáles de sus estudios le han preparado para este empleo?

_____

_____

6. ¿Cuál es su mayor defecto?

_____

_____

CA11-18 La solicitud. Estás estudiando español en Madrid, donde vives con la familia Moreno. El Sr. Moreno es el gerente del supermercado Ahorra Más y te ofrece un puesto allí. Completa la solicitud para el puesto.

SUPERMERCADOS AHORRA MAS

GRUPO **IFA**

CTRA. DE ARGANDA A VELILLA Km. 5
TLF: 660 81 44 VELILLA DE S. ANTONIO
28891 MADRID

CUESTIONARIO DE SOLICITUD DE EMPLEO
(ENTREGAR EN EL ESTABLECIMIENTO O ENVIAR POR CORREO)

1º. DATOS PERSONALES:

Apellidos .... Nombre ....

Natural de .... Fecha de nacimiento ....

Nacionalidad .... E. Civil .... Nº Hijos ....

D.N.I. .... Nº S.Social .... C.conducir .... Vehículo SI NO

Domicilio .... Localidad ....

Provincia .... C.Postal .... Teléfono ....

Situación Militar/ Prestación Social: Licenciado ☐   Exento ☐   Pendiente ☐

Foto

2º. ORIENTACIÓN DE SOLICITUD:
Puesto de trabajo que solicita ....
Se cree capacitado para otro puesto ....

3º. ESTUDIOS REALIZADOS

Centro	Desde/Hasta	Título

4º. EXPERIENCIA PROFESIONAL: DETALLE DÓNDE HA TRABAJADO ANTERIORMENTE:

Empresa	Desde/Hasta	Puesto de trabajo	Categoria

Motivo del cambio ....
Otro datos de interés ....

5º. SITUACIÓN LABORAL ACTUAL: Primer empleo ☐   Trabajando ☐   Paro ☐   Cobro prestación SI NO

6º. SITUACIÓN FAMILIAR: Nº de componentes de la familia .... Cuantos de ellos trabajan:.........

7º. Establecimiento donde le facilitaron este impreso ....

Aseguro que los datos consignados en este cuestionario son ciertos y quedo informado de que su falsedad podría causar a juicio de la empresa, la anulación del contrato de trabajo en caso de resultar admitido.

Madrid a..................de..................de 20........

FIRMADO

Un paso más

Vistazo gramatical: El pluscuamperfecto

CA11-19 El pluscuamperfecto. El fin de semana pasado, invitaste a varios de tus compañeros de trabajo a salir, pero ¡nadie aceptó tu invitación! ¿Por qué no? Completa las oraciones con una expresión lógica de la lista; escribe el verbo en el pluscuamperfecto.

MODELO: Hernando no quería salir porque... *ya había hecho otros planes.*

almorzar en un restaurante chino
gastar mucho dinero esa semana
hacer muchos ejercicios aeróbios
hacer otros planes

ir a una discoteca la noche anterior
romperse la pierna
ver la película

1. Inés no quería ir al cine porque_____.

2. Ronaldo no quería cenar en El Dragón Rojo porque _____.

3. Claudia y Paco no querían ir al gimnasio para nadar porque_____.

4. Rolanda y Mercedes no querían ir de compras porque ya _____.

5. Rolo no quería bailar en el club Salsa Cabana porque _____.

6. Katrina no pudo ir a patinar porque _____.

Rincón literario

"Cajas de cartón" por Francisco Jiménez

Francisco Jiménez nació en México en 1943 e inmigró a los Estados Unidos con su familia en 1947. Es conocido por los cuentos autobiográficos sobre las experiencias de su niñez. A veces escribe en inglés, a veces en español. También es profesor de español en una universidad en California.

CA11-20 Antes de leer. Muchas veces no podemos recordar bien las experiencas de la niñez; pero casi todos tenemos algunas experiencias que están grabadas *(engraved)* en la memoria para siempre. ¿Cuáles de las siguientes experiencias forman parte de las memorias de tu niñez? Indica tus respuestas con una **X**.

_____ 1. Mi familia y yo tuvimos que mudarnos de casa.

_____ 2. Yo tuve que cambiar de escuela.

_____ 3. Un pariente muy caro *(dear)* se murió.

_____ 4. Mis padres se divorciaron.

_____ 5. Mi perro/gato se murió.

_____ 6. Unos niños se rieron de mí *(laughed at me)*.

_____ 7. Mis padres no cumplieron *(didn't keep)* con una promesa.

_____ 8. Otra experiencia (explica): _____

Cajas de cartón°

Francisco Jiménez

Cuando Papá y Roberto se fueron a trabajar, sentí un gran alivio.° Fui a la cima de una pendiente° cerca de la choza° y contemplé a la «Carcanchita»° en su camino hasta que desapareció en una nube de polvo.

Dos horas más tarde, a eso de las ocho, esperaba el camión de la escuela. Por fin llegó. Subí y me senté en un asiento desocupado. Todos los niños se entretenían hablando o gritando.°

Estaba nerviosísimo cuando el camión se paró delante de la escuela. Miré por la ventana y vi una muchedumbre° de niños. Algunos llevaban libros, otros juguetes. Me bajé del camión, metí las manos en los bolsillos,° y fui a la oficina del director. Cuando entré oí la voz de una mujer diciéndome: «May I help you?» Me sobresalté.° Nadie me había hablado inglés desde hace meses. Por varios segundos me quedé sin poder contestar. Al fin, después de mucho esfuerzo, conseguí decirle en inglés que me quería matricular en el sexto grado. La señora entonces me hizo una serie de preguntas que me parecieron impertinentes. Luego me llevó a la sala de la clase.

El señor Lema, el maestro del sexto grado, me saludó cordialmente, me asignó un pupitre y me presentó a la clase. Estaba tan nervioso y tan asustado en ese momento cuando todos me miraban que deseé estar con Papá y Roberto pizcando algodón.° Después de pasar la lista, el señor Lema le dio a la clase la asignatura de la primera hora. «Lo primero que haremos esta mañana, es terminar de leer el cuento que comenzamos ayer», dijo con entusiasmo. Se acercó a mí, me dio su libro y me pidió que leyera.° «Estamos en la página 125», me dijo. Cuando lo oí, sentí que toda la sangre se me subía a la cabeza, me sentí mareado. «¿Quisieras leer?», me preguntó en un tono indeciso. Abrí el libro a la página 125. Mi boca estaba seca. Mis ojos se comenzaron a aguar.° El señor Lema entonces le pidió a otro niño que leyera.

Durante el resto de la hora me empecé a enojar° más y más conmigo mismo. Debí haber leído, pensaba yo.

Durante el recreo° me llevé el libro al baño y lo abrí a la pagina 125. Empecé a leer en voz baja, pretendiendo que estaba en clase. Había muchas palabras que no sabía. Cerré el libro y volví a la sala de clase.

El señor Lema estaba sentado en su escritorio. Cuando entré me miró sonriéndose.° Me sentí mucho mejor. Me acerqué a él y le pregunté si me podía ayudar con las palabras desconocidas.° «Con mucho gusto», me contestó.

El resto del mes pasé mis horas del almuerzo estudiando ese inglés con la ayuda del buen señor Lema.

Un viernes durante la hora del almuerzo, el señor Lema me invitó a que lo acompañara a la sala de música. «¿Te gusta la música?», me preguntó. «Sí, muchísimo», le contesté entusiasmado, «me gustan los corridos mexicanos».° El sonido me hizo estremecer. Me encantaba ese sonido. «¿Te gustaría aprender a tocar este instrumento?», me preguntó. Debió haber comprendido la expresión en mi cara porque antes que yo respondiera, añadió: «Te voy a enseñar a tocar esta trompeta durante las horas del amuerzo».

Ese día casi no podía esperar el momento de llegar a casa y contarles las nuevas° a mi familia. Al bajar del camión me encontré con mis hermanitos que gritaban y brincaban° de alegría. Pensé que era porque yo había llegado, pero al abrir la puerta de la chocita, vi que todo estaba empacado en cajas de cartón…

Margin glosses:

cardboard boxes

relief
the top of a small hill /
  hut, shack / old beat-
  up car, jalopy

shouting

a crowd
pockets

I jumped, was startled

picking cotton

he asked me to read

to well up with tears
to get angry

recess

smiling
unfamiliar

Mexican ballads

the news
were jumping

CA11-21 Comprensión. En el cuento **"Cajas de cartón"**, Jiménez describe las experiencias de un chico que trabaja en los campos de California. En la primera parte del cuento, aprendemos que el trabajo es muy arduo, y que el chico y su familia tienen que mudarse con frecuencia. El protagonista añora *(longs for)* la estabilidad. La segunda mitad *(second half)* del cuento está en la página 232.

Primera parte: Lee el cuento **"Cajas de cartón"**. Mira los dibujos y ponlos en el orden correcto. Escribe los números de 1 a 7.

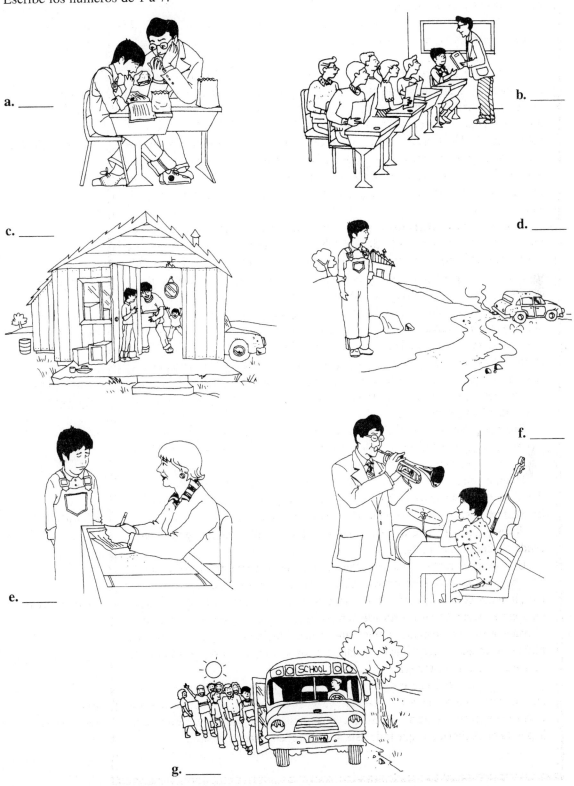

a. _____

b. _____

c. _____

d. _____

e. _____

f. _____

g. _____

Segunda parte: Los dibujos representan los eventos importantes del cuento. Vuelve a leer la parte que corresponde a cada dibujo. Después, describe cómo se siente el chico y explica por qué.

MODELO: En el primer dibujo (dibujo d.), *el chico siente un gran alivio, porque no tiene que ir a trabajar con su papá y su hermano.*

1. En el segundo dibujo el chico está _____ porque _____

   _____.

2. En la tercera escena _____

   _____

3. En el cuarto dibujo _____

   _____

4. En la quinta escena _____

   _____

¡Vamos a escribir!

Estrategia: Preparing a résumé

The résumé, or **currículum vitae,** provides potential employees with a capsule summary of a candidate's personal information, studies and degrees, and job experience. In many Spanish-speaking countries, résumés often include information that may not be typically found on résumés in the United States, such as one's marital status.

CA11-22 El currículum de Beatriz Kellogg. Beatriz was born in Colombia and came to live in the United States after she married. Read her résumé on the opposite page and describe below three ways in which it is different from a "typical" American résumé.

1. _____

2. _____

3. _____

CA11-23 Mi currículum. Following the model you have just read, write your own résumé in Spanish. Include your high-school diploma (**bachillerato**) as well as any part-time and full-time jobs you've had. Use a separate sheet of paper or create your composition on the computer using ATAJO.

ATAJO

Atajo Software (CA11-23)

Vocabulary: _____

Professions, Studies, University, Working conditions

Currículum Vitae

Datos personales

Apellidos:	Rincón Sánchez de Kellogg
Nombre:	Beatriz
Lugar de nacimiento:	Tunja, (Boyacá) Colombia
Fecha de nacimiento:	28 de febrero de 1956
Estado civil:	Casada
Domicilio particular:	1312 Main Street
	Columbia, SC 29201

Estudios realizados

Master's en Educación — Universidad de Carolina del Sur. Columbia, Carolina del Sur, Estados Unidos. enero 1993–diciembre 1995.

Curso de Especialización en Comercio Internacional — JICA (Japan International Cooperation Agency). Tokio, Japón. agosto 1982–diciembre 1982.

Economía — Universidad Externado de Colombia. Bogotá, Colombia. enero 1976–junio 1981.

Experiencia profesional

Universidad de Carolina del Sur — Instructora de Español. Departamento de Español, Italiano y Portugués. Columbia, Carolina del Sur. Actualmente.

Richland School District One — Profesora de Español. Columbia, Carolina del Sur. agosto 1997–junio 1999

Columbia Industrial Inc. — Asesora de Comercio Internacional. Columbia, Carolina del Sur. enero, 1996–agosto 1997

Banco Cafetero — Asistente Ejecutiva Vicepresidencia Internacional. Bogotá, Colombia. enero 1985–julio 1988

Otros conocimientos

Computación: Dominio de los programas Lotus 123, Windows, Word y manejo de correo electrónico.
Idiomas: Dominio de inglés hablado, leído y escrito.

Referencias

Carolyn Hansen, Universidad de Carolina del Sur. Teléfono (803) 555-4884

Firma *Beatriz Rincón Sánchez de Kellogg* Fecha *12 de julio de 2002*

¡Vamos a mirar!

 Vídeo 1: Una entrevista importante

CA11-24 Anticipación. En este vídeo vamos a conocer a Marisol Acevedo, una estudiante de Puerto Rico que busca trabajo para el verano. En la **Primera parte** de este vídeo, Marisol tiene una entrevista. Por lo general, ¿de qué temas se hablan en una entrevista para un trabajo temporal? Mira la lista e indica tus respuestas con una **X.**

_____ responsabilidades y requisitos del trabajo

_____ experiencia

_____ educación/formación

_____ sueldo/salario

_____ seguro *(insurance)* médico

_____ horario de trabajo

_____ vacaciones y días libres

_____ cómo uno debe vestirse para el trabajo

_____ cuándo empieza el trabajo

_____ otro (explica qué) _____

CA11-25 Comprensión. Mira la entrevista de Marisol y completa las actividades.

Primera parte: Contesta las preguntas con oraciones completas.

1. ¿Dónde quiere trabajar Marisol?

   _____

2. ¿Qué experiencia tiene en este tipo de trabajo?

   _____

3. ¿Por cuántas horas a la semana es el trabajo? ¿Qué días hay que trabajar?

   _____

4. ¿Cuándo empieza el trabajo?

   _____

5. ¿Está Marisol libre para empezar el trabajo? Explica por qué sí o por qué no.

   _____

6. ¿Cuánto pagan?

   _____

7. ¿Cuándo le van a informar a Marisol de su decisión?

   _____

Segunda parte: En la segunda parte del vídeo, Marisol le cuenta a su amiga Isabel todo sobre el trabajo y su entrevista. Lee los siguientes comentarios. De las personas en la lista, ¿quién dijo cada uno?

a. Isabel, la amiga que camina con Marisol
b. Marisol
c. La gerente del restaurante

_____ 1. Yo creo que tengo el trabajo para el verano.

_____ 2. Estoy buscando trabajo para el verano. ¿Conoces algún restaurante donde se necesiten camareras?

_____ 3. ¿Tiene Ud. experiencia?

_____ 4. Trabajé dos veranos como camarera.

_____ 5. Cuéntame… ¿cómo te fue?

_____ 6. El miércoles llamé por teléfono y conseguí mi entrevista.

_____ 7. Los otros camareros la pueden ayudar a Ud. en el trabajo que no sepa.

Vídeo 2: Los hispanos en los Estados Unidos

CA11-26 Preparación. Antes de mirar el vídeo sobre la presencia hispana en los EE.UU., completa estas oraciones con la palabra más lógica de la lista.

a mediados del *in the middle of the*
esperanza *hope (n.)*
huyendo *fleeing, escaping*
mejorar *to improve*
mitad *half*
población *population*

1. Gran parte de la _____ de los EE.UU. es de origen hispano.

2. En San Antonio, más de 50% —la _____ — de los habitantes son mexicano-americanos.

3. Muchos de los refugiados cubanos vinieron a los EE.UU. _____

   _____ siglo XX, en las décadas cincuenta y sesenta.

4. Los cubanos llegaron al país _____ de la dictadura de Fidel Castro.

5. Muchos hispanos vienen a los EE.UU. para _____ su situación económica y política.

6. Los nuevos inmigrantes tienen la _____ de vivir en paz y libertad.

CA11-27 Comprensión: Observar y reconocer. Mira el segmento sobre los hispanos en los EE.UU. Identifica con una **X** el origen de la mayoría de los hispanos en las siguientes ciudades.

	México	Puerto Rico	Cuba	Centroamérica
San Antonio, Texas				
Los Ángeles, California				
Miami, Florida				
Nueva York, Nueva York				

CA11-28 Comprensión: ¿Qué recuerdas de los hispanos en los Estados Unidos?
Vuelve a mirar el vídeo sobre la presencia hispana y contesta las preguntas.

1. ¿Aproximadamente cuántos hispanohablantes viven en los Estados Unidos?

   _____

2. ¿Cuáles son tres ejemplos de la influencia mexicana en la ciudad de San Antonio?

   _____

3. ¿Qué estados del suroeste estadounidense fueron parte de México?

   _____

4. ¿Cómo se llama el barrio de Miami donde viven muchos cubano-americanos?

   _____

5. ¿Por qué emigraron muchos puertorriqueños a Nueva York?

   _____

Capítulo 12

¡Vamos a España!

Paso I

Repaso de vocabulario y gramática: Para informar e informarse

CA12-1 Infórmate antes de inscribirte en una escuela. Lee la página del folleto del Colegio Hispano Miguel de Unamuno y contesta las preguntas con información sobre las opciones que te ofrece el colegio.

1. ¿Cuántos cursos de español ofrecen?

_____

2. ¿Se puede tomar un curso de verano por dos semanas?

_____

3. ¿Cuánto cuesta un curso individual por hora?

_____

4. ¿En qué monedas *(currencies)* puedes pagar la matrícula *(tuition)*?

_____

5. En el curso de español general, ¿cuántas clases se dan a la semana?

_____

6. ¿Cuál es el curso que tiene más clases semanales? ¿Por qué?

_____

7. ¿Cuál es el curso especializado en áreas específicas como las leyes o el comercio?

_____

8. ¿Dónde puedes alojarte *(take lodging)*?

_____

9. ¿Qué opciones de habitación tienes si te alojas con una familia española? ¿Cuál prefieres?

_____

10. ¿Dónde es más caro *(expensive)* el alojamiento, en Salamanca o Santander?

_____

Lista de Precios para el año 2001

HOJA DE INSCRIPCIÓN 8.000 PTS/Persona - 48 Euros/Persona

CURSOS	FECHAS DE INICIO	CLASES 1 clase=55 min	2 SEMANAS	4 SEMANAS	12 SEMANAS	1 SEMANA EXTRA
01. ESPAÑOL GENERAL	Cualquier Lunes del año, excepto para principiantes absolutos que podrán empezar únicamente el primer Lunes de cada mes	20 clases semanales	40.000 Pts. 240 Euros	60.000 Pts. 360 Euros	162.300 Pts. 975 Euros	24.000 Pts. 144 Euros
02. CURSO INTENSIVO	Cualquier Lunes del año	25 clases semanales	47.500 Pts. 285 Euros	71.000 Pts.427 Euros	195.000 Pts.1.172 Euros	27.500 Pts. 165 Euros
03. CURSO INTENSIVO PERSONALIZADO	Cualquier Lunes del año	25 clases semanales	58.000 Pts. 348 Euros	95.000 Pts. 571 Euros	---------	34.000 Pts. 204 Euros
04. CURSO SUPERINTENSIVO PERSONALIZADO	Cualquier Lunes del año	30 clases semanales	75.000 Pts.451 Euros	130.000 Pts.781 Euros	---------	44.000 Pts.264 Euros
05. CURSO DE VERANO	El 5 de Julio y el 2 de Agosto	20 clases semanales	---------	49.000 Pts.294 Euros	---------	22.000 Pts.132 Euros
06. CURSO DE ESPAÑOL TÉCNICO. AREA: LEGAL, COMERCIAL, TURISMO.	Cualquier Lunes del año	20 clases semanales	42.500 Pts.255 Euros	68.000 Pts.409 Euros	---------	25.000 Pts.150 Euros
07. CURSO PARA PROFESORES DE ESPAÑOL COMO LENGUA EXTRANJERA	El 29 de Marzo, el 5 de Julio y el 2 de Agosto	20 clases semanales	102.500 Pts. /2 semanas - 616 Euros/2 semanas INCLUDES: - 40 Horas de clase - Seguro Médico - 14 días alojamiento en familia - Material Didáctico - 1 excursión semanal - Dossier del C.U.			
08. PREPARACION PARA EL D.E.L.E.	El 5 de Abril y el 4 de Octubre	20 clases semanales	47.500 Pts.285 Euros	71.000 Pts.427 Euros	---------	27.500 Pts.165 Euros
09. CURSOS ESPECÍFICOS (A ELEGIR): ARTE, HISTORIA, LITERATURA, CONVERSACION.	Cualquier Lunes del año	5 clases semanales	10.000 Pts/semana - 60 Euros/semana * Los alumnos inscritos en el C.U. en otros cursos no tendrán que pagar la inscripción de nuevo.			
10. CURSOS PARA GRUPOS DE AL MENOS 15 PERSONAS	Según acuerdo	---------------	Consultar con la Administration para Precios y Condiciones.			
11. CURSOS INDIVIDUALES	Según acuerdo	Diario	4.000 Pts./hora24 Euros/hora			

ALOJAMIENTO EN SALAMANCA		ALOJAMIENTO EN SANTANDER	
FAMILIA	RESIDENCIA	FAMILIA	RESIDENCIA
HAB. INDIVIDUAL 2.900 Pts.	HAB. INDIVIDUAL 4.900 Pts.	HAB. INDIVIDUAL 3.400 Pts.	HAB. INDIVIDUAL 5.400 Pts.
HAB. DOBLE 2.500 Pts.	HAB. DOBLE 4.400 Pts.	HAB. DOBLE 3.000 Pts.	HAB. DOBLE 4.900 Pts.

Nombre _____ Fecha _____

CA12-2 Haciendo preguntas. Primera parte: Es importante poder hacer preguntas sobre información específica que necesites saber. Llamas al Colegio Hispano Miguel de Unamuno y la recepcionista contesta tus preguntas. Completa tu parte del diálogo. Conjuga correctamente el verbo en el presente del indicativo y usa las palabras interrogativas de la lista. **¡Ojo!** Recuerda que algunos tipos de preguntas no requieren una palabra interrogativa.

cuándo	**dónde**	**adónde**	**de dónde**	**cómo**	**qué**
cuánto	**cuántos(as)**	**quién(es)**	**cuál**	**por qué**	

RECEPCIONISTA: Colegio Hispano Miguel de Unamuno, buenas tardes. ¿En qué puedo servirle?

TÚ: Pues necesito alguna información sobre su colegio. Primero,

(1) ¿_____ (costar) _____ la inscripción?

RECEPCIONISTA: La inscripción cuesta 8.000 pesetas.

TÚ: (2) ¿_____ semanas (durar) _____ los cursos?

RECEPCIONISTA: La duración varía. Puede tomarlos por dos, cuatro, doce semanas o más.

TÚ: Yo no hablo mucho español. (Haber) (3) ¿_____ cursos para principiantes *(beginners)*?

RECEPCIONISTA: Sí, hay cursos a todos los niveles *(levels)*.

TÚ: (empezar) (4) ¿_____ _____ los cursos?

RECEPCIONISTA: Empieza un curso cada lunes del año.

TÚ: (incluir) (5) ¿_____ _____ el precio de cada curso?

RECEPCIONISTA: El precio incluye visita de ciudad, fiestas de bienvenida y despedida, recogida en la estación de tren o bus y transportación al colegio.

TÚ: ¿No (estar) (6) _____ incluido el alojamiento *(lodging)* en el precio?

RECEPCIONISTA: ¡No! Claro que no. El alojamiento es aparte.

TÚ: Yo quiero tomar un curso en España durante el invierno y alojarme en una residencia. Pero el folleto dice que la residencia estudiantil solamente está disponible *(available)* en el verano. (7) ¿_____ ___ no se (permitir) _____ el uso de las residencias en el invierno?

RECEPCIONISTA: Pues, porque durante el año escolar las residencias están ocupadas por nuestros estudiantes regulares. No hay cabida *(room, space)* para los estudiantes extranjeros.

TÚ: (ser) (8) ¿_____ _____ la mayoría de sus estudiantes?

RECEPCIONISTA: La mayoría de los que estudian carreras regulares son españoles. Los que vienen a estudiar solamente la lengua son de países vecinos, de la Comunidad Europea.

TÚ: (poder) (9) ¿_____ _____ matricularme?

RECEPCIONISTA: Para matricularse, llene el formulario. Puede mandarlo por correo o por fax.

TÚ: (ser) (10) ¿_____ _____ a dirección del colegio?

RECEPCIONISTA: Es Rua Antigua, 5 1°, 37002 Salamanca.

TÚ: Muchas gracias, señora, muy amable.

RECEPCIONISTA: De nada, joven. Ha sido un placer ayudarle.

Segunda parte: Ahora llena *(fill out)* la hoja de inscripción del Colegio Unamuno con la información necesaria.

Hoja de Inscripcción
Colegio Unamuno
Avda. Reyes de España, 25-27
Tel: 923-21-21-55
Fax: 923-27-14-18
(Para leer las instrucciones pulsa aquí.)

DATOS PERSONALES

Nombre: [   ] **Apellidos:** [   ]

Sexo: [▼] **Nacionalidad:** [   ]

Dirección: [   ]

E-mail:(déjalo como está si no tienes) [no@tengo   ]

DATOS PARA EL COLEGIO

Nivel de español: [▼]

¿Cómo conociste el Colegio Unamuno?
[   ]

Escuela/universidad donde estudias/nombre de tu profesor:
[   ]

CURSO ESCOGIDO

Deseo matricularme en el curso/s número/s: [   ]

Duración: [   ] días

Fecha Inicio: [   ] Fecha Final: [   ]

HOSPEDAJE [▼]

FAMILIAS [▼]

Prefiero una familia:
Fumadora: [▼] Con niños: [▼]

Animales Domésticos: [▼] Dieta Vegetariana: [▼]

¿Tienes algún problema de salud o alergias?
[   ]

Escribe aquí, si así lo deseas, algún mensaje o información adicional para la administración del colegio:
[   ]

PAGOS

Consulte la Lista de Precios para calcular el total de su estancia.

CURSOS ESCOGIDOS [   ]

Duración [   ] días => Total: [   ] Ptas.

HOSPEDAJE [   ]

Duración [   ] días => Total: [   ] Ptas.

IMPORTE DE LA RESERVA (ENVIAR GIRO POSTAL): 15.000 Ptas.
(Se descontará del importe total del curso)
Total que se abonará tras la llegada: [   ] Ptas.

Repaso de vocabulario y gramática:
Para comparar y opinar

CA12-3 Tus padres no comprenden tu decisión. Tus padres prefieren que continúes estudiando español en tu universidad en los EE.UU. Compara tu institución con el Colegio Hispano Miguel de Unamuno y prepara un cuadro para que tus padres visualicen más claramente por qué prefieres ir a estudiar español a España. Usa las preguntas como guía y compara las escuelas usando las expresiones de la lista.

más/menos + *adjective/adverb/noun* + **que**
tan + *adjective/adverb* + **como**
tanto/tanta/tantos/tantas + *noun* + **como**
definite article + **más/menos** + *adjective*
definite article + **mejor/peor**

1. ¿Qué escuela tiene más cursos y niveles de español?
2. ¿Cuál de las dos tiene más profesores hispanohablantes (nativos)?
3. ¿Son los profesores de una tan cualificados como los de la otra?
4. ¿Cuál queda más cerca de la casa de tu familia?
5. ¿Cuál ofrece mejores actividades culturales?
6. ¿Cuál cuesta menos?
7. ¿Es una de ellas más prestigiosa que la otra?
8. ¿Cuál de las dos escuelas es la mejor para aprender español?

Argumentos a favor de la escuela en España	Argumentos a favor de quedarte en los EE.UU.
1.	
2.	
3.	
4.	
5.	
6.	
7.	
8.	

Nombre _____   Fecha _____

CA12-4 Explícales los detalles a tus padres. Ahora tienes que discutir con tus padres tus intereses específicos en cuanto a cursos, alojamiento, etcétera. Combina apropiadamente los elementos para responder con oraciones que expresen tu opinión. Usa los verbos tipo **gustar** y justifica tus respuestas para ser convincente.

MODELO: (Lees:) MAMÁ: ¿Estás seguro que prefieres estudiar en España?
                   Tú: interesar, aprender, programa, inmersión
          (Escribes:) *Me interesa estudiar en España porque se aprende más en un programa de inmersión.*

1. PAPÁ: ¿Por qué te gusta este colegio?
   Tú : encantar, profesores, cualificado

   _____

2. MAMÁ: ¿Qué curso te interesa más y por qué?
   Tú: parecer interesante, actividades, cultural

   _____

3. PAPÁ: ¿Qué te parece el horario? ¿Por qué?
   Tú: gustar, horario, ser, flexible

   _____

4. MAMÁ: ¿Vas a alojarte en una residencia estudiantil?
   Tú: no, parecer caro

   _____

5. MAMÁ: Entonces, ¿dónde piensas quedarte?
   Tú: una familia, interesar, conocer, cultura, español

   _____

6. PAPÁ: ¿Qué tipos de actividades quieres hacer?
   Tú: fascinar, actividades, recreativa

   _____

Repaso de vocabulario y gramática: Para hacer planes

CA12-5 ¡Qué confusión! Ya convenciste a tus padres y ahora tienes que preparar tu viaje a España. Escribiste una lista de cosas que tienes que hacer pero estás tan abrumado(a) *(overwhelmed)* que no puedes organizarte y no sabes ni por dónde empezar. ¡Tu mejor amigo viene al rescate *(to the rescue)*!

Primera parte: Escoge frases de la lista para escribir los preparativos que tienes que hacer para tu viaje.

de mi viaje a España
cheques de viajero
el formulario de inscripción

un examen de nivel antes de matricularme
para hacer la reservación del vuelo y comprar el pasaje
las maletas

1. Debo hacer

2. Necesito conseguir

3. Voy a llamar a mi agente de viajes

4. Tengo que llenar y mandar

5. Pienso decirle a mi novio(a)

6. Quiero tomar

Segunda parte: Tu amigo te da consejos sobre el orden en que debes hacer todas tus preparaciones para el viaje. **¡Ojo!** Recuerda usar el presente del subjuntivo para los consejos.

MODELO: Antes de inscribirte en una escuela, es recomendable que *obtengas* toda la información necesaria.

1. Primero, es necesario que (tomar) _____ un Examen de Nivel antes de matricularte.

2. En segundo lugar, te sugiero que (llenar) _____ y

   (mandar) _____ el formulario de inscripción.

3. Después, es importante que le (decir) _____ a tu novio(a) de tus planes de viajar a España.

4. Más tarde, es recomendable que (llamar) _____ a tu agente de viajes para hacer la reservación del vuelo y comprar el pasaje.

5. En algún momento te recomiendo que (hacer) _____ las maletas.

6. Antes de salir para España, te aconsejo que (comprar) _____ cheques de viajero.

Paso 2

Repaso de vocabulario y gramática: Para conocerse y socializar

CA12-6 En tu nuevo ambiente. En cuanto *(As soon as)* llegas a España empiezas a familiarizarte con tu nueva vida y haces nuevos amigos. Responde a cada una de las situaciones apropiadamente.

1. Te encuentras en la cafetería con Maribel, una compañera de clase. Te acercas *(You approach)* y la saludas.

   Tú dices… _____

2. No sabes dónde está la biblioteca y decides preguntarle a un profesor que camina por el pasillo *(hallway)*.

   Tú dices… _____

3. En la biblioteca quieres encontrar el *Quijote* de Cervantes. Le preguntas a la bibliotecaria *(librarian)*.

Tú dices… _____

4. La señora de tu familia anfitriona *(host family)* te presenta a sus hijos. Tú te presentas y los saludas.

Tú dices… _____

5. Los chicos de la familia anfitriona te invitan a ir a una fiesta. Aceptas con gusto.

Tú dices… _____

6. Un chico un poco loco que no te cae muy bien *(you don't like very much)* te invita a salir. No quieres ofenderlo. No aceptas su invitación, pero eres amable.

Tú dices… _____

Repaso de vocabulario y gramática: Para hacer diligencias en la comunidad

CA12-7 No todo es diversión. Tu nueva vida requiere que te encargues *(take care of)* de ciertas necesidades básicas. Combina las oraciones de las columnas A y B para crear mini-diálogos que tienen lugar en los lugares mencionados.

Tú

Necesito comprar estampillas de correo aéreo.
Oiga, ¿podría decirme dónde queda el mercado?
Señorita, la cuenta, por favor.
Bien, me llevo dos kilos de esas manzanas.
No, vengo a abrir una cuenta corriente.

Otras personas

Buenos días. ¿En qué puedo servirle?
¿Tiene una cuenta con nosotros?
Doble a la derecha en la próxima esquina.
¿Va a pagar en efectivo o con tarjeta de crédito?
¡Éstas están frescas y muy baratas!

1. En un restaurante

TÚ: _____

CAMARERO: _____

2. En el banco

EL CAJERO: _____

TÚ: _____

3. En la oficina de correos

EL EMPLEADO: _____

TÚ: _____

4. En el mercado

EL VENDEDOR: _____

TÚ: _____

5. En la calle

TÚ: _____

UNA SEÑORA: _____

CA12-8 Pide lo que necesitas. Mira los dibujos de las diligencias que estás haciendo hoy. Escribe con un mandato formal lo que pides en cada lugar. Usa los verbos en paréntesis.

MODELO: Le dices al cajero en el banco: (ayudar) *Ayúdeme* a abrir una cuenta de ahorros, por favor.

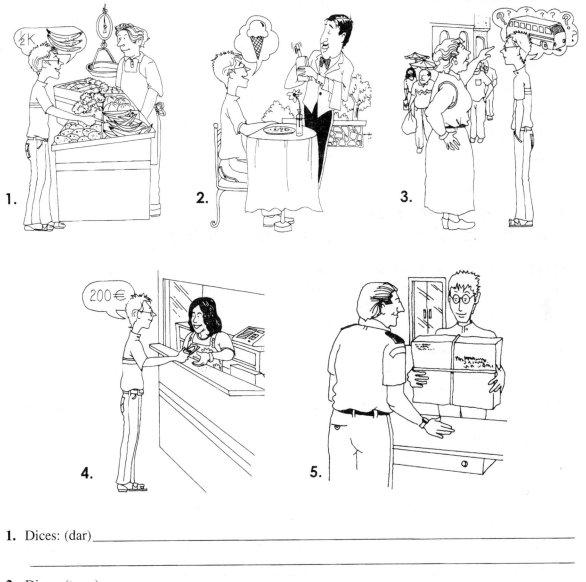

1. Dices: (dar)_____

_____

2. Dices: (traer) _____

_____

3. Dices: (decir) _____

_____

4. Dices: (cambiar) _____

_____

5. Dices: (pesar *[to weigh]*) _____

_____

Repaso de vocabulario y gramática: Para hacer otras actividades

CA12-9 Describiendo objetos, lugares y personas. Estás haciendo diligencias en diferentes lugares y necesitas describir varios artículos, etcétera. Completa tu parte del mini-diálogo con la forma correcta del verbo en paréntesis. **¡Ojo!** Usa el indicativo para describir algo específico que ya conoces y el subjuntivo para describir algo que buscas, necesitas o prefieres pero que no has visto todavía.

1. **En una agencia de viajes**

   AGENTE: ¿Por qué no va a Ibiza para sus vacaciones?

   TÚ: Prefiero ir a un lugar que (ser) _____ tranquilo y donde no

   (haber) _____ mucha gente. Ah, y que no

   (costar) _____ mucho, por favor. Soy estudiante. ¿Qué me recomienda?

2. **En un almacén**

   VENDEDORA: Mire, ¿le gusta esta mini falda o ésa más larga y elegante?

   TÚ: Déjeme ver ésta. ¡Sí! Es perfecta. Me llevo esta mini rosada que

   (combinar) _____ perfectamente con mis sandalias nuevas.

3. **En el mercado**

   VENDEDOR: ¿Quiere comprar unas zanahorias? Tienen muchas vitaminas.

   TÚ: Sí, pero las zanahorias son el vegetal que (tener) _____ más azúcar.

   No puedo comerlas en mi dieta. Estoy en una dieta que (prohibir) _____ el azúcar y los carbohidratos.

4. **En la oficina del doctor**

   DR. ECHAZÁBAL: Ud. tiene demasiado estrés en su vida y está al borde de un ataque de nervios. Necesita trabajar menos.

   TÚ: Lo que yo necesito es un jefe que no (gritar) _____ todo el tiempo y

   que no me (llamar) _____ a casa con problemas durante el fin de semana.

5. **En la farmacia**

   FARMACÉUTICO: Le recomiendo este jarabe para la tos.

   TÚ: Ah sí, lo conozco. Es la misma marca *(brand)* de jarabe que

   (comprar) _____ en los EE.UU. Es el jarabe que mi doctor siempre me

   (recomendar) _____. ¡Es muy efectivo! Gracias.

CA12-10 Familiarízate con el nuevo horario. Lee la información práctica sobre "Horarios en España" del *Manual del estudiante* de la Escuela Internacional.

Primera parte: Cambia el horario al sistema de los EE.UU.

MODELO: Las tiendas abren por la "mañana": *de 10:00 A.M. a 2:00 P.M.* (14 − 12 = 2)

1. Las tiendas se cierran para el almuerzo: _____

2. Las tiendas se abren en la tarde: _____

3. Los bancos se abren todos los días por la "mañana": _____

4. Los bancos también se abren los jueves por la tarde (excepto en verano):

_____

5. Las oficinas de correos se abren sin interrupción: _____

6. Los españoles almuerzan: _____

7. Los restaurantes se abren para la cena: _____

Horarios en España

Para ir de compras

Los horarios de apertura de las tiendas en España pueden ser diferentes a los de su país. Tiene que saber que la mayoría de las tiendas abren desde las 10:00 hasta las 14:00 y desde las 17:00 hasta las 20:00. Como verá, en España se respeta mucho la hora de la comida, no será raro que se encuentre con calles vacías a las 15:00 de la tarde.

Los bancos y las administraciones públicas

Los bancos tienen horarios especiales. Sólo están abiertos de lunes a viernes por la mañana de 08:00 a 14:00 y el jueves también abren por la tarde de 17:00 a 20:00 (excepto en verano que están cerrados por la tarde también). En las ciudades hay muchos cajeros automáticos, disponibles las 24 horas.

Las administraciones públicas están abiertas de lunes a viernes desde las 08:00 hasta las 13:00 o las 14:00 dependiendo de la administración.

La oficina de correos tiene horarios más flexibles. Está abierta de lunes a viernes todo el día, sin interrupción, desde las 08:00 hasta las 19:00.

Las comidas

Los españoles dan mucha importancia a las comidas y se toman su tiempo para disfrutarlas. Va a notar una diferencia en los horarios de las comidas. Por ejemplo, se suele desayunar entre las 07:00 y las 08:00 y la hora del almuerzo es de 14:00 a 15:00. En la escuela hay una pausa de 10:50 a 11:10 para tomar café o unas tapas.

Normalmente cenará entre las 21:00 y las 22:00 de la noche. Si vive en piso, hable con sus compañeros para saber a qué hora están acostumbrados a cenar y pónganse de acuerdo si deciden preparar la cena juntos.

Si decide salir a cenar en un restaurante, no se sorprende si le dicen que abre a las 21:00, y si no hay nadie antes de las 22:00 horas.

Segunda parte: Escoge el país apropiado en cada situación y completa las oraciones con la forma correcta del verbo en paréntesis. **¡Ojo!** Recuerda que el indicativo se usa con expresiones de certidumbre y el subjuntivo se usa con expresiones de duda y negación.

EXPRESIONES DE CERTIDUMBRE:	EXPRESIONES DE DUDA Y NEGACIÓN
Es seguro/verdad/cierto	**No es seguro/No es verdad/No es cierto**
Es evidente/obvio	**Es (im)posible/probable/No es probable**
Creo/Pienso/Estoy seguro(a)	**No creo/No pienso/No estoy seguro(a)**
No dudo	**Dudo/Es dudoso**

MODELO: Es verdad que en (España, EE.UU.) las tiendas se *cierran* (cerrar) durante la hora del almuerzo.

1. Es dudoso que yo (poder) _____ ir de compras en (España, EE.UU.) durante mi hora de almuerzo.

2. Es obvio que en (España, EE.UU.) (ser) _____ más fácil hacer diligencias durante el almuerzo.

3. No creo que yo (acostumbrarse) _____ a almorzar a las tres o cuatro de la tarde en (España, EE.UU.)

4. Es cierto que los bancos en (España, EE.UU.) se (abrir) _____ hasta más tarde.

5. Dudo que en (España, EE.UU.) la gente (ir) _____ a cenar a un restaurante a las 6:00 P.M.

6. No es cierto que en (España, EE.UU.) los restaurantes (empezar) _____ a servir la cena a las 9:00 de la noche.

7. ¡Es imposible que en (España, EE.UU.) los bancos se (cerrar) _____ por la tarde en el verano!

Paso 3

Repaso de vocabulario y gramática: Para hablar sobre la vida diaria

CA12-11 Tus nuevas costumbres. Les escribes una carta a tus padres hablándoles sobre tu vida y tu rutina, las cuales han cambiado bastante en España. Completa la carta con el presente del indicativo de los verbos. **¡Ojo!** Algunos de los verbos son reflexivos y debes conjugarlos con un pronombre reflexivo (**me, te, se, nos, se**) delante.

Queridos papi y mami:

¡Es increíble cómo mi vida ha cambiado! Aquí yo (levantarse) **(1)** _____ más tarde en la mañana y (acostarse) **(2)** _____ más tarde también. También, en España la gente (comer) **(3)** _____ mucho más tarde que en los EE.UU. Eso ha sido la adaptación más difícil para mí. Y parece que el agua es bastante cara, porque mi familia solamente me (permitir) **(4)** _____ una ducha diaria. ¡Y a mí que me gusta (ducharse) **(5)** _____ dos o tres veces al día! Todavía no (sentirse) **(6)** _____ cómodo con este cambio.

Los españoles (vestirse) **(7)** _____ muy elegantemente y a la moda. Yo ya nunca (ponerse) **(8)** _____ pantalones cortos para ir a clases. Ahora prefiero (vestirse) **(9)** _____ más apropiadamente, al estilo español. Así yo no (destacarse) **(10)** _____ (to stand out) como un turista. Es mejor (adaptarse) **(11)** _____ a la cultura local.

En fin, con todo y los cambios, (yo: divertirse) **(12)** _____ muchísimo y estoy conociendo una cultura diferente e interesante.

Un abrazo,

CA12-12 La vida con una familia española. Lee la información del *Manual del estudiante* sobre el alojamiento con una familia española y completa las actividades.

El alojamiento

Vivir con una familia española

Vivir con una familia española es el mejor medio para aprender el idioma rápidamente y además es una buena ocasión para conocer la forma de vida de los españoles.

¿Cómo es la familia?

La familia puede ser un matrimonio con o sin hijos, o una señora con o sin hijos. En la casa hay un ambiente familiar, y algunas familias tienen otros estudiantes, españoles o extranjeros, pero sólo se habla español en la casa. Puede hacer amistad fácilmente con los demás estudiantes.

Las comidas. Si va a vivir con una familia y ha elegido régimen de media pensión, tiene incluidas dos comidas: el desayuno y puede elegir la comida o la cena. Si ha elegido el régimen de pensión completa, tiene incluidas tres comidas: el desayuno, la comida y la cena. Si tiene alguna dieta especial, puede decírselo a la señora de la familia el primer día. También puede decirle si quiere que le ponga más o menos cantidad de comida (ver horarios de las comidas en Esapaña en las páginas siguientes).

Sábanas y lavado de ropa. La familia pone las sábanas para usted, sólo debe traer los objetos de uso personal. En el precio del alojamiento está incluido el lavado de ropa de cantidades normales. La señora se encargará de lavar su ropa. Por favor, pregunte el primer día dónde puede dejar la ropa sucia.

Teléfono. El teléfono es muy caro en España comparado a otros países. Los estudiantes pueden recibir llamadas en casa de la familia pero no pueden hacer llamadas. Recomendamos que busque algunas empresas en su país que tengan una tarjeta de cobro revertido o algún sistema parecido para que pueda hablar con una operadora del teléfono de su país y ahorrar dinero.

Duchas. Una ducha diaria.

Excursiones o viajes. Si vas a una excursión de día completo, la señora le preparará unos bocadillos para llevar, sólo tiene que decírselo con un día de antelación. Aunque vaya de viaje durante su estancia en la familia, no se devuelve el dinero de las comidas. La reserva está hecha para las semanas que ha solicitado.

Primera parte: Completa las oraciones con el verbo **ser** o **estar.**

_____ 1. Vivir con una familia (es, está) el mejor medio para aprender la lengua y la cultura españolas rápidamente.

_____ 2. Todas las familias (son, están) grandes, con varios hijos.

_____ 3. El ambiente de la casa (es, está) informal y familiar.

_____ 4. Todas las personas que viven en la casa (son, están) españolas.

_____ 5. En el precio del régimen de media pensión (son, están) incluidas las tres comidas del día.

_____ 6. El teléfono (es, está) muy caro en España.

_____ 7. Si Ud. (es, está) triste y deprimido, puede hacer muchas llamadas telefónicas de larga distancia a su familia.

_____ 8. Las duchas (son, están) prohibidas en casa de las familias.

_____ 9. El dinero de las comidas no (es, está) reembolsable *(refundable).*

Segunda parte: Ahora lee las oraciones y decide si son ciertas o no, según la información del *Manual del estudiante.* Escribe **Sí** o **No** en cada blanco.

Nombre _____ Fecha _____

Repaso de vocabulario y gramática: Para reaccionar

CA12-13 ¿Qué te parece? Has leído sobre algunas costumbres españolas en el *Manual del estudiante*. Ahora da tu opinión sobre esas costumbres usando las oraciones de emoción de la lista y un verbo en el presente del subjuntivo.

ALGUNAS REACCIONES POSITIVAS

Me alegra que…
Estoy contento(a) de que…
Me parece interesante que…
Es bueno que…
Me gusta que…

ALGUNAS REACCIONES NEGATIVAS

Me preocupa que…
Me sorprende que…
Me molesta que…
Es una lástima que…
Es triste que…

MODELO: *Me sorprende* que las tiendas no se (abrir) *abran* durante la hora de almuerzo.

1. _____ que la cena en España se (comer) _____ de ocho a diez de la noche.

2. _____ que en la casa (vivir) _____ otros estudiantes y chicos.

3. _____ que los bancos se (abrir) _____ hasta las ocho de la noche.

4. _____ que la cultura española (ser) _____ diferente a la de los EE.UU.

5. _____ que la señora de la familia anfitriona (lavar) _____ mi ropa.

6. _____ que mi familia y yo no (poder) _____ hablar por teléfono si no tengo una tarjeta para hacer mis llamadas telefónicas.

CA12-14 Unas fotos para la familia. Les mandas de España unas fotos tuyas a tus padres. Escribe debajo de cada foto una corta explicación de cómo estás en ese momento. Usa la estructura **estar** + *adjective/past participle* con palabras de la lista.

MODELO: Hay muchas diferencias culturales.
Estoy perdido(a).

aburrido(a)   enojado(a)   perdido(a)
bronceado(a) *(tanned)*   frustrado(a)   preocupado(a)
divertido(a)   muerto(a) de cansancio *(dead tired)*   preparado(a)
encantado(a)   ocupado(a)   sorprendido(a)

1. Todavía no comprendo muy bien el acento castellano del profesor español y no puedo participar en la clase.

_____

2. Estoy en la biblioteca escribiendo un informe sobre la obra literaria *(literary work)* de Miguel de Cervantes.

_____

3. Estuve en la Costa del Sol todo el fin de semana pasado.

_____

4. Mi familia anfitriona es muy amable y cariñosa.

_____

5. Aquí no podía encontrar el Museo del Prado en Madrid.

_____

6. Me paso el día al lado del telefóno esperando llamada de Uds. ¡Pero no me llaman!

_____

Repaso de vocabulario y gramática: Para narrar

CA12-15 Un poema para la clase de español. El profesor de lengua y literatura les pidió a los estudiantes extranjeros que escribieran un poema sobre sus primeras experiencias en España. Sorprendente e inexplicablemente, el tuyo fue publicado en la revista *(magazine)* de la escuela. Completa tu poema con los verbos en el pretérito.

¡Shock cultural!

(llegar) **(1)** _____ a Madrid el dieciocho de enero,

pero no (ver) **(2)** _____ mis maletas hasta el dos de febrero.

(esperar) **(3)** _____ por horas en el moderno aeropuerto,

porque no llegaba a buscarme el señor don Norberto.

A las seis de la tarde (yo) (entrar) **(4)** _____, con hambre, en la casa.

Y doña Pepa me (dar) **(5)** _____ bizcochos y té en una taza.

(Yo) Les (decir) **(6)** _____: "Son las seis... ¿no es hora de cenar?"

¡Cenar a las seis! Todos (reírse) **(7)** _____. ¡Nunca! ¡Ni hablar!

...pero el tiempo (pasar) **(8)** _____ y (yo)

(encontrar) **(9)** _____ la solución,

tengo en mi cuarto escondidos: Coca-Cola, papitas, queso, pan y jamón.

CA12-16 ¡Llegó Cupido a mi vida! Tu amiga Susana conoció a alguien fabuloso y cree que se ha enamorado. Ella te llama para contarte cómo ocurrió el "flechazo". Completa la narración con los verbos en el pretérito o el imperfecto.

El imperfecto se usa para...	El pretérito se usa para...
• descripción de la escena y los personajes • acciones en progreso • acciones simultáneas	• mover la acción hacia adelante • acciones que interrumpen • acciones en secuencia

¡Ay, ay, ay! ¡Ayer (conocer) **(1)** _____ al chico más maravilloso del mundo!

Por la tarde (yo) (estar) **(2)** _____ en la Plaza Mayor tomándome un refresco y leyendo el último capítulo de *Don Quijote*. (Hacer) **(3)** _____ buen tiempo y el sol brillante (calentar) **(4)** _____ *(to warm)* la fresca tarde de primavera. A mi alrededor (haber) **(5)** _____ mucha gente: estudiantes, hombres de negocios, mamás paseando a los niños... (Ser) **(6)** _____ un día como otro cualquiera *(like any other)*...

¡Entonces lo (ver) **(7)** _____! ¡El chico (tener) **(8)** _____ los ojos más verdes y la piel más bronceada que he visto en mi vida! Él (acercarse) **(9)** _____ *(to approach)* a mí y me (saludar) **(10)** _____. (Nosotros) (Charlar) **(11)** _____ por horas.

(Ser) **(12)** _____ una tarde increíble...

Esta noche vamos a salir a un bar de tapas. ¡Creo que estoy enamorada ! Ya te contaré qué pasa.

Integración

CA12-17 Consejos para otros americanos. Tu viaje ha sido todo un éxito y más chicos(as) de tu universidad en los EE.UU. quieren venir a estudiar a España. Escribe tu propio *Manual para estudiantes americanos,* dando consejos prácticos. Usa las frases a continuación seguidas por el *(followed by)* infinitivo o el subjuntivo.

MODELO: Hay que sacar el pasaporte antes de comprar el pasaje de avión.

Seguidas del infinitivo:	Seguidas del subjuntivo:
Hay que…	Les sugiero que…
Es importante…	Les recomiendo que…
Es aconsejable…	Les aconsejo que…
Es mejor…	Les recuerdo que…
Es necesario…	
Uds. deben…	

Manual para estudiantes americanos

Antes de tomar una decisión

Para preparar el viaje

Cuando lleguen a España

-
-
-
-

Un paso más

Vistazo gramatical: El imperfecto del subjuntivo

CA12-18 ¿Seguiste sus consejos? Antes de venir a España tus parientes y amistades te dieron muchos consejos. Completa sus consejos con el imperfecto del subjuntivo.

MODELO: Mi mejor amigo me sugirió que *fuera* (ir) a visitar Toledo, el pueblo de El Greco.

1. Mi mamá me pidió que les (escribir) _____ todas las semanas.

2. Mi papá me dijo que no le (pedir) _____ dinero.

3. Mi novio(a) me prohibió que (salir) _____ con otros chicos(as).

4. Mi profesor de español me recomendó que (hablar) _____ español todo el tiempo.

5. Mi abuelita me aconsejó que no (comer) _____ la comida española "picante".

6. Mis amigos querían que (divertirse) _____ mucho.

7. Mi hermana(o) esperaba que le (traer) _____ un regalo de España.

Rincón literario

"El ingenioso hidalgo Don Quijote de La Mancha"

Miguel de Cervantes Saavedra vivió una vida llena de aventuras e infortunios *(misfortunes)*... Fue héroe militar, perdió el uso de una mano, fue capturado por piratas, encarcelado *(imprisoned)* por deudas de dinero, acusado injustamente de asesinato... Cervantes conoció la miseria y la adversidad pero nunca perdió su fe *(faith)* en los valores del espíritu. Como él, su inmortal personaje *(character)* Don Quijote es un hombre noble, generoso y optimista que mantiene sus ideales en medio de una realidad dura, fría y materialista.

Cervantes escribió poesías, novelas, comedias y breves cuadros de teatro popular llamados entremeses; pero su obra maestra fue sin duda *El ingenioso hidalgo Don Quijote de La Mancha*. Publicada en dos partes (1605 y 1615), esta genial novela cuenta una serie de episodios en que Alonso Quijano, después de cambiarse el nombre a Don Quijote de La Mancha, se hace caballero andante *(knight-errant)* y lucha con infructuoso *(fruitless)* heroísmo contra las injusticias del mundo.

CA12-19 Antes de leer. Relaciona el dibujo de cada personaje de este episodio con su nombre y descripción en español.

1. **Un gigante.** Criatura mítica de tamaño y proporciones enormes. Tradicionalmente es vil, de carácter fiero *(fierce)*, malvado *(evil)* y abusivo.

2. **El caballero andante Don Quijote.** Original de la región de La Mancha, España. Héroe tragicómico que, impulsado por ideales generosos, lucha *(fights)* por defender a los débiles.

3. **Rocinante.** Caballo flaco, débil *(weak)* y viejo de Don Quijote. Su compañero en múltiples batallas *(battles)*.

4. **Dulcinea del Toboso.** Aldeana *(Peasant)* de quien Don Quijote está enamorado y quien, en su mente noble, es el ideal de la dama *(lady)* perfecta.

5. **Sancho Panza.** Aldeano pobre, "escudero" *(squire)* de Don Quijote. En contraste con Don Quijote, es realista y práctico, motivado por el materialismo y lo mundano.

6. **Molino de viento.** Un edificio que tiene una máquina para moler *(to mill)* que muele *(grinds)* cuando el viento mueve las aspas.

CA12-20 Comprensión. A continuación aparecen, fuera de orden, las acciones del episodio con los molinos de viento. Enuméralas en el orden correcto después de leer el episodio.

_____ Don Quijote piensa en su amada Dulcinea antes de entrar en batalla.

_____ Don Quijote y Sancho descubren treinta o cuarenta molinos en un campo de La Mancha.

_____ Sancho trata de disuadir a Don Quijote, explicándole por qué son molinos, y no gigantes, las figuras que ven en el campo.

_____ Don Quijote pierde la batalla porque el viento mueve con enorme fuerza las aspas (los brazos del gigante) que levantan por el aire y tiran al piso al caballero y su caballo.

_____ Don Quijote le dice a Sancho que va a atacar a los viles gigantes para eliminar del mundo su maldad *(evil)*.

_____ Sancho acusa a Don Quijote de tener la cabeza llena de "otros tales" molinos de viento, de ser demasiado idealista.

En esto, descubrieron treinta o cuarenta molinos de viento que hay en aquel campo, y así como don Quijote los vio, dijo a su escudero:

—La ventura va guiando nuestras cosas mejor de lo que acertáramos a desear; porque ves allí, amigo Sancho Panza, donde se descubren treinta y pocos más, desaforados gigantes, con quien pienso hacer batalla y quitarles a todos las vidas, con cuyos despojos comenzaremos a enriquecer; que ésta es buena guerra, y es gran servicio de Dios quitar tan mala simiente de sobre la faz de la tierra.

—¿Qué gigantes? —dijo Sancho Panza.

—Aquéllos que allí ves —respondió su amo— de los brazos largos, que los suelen tener algunos de casi dos leguas.

—Mire, vuestra merced —respondió Sancho— que aquéllos que allí se parecen no son gigantes, sino molinos de viento, y lo que en ellos parecen brazos son las aspas, que, volteadas del viento, hacen andar la piedra del molino.

—Bien parece —respondió Don Quijote— que no estás cursado en esto de las aventuras: ellos son gigantes; y si tienes miedo, quítate de ahí, y ponte en oración en el espacio que voy a entrar con ellos en fiera y desigual batalla.

Y diciendo esto, dio de espuelas a su caballo Rocinante, sin atender a las voces que su escudero Sancho le daba, advertiéndole que, sin duda alguna, eran molinos de viento, y no gigantes, aquéllos que iba a acometer. Pero él iba tan puesto en que eran gigantes, que no oía las voces de su escudero Sancho, ni echaba de ver, aunque estaba ya bien cerca, lo que eran; antes iba diciendo en voces altas:

—Non fuyades, cobardes y viles criaturas, que un solo caballero es el que os acomete. Levantóse en esto un poco de viento, y las grandes aspas comenzaron a moverse, lo cual visto por don Quijote, dijo:

—Pues aunque mováis más brazos que los del gigante Briareo, me lo habéis de pagar. Y en diciendo esto, y encomendándose de todo corazón a su señora Dulcinea, pidiéndole que en tal trance le socorriese, bien cubierto de su rodela, con la lanza en el ristre, arremetió a todo el galope de Rocinante y embistió con el primero molino que estaba delante; y dándole una lanzada en el aspa, la volvió el viento con tanta furia, que hizo la lanza pedazos, llevándose tras sí al caballo y al caballero, que fue rodando muy maltrecho por el campo. Acudió Sancho Panza a socorrerle, a todo el correr de su asno, y cuando llegó halló que no se podía menear: tal fue el golpe que dio con él Rocinante.

—¡Váleme Dios! —dijo Sancho—. ¿No le dije yo a vuestra merced que mirase bien lo que hacía, que no eran sino molinos de viento, y no lo podía ignorar sino que llevase otros tales en la cabeza?

Vocabulario útil

acometer, arremeter, embestir *to attack*
mala simiente *bad seed*
la faz de la tierra *the face of the earth*
tan puesto *convinced*

maltrecho *hurt, beat up*
menearse *to move*
otros tales *as much, such, the same*

CA12-21 Después de leer. Discute con un(a) compañero(a) los siguientes temas, según sus experiencias personales.

1. ¿Qué héroes conocen? (de la literatura mundial, la literatura infantil, la "cultura popular" o la vida real)

   _____

   _____

2. ¿Qué características tienen en común esos héroes?

   _____

   _____

3. Piensen ahora en algún héroe específico de la vida real. ¿Era comprendido por todas las demás personas? ¿Eran su punto de vista y su conducta igual a los de los demás? ¿Fue acusado alguna vez de ser "idealista"?

   _____

   _____

4. Cuando la vida se llena de vicisitudes y dificultades... ¿arremeten Uds. contra esos "gigantes" con optimismo o se dan por vencido (do you give up) y no luchan?

   _____

   _____

5. En un mundo materialista donde las apariencias sociales son a veces más importante que los valores morales... ¿tenemos todos oculto (hidden) a un "Quijote" bondadoso (kind)? ¿Cómo podemos revelar nuestra capacidad de generosidad y crear un mundo mejor?

   _____

   _____

¡Vamos a escribir!

Estrategia: Writing a research paper for your Spanish class

When you write a "paper" (**un informe, trabajo escrito o trabajo de investigación**), you present information that you have gathered from a variety of sources. These are the steps to follow when writing a paper for your Spanish class:

1. Select and limit (narrow down) your topic.
2. Consult three or four sources for information.
3. Take notes on specific ideas, dates, names, etc.
4. As you take notes, make sure to write down all bibliographic information needed to cite your sources in your paper.
5. Organize the information and prepare an outline.
6. Write a rough draft.
7. Revise, edit, and rewrite.

CA12-22 La documentación. Cuando presentas un dato, das información o reflejas la opinión de un experto, debes siempre incluir la respectiva documentación de tu fuente *(source)*. Trabaja con un(a) compañero(a). Tomen uno de los libros que usan en alguna de sus clases. Estudien la bibliografía del libro y contesten las siguientes preguntas.

1. ¿Dónde aparece la bibliografía?

   _____

2. ¿Qué información dan los autores sobre cada una de sus fuentes?

   _____

3. ¿Cómo está organizada esa información? ¿Cuál es el formato?

   _____

4. ¿Qué tipos de fuentes fueron usadas en la investigación para la redacción de ese libro?

   _____

5. ¿Cuántas fuentes fueron consultadas?

   _____

   _____

CA12-23 Los pasos de un informe. Sigue los pasos necesarios para preparar un informe de unas dos páginas para tu profesor(a) de español. Escoge uno de los siguientes temas u otro tema de tu elección relacionado con España.

• Los árabes en España   • La España moderna   • Los españoles en Hollywood
• La dieta española   • La geografía española   • La literatura romántica española
• Don Quijote de La Mancha   • Los Premios Nóbel españoles • La Real Academia de la Lengua

¡Vamos a mirar!

Vídeo 1: ¿España o EE.UU.?

CA12-24 Anticipación. En este segmento Sergio Gutiérrez, un joven universitario español que estudia en los EE.UU., habla sobre sus experiencias después de haber vivido en dos culturas diferentes. Antes de mirar el vídeo, contesta estas preguntas.

1. ¿Cómo te sientes y actúas cuando sales de tu país? ¿igual que siempre? ¿de manera diferente? ¿Por qué?

   _____

2. ¿Opinas tú que el patriotismo es un valor moral fuerte en tu país?

   _____

3. ¿Cuál crees tú es la mayor diferencia entre la vida en España y en los EE.UU.?

   _____

4. ¿Conoces algunas diferencias entre el sistema educativo en España y el de los EE.UU.?

   _____

5. En tu opinión, ¿cuál es el mejor lugar en los EE.UU. para estudiar negocios internacionales? ¿Por qué?

   _____

CA12-25 Comprensión. Mira el segmento y contesta las preguntas con oraciones completas.

1. Después de haber vivido y estudiado en los EE.UU., ¿cómo se siente Sergio al regresar a España?

   _____

2. ¿Cómo explica Sergio las diferencias básicas entre la vida en Miami y Madrid?

   _____

3. ¿Qué estudia Sergio en Miami?

   _____

4. ¿Por qué escogió esta ciudad en los EE.UU. para realizar sus estudios?

   _____

5. ¿Qué diferencia encuentra Sergio entre los estudios en los EE.UU. y España?

   _____

Vídeo 2: Vistas de España

CA12-26 Preparación. En este segmento vas a conocer una de las ciudades más espectaculares de España. Antes de mirar el vídeo, completa las oraciones con una palabra lógica de la lista.

disfrutan *enjoy*   **orgullo patrio** *national pride*
fuentes *fountains*   **paisaje** *landscape*
joya *jewel*   **personaje** *character*

1. Miguel de Cervantes y Saavedra fue el escritor del siglo XVII que inmortalizó el

   _____ de Don Quijote en una novela.

2. *El ingenioso hidalgo Don Quijote de la Mancha* es una _____ literaria en castellano.

3. En su novela Cervantes pinta el _____ español y los campos de Castilla con el ojo observador de quien conoce bien a su tierra.

4. El _____ de los españoles se ve en cómo honran *(they honor)* a sus escritores, artistas, héroes, reyes y demás figuras históricas con hermosas estatuas que decoran las ciudades.

5. Los españoles _____ de la vida: la literatura y el arte de mayor calidad, la buena comida con un vaso de buen vino, la belleza natural del país y las tertulias con viejos amigos.

6. Las _____ que adornan todo Madrid celebran algún momento del pasado español o aluden a la mitología clásica; en general el fluir de sus aguas dan un toque de elegancia a la ciudad.

Nombre _____ Fecha _____

CA12-27 Comprensión: Observar y reconocer. Mira el vídeo sobre España y marca con una **X** los lugares que se mencionan.

_____ la ciudad de Madrid   _____ la ciudad de Sevilla

_____ el Museo del Prado   _____ las fuentes y los lagos

_____ la Plaza Mayor   _____ el parque El Retiro

_____ las estatuas y los monumentos   _____ la Casa de Cristal

_____ la calle de Alcalá   _____ la Plaza de las Américas

CA12-28 Comprensión: ¿Qué recuerdas de España? Vuelve a mirar el vídeo y completa las oraciones a continuación con la mejor respuesta.

_____ **1.** Madrid tiene un ambiente único porque es una mezcla *(mixture)* de _____.
    a. personas de diferentes nacionalidades, razas y culturas
    b. el pasado, el presente y el futuro
    c. estatuas y plazas

_____ **2.** El Retiro es _____ espectacular en medio del paisaje urbano de Madrid.
    a. una plaza
    b. una estatua
    c. un parque

_____ **3.** Hay _____ por todo Madrid.
    a. fuentes, plazas, estatuas y monumentos
    b. personajes de la literatura
    c. serenidad y tranquilidad

_____ **4.** En los parques de Madrid la gente _____.
    a. pinta, juega deportes y está en contacto con la naturaleza
    b. puede conocer a Don Quijote y a Sancho Panza
    c. construye casas de cristal

_____ **5.** La gente va a _____ en La Plaza Mayor.
    a. disfrutar de la belleza natural
    b. ver el arco dedicado al rey Fernando VII
    c. comprar, pasear y tomar café

Manual de laboratorio

Capítulo 1

Primeros encuentros

¡Soy todo oídos! *(I'm all ears!)*

¡Soy todo oídos! *(I'm all ears!)* is the listening section of the *Cuaderno de actividades y Manual de laboratorio*. This section includes both listening comprehension and pronunciation exercises. These exercises may be found on your Lab Audio CDs. Before listening to each activity, be sure to read the corresponding instructions in this Manual carefully. You may listen to each selection or pause your CD as many times as you feel necessary.

Paso 1

ML1-1 En la clase de español. The students and Professor Feliciano are in the classroom. Listen to what the professor says. After each sentence or question, which would be a student's most likely response? Choose the most appropriate response from the choices provided below.

MODELO: *(You hear:)* ¿A quién le toca?
  (You read:) **a.** Me toca a mí. **b.** Tengo una pregunta. **c.** Con permiso.
  (You select:) (a.) Me toca a mí.

1. **a.** Hay una puerta y dos ventanas. **b.** Hay un cuaderno y un bolígrafo. **c.** Hay un pupitre.
2. **a.** Se dice: ventana. **b.** No comprendo. **c.** Hay dos ventanas.
3. **a.** ¡Sí, cómo no! **b.** Igualmente. **c.** De nada.
4. **a.** No sé. **b.** Perdón, profesora. **c.** Sí, ya tengo.
5. **a.** Sí, tengo una pregunta. **b.** Con permiso. **c.** Me toca a mí.

ML1-2 ¿Masculino o femenino? In Spanish, all nouns are classified as masculine or feminine. Listen to the following nouns and decide what gender they are. Listen carefully for the endings. But remember that in some cases the article in front of the noun will be your only clue!

	Femenino	Masculino		Femenino	Masculino		Femenino	Masculino
1.	❏	❏	4.	❏	❏	7.	❏	❏
2.	❏	❏	5.	❏	❏			
3.	❏	❏	6.	❏	❏			

Paso 2

ML1-3 El abecedario. Listen to the following South American countries and their capital cities spelled out letter by letter. Then write the name of each country and its capital.

MODELO: *(You hear:)* el país: E-ce-u-a-de-o-ere; la capital: Cu-u-i-te-o
  (You write:) *Ecuador, Quito*

1. ___ ___ ___ ú, ___ ___ m ___

2. ___ ___ ___ ___ e, ___ ___ ___ t ___ ___ ___ ___

3. U __ __ __ __ __ __, __ __ __ __ __ __ i __ __ __

4. __ __ n __ __ __ __ __ __, __ __ __ a __ __ __

5. __ __ s __ __ R __ __ __, __ __ __ __ __ __ é

ML1-4 ¡Mucho gusto!

ML1-4 ¡Mucho gusto! An important skill in any language is to be able to introduce yourself, meet people, and start a conversation. Listen to the mini-conversations. You will hear each question and answer. When you hear the question a second time, repeat the answer and add your personal information, as in the model.

MODELO: *(You hear the question:)* ¿Cuál es tu número de teléfono?
  (You hear the answer:) Mi teléfono es el 7-85-24-63.
  (You hear the question again:) ¿Cuál es tu número de teléfono?
  (You answer orally:) *Mi teléfono es el... (YOUR phone number here)*

Items 1–5

ML1-5 Yo soy Rosalinda.

ML1-5 Yo soy Rosalinda. Rosalinda is a new Mexican-American student at your university. Listen to her talk about herself and her family. As you listen, complete the paragraph with the missing forms of the verb **ser** that you hear her use.

¡Hola! Me llamo Rosalinda del Castillo y (**1**) _____ de San Antonio, Texas. Mi papá

(**2**) _____ de Juárez, México. Mi mamá (**3**) _____ de Jalisco. Yo nací

aquí en los EE.UU.; mis hermanos también (**4**) _____ mexicano-americanos.

(**5**) _____ una familia grande. Mis tres hermanas (**6**) _____ estudiantes en

una universidad en California. Mi hermano Jacinto (**7**) _____ doctor y vive en Ciudad

México. Sabes que Ciudad México (**8**) _____ la capital de México, ¿verdad?

ML1-6 Preguntas personales.

ML1-6 Preguntas personales. People ask questions to get to know each other better. Listen to the questions a new acquaintance asks you. Then write an appropriate response in the space provided.

1. _____

2. _____

3. _____

4. _____

5. _____

6. _____

Paso 3

ML1-7 ¿Cómo están los estudiantes? Professor Morel is handing back her students' research papers on the Mexican-American War. How do they feel about their grades? Study the picture carefully. Then listen to the questions and write down your answer indicating how each student is feeling.

1. _____

2. _____

3. _____

4. _____

5. _____

6. _____

ML1-8 Cachita la chismosa. Cachita (as everyone calls her, her name is Caridad) loves to gossip! She is quite popular on campus and knows almost everyone. Listen to her conversations. Then mark in the chart what she says about each person.

	nervioso(a)	de mal humor	preocupado(a)	enojado(a)	ocupado(a)	contento(a)
Patricia						
Profesor Menéndez						
Herself						

Nombre _____   Fecha _____

Un paso más

La emisora de radio *(radio station)* **WFIA 103.8 les presenta...** "El mundo en tus manos" *("The World at Your Fingertips")*.

This radio program was specially designed for university students who are beginning their study of Spanish and have an interest in Hispanic culture and people.

ML1-9 El mundo hispanohablante. The announcer of **"El mundo en tus manos"** mentions a few countries where Spanish is widely spoken. Fill in the number of Spanish speakers, rounded to the nearest million, for each country in the chart.

País	Millones de hispanohablantes
México	
España	
Colombia	
Argentina	
EE.UU.	

ML1-10 Otras lenguas. But . . . although Spanish is the most widely spoken language, it is not the only one spoken in these countries. All of the following languages are spoken in different Spanish-speaking countries. Draw an arrow from the name of the language to the region of Spain or to the Latin American country where it is spoken.

En España:
catalán
gallego
vascuence
valenciano

En América:
nahuatl
maya
quechua
guaraní

Pronunciación

ML1-11 Las vocales. The five vowels in Spanish are represented by the letters **a, e, i, o, u.** They follow a simple, but rigid, sound system. Spanish vowels have a short, crisp, clear sound. There are no short or long vowel variations. Each vowel has only *one* distinct sound. In order to avoid interference from the English sound system, remember the English schwa (ə) sound does not exist in Spanish. The schwa causes most unstressed vowels to become lazy (like *a* in the English *sofa* instead of pure **a** in the Spanish **sofá**).

Read the models. Then listen as they are pronounced and repeat each one.

A sounds like the *a* in English *father*.	**Ana**
E sounds like the *e* in *let*.	**Ester**
I sounds like the *i* in *machine*.	**Silvia**
O sounds like the *o* in *go*.	**Octavio**
U sounds like the *u* in *rude*.	**Hugo**

ML1-12 Más práctica con las vocales. Here are some single-syllable words to practice the vowels. Say them aloud, listen to them, and repeat each one.

la   ya   mal   es   de   tres   mí   sí   ti   con   los   por   sus   un   tú

Now, here are some cognates you found in your textbook. Remember that cognates are words that are similar in spelling and meaning in both languages. Listen to the cognates as they are pronounced, and repeat each one. Watch out! Avoid the English schwa (ə)!

clase	profesor	capital	personas	famoso
calendario	diccionario	conversación	computadora	interesante

ML1-13 Los nombres. You will now hear some names pronounced in Spanish. As you hear each name, record in the spaces only the vowels used in the names in the order in which they appear in the name. Then say the vowels out loud. Finally, say the name again.

MODELO: *(You hear:)* M a r í a
          (You write:) a, í, a

1. ___ n ___ st ___ s ___ ___

2. T ___ m ___ t ___ ___

3. J ___ s ___ f ___ n ___

4. G ___ ___ d ___ l ___ p ___

ML1-14 Los sonidos. Because native speakers of Spanish link sounds together between words when speaking to each other, students of Spanish sometimes comment on how fast the speakers sound. This natural linking occurs in normal conversational speech between the final sound of a word and the beginning sound of the word that follows. In particular, vowels will link without pauses. In order to practice the linking of vowels with other vowels and consonants, first, read the following sentences aloud. Then listen to them, and repeat each one.

Soy Ana Alicia Alonso.

Enrique estudia arte.

Ramiro estudia español.

La estudiante escribe en inglés.

You probably noticed how the words run together. With practice, you will learn to distinguish the words.

Capítulo 2

¡Así somos!

¡Soy todo oídos! *(I'm all ears!)*

This listening practice is found on your Lab Audio CD. Before listening to each activity, be sure to read the corresponding instructions in this Manual carefully. You may listen to each selection or pause your CD as many times as you feel necessary.

Paso I

ML2-1 Un nuevo amigo puertorriqueño. Joy is a Spanish major visiting Puerto Rico during her summer vacation. She meets Javier and is eager to practice her budding language skills with him. She answers all his questions in correct Spanish. Listen to Javier's questions and select the phrase with **tener** that correctly answers each question.

MODELO:　　　　　　*(You hear:)* ¿Cuántos hermanos tienes, Joy?
　　　　　　　　　(You read:) **a.** Tienes un hermano.　**b.** No tengo hermanos.
　　　　　　　　　　　　　　　c. Tiene una hermana.
　　　(You select Joy's answer:) (**b.**) No tengo hermanos.

1. **a.** Tú tienes razón, Javier.
   b. Mi hermano tiene diecinueve años.
   c. Tengo veinte años.

2. **a.** No, tengo una familia pequeña.
   b. Sí, tengo razón.
   c. No tengo familia en Puerto Rico.

3. **a.** Sí, tengo ganas de jugar.
   b. Sí, tengo mucha prisa.
   c. Sí, tengo calor.

4. **a.** Sí, tengo prisa.
   b. No tengo razón.
   c. Sí, tengo sed.

5. **a.** Sí, tengo prisa.
   b. Sí, tengo razón.
   c. Sí, tengo mucha hambre.

6. **a.** No tengo ganas, Javier.
   b. Sí, tú tienes razón, Javier.
   c. Sí, tengo prisa, Javier.

ML2-2 ¿Quién es? Listen to the description of these family members. Then complete the sentences with the appropriate family member.

MODELO: *(You hear:)* Es mi hermano idéntico a mí.
　　　　(You write:) *Es mi (hermano) gemelo.*

1. Es _____.

2. Es _____.

3. Son _____.

4. Es _____.

5. Es _____.

6. Es _____.

Paso 2

ML2-3 ¡Me gusta! The verb **gustar** is used to express likes and dislikes. Listen to the mini-conversations. You will hear each question and answer. Then, when you hear the question a second time, repeat the answer but add your personal information.

MODELO:　　　*(You hear the question:)* ¿Qué te gusta hacer en tu tiempo libre?
　　　　　　　　(You hear the answer:) Me gusta mirar televisión.
　　　(You hear the question again:) ¿Qué te gusta hacer en tu tiempo libre?
　　　　　　　　(You answer orally:) *Me gusta leer novelas románticas.*

ML2-4 La familia de Patricia. Patricia came from Puerto Rico to get her graduate degree at your university. She tells you about her family's life on the island. As you listen, complete the paragraph with the missing forms of the verbs in parentheses.

Pues... mi vida en la isla era un poco diferente a mi vida aquí en los EE.UU. Aquí yo

(1) _____ (tomar) clases por la mañana, **(2)** _____ (trabajar) en un

restaurante por la tarde y **(3)** _____ (estudiar) para mis clases por la noche. En la isla,

solamente mi papá **(4)** _____ (trabajar). Bueno, mi mamá **(5)** _____

(cocinar) y **(6)** _____ (limpiar) la casa... y eso es trabajar. Después de clases, mis

hermanos **(7)** _____ (patinar), **(8)** _____ (montar) en bicicleta,

(9) _____ (mirar) la televisión o **(10)** _____ (navegar) por el Internet.

Los fines de semana ellos **(11)** _____ (practicar) el tenis o **(12)** _____

(nadar) en la playa. A mí también me gusta pasar tiempo haciendo actividades divertidas. Pero aquí

en los EE.UU. ... ¡No tengo tiempo libre! Cuando **(13)** _____ (hablar) por teléfono

con mi familia, mi madre siempre me dice, "Mi hija, ¿por qué no **(14)** _____ (tomar)

un avión y **(15)** _____ (regresar) a Puerto Rico inmediatamente?" ¡Creo que

(16) _____ (necesitar) escuchar a mi mamá!

ML2-5 Preguntas personales. People ask questions to get to know each other better. Listen to the questions a new acquaintance asks you. Then write an appropriate response in the space provided.

1. _____

2. _____

3. _____

4. _____

5. _____

6. _____

7. _____

Paso 3

ML2-6 La vida de Eduardo. Look at what Eduardo is doing in each picture. Listen to the questions asked of Eduardo. Then answer the questions as if you were Eduardo. Write his answer in the space provided in your workbook.

MODELO: *(You see:)* Eduardo sitting in class. The clock on the wall says 9:00 A.M.
(You hear:) Eduardo, ¿qué haces por la mañana?
(You write:) Tomo clases.

1. _____

    _____

2. _____

    _____

3. _____

    _____

4. _____

    _____

5. _____

    _____

6. _____

_____

ML2-7 En la cafetería de la UP (Universidad de Puerto Rico). Young people are sitting in the cafeteria, chatting as they grab a bite in the middle of their busy day in college. Let's eavesdrop and listen to their conversations. Then decide if the sentences in your book are true (**cierto**) or false (**falso**).

	Cierto	Falso
1. Susana prefiere comer en la cafetería de la universidad.	❏	❏
2. Susana solamente tiene tres clases este semestre.	❏	❏
3. Susana es una buena estudiante y le gusta sacar buenas notas.	❏	❏
4. Susana prefiere vivir con su familia.	❏	❏
5. La casa de Susana está lejos del campus universitario.	❏	❏
6. Dulce trabaja en un banco por la mañana y en una cafetería por la tarde.	❏	❏
7. Dulce tiene que ir a clase después del trabajo.	❏	❏
8. Mike tiene ganas de ir al cine con Dulce en el fin de semana.	❏	❏

Un paso más

La emisora de radio WFIA 103.8 les presenta... "El mundo en tus manos".

You are about to hear a radio program about the musical genre called **salsa.** Before you listen to the segment, pause the CD and read the instructions to exercises ML2-8 and ML2-9.

ML2-8 Música con sabor latino. The announcer of **"El mundo en tus manos"** mentions a variety of Latin rhythms and artists. Read each sentence and cross out the item(s) that do not belong.

1. Un ritmo latino muy popular internacionalmente es *el jazz, la salsa, el cha-cha-chá.*

2. *La salsa, el son, el merengue y la rumba* son dos ritmos cubanos.

3. *La bomba, el tango, el vals* es un ritmo de Puerto Rico.

4. Un popular ritmo de Colombia es *el mambo, la cumbia.*

5. *Willie Colón, Tito Puente, Ricky Martin* es el "Rey del Timbal" o "El Mambo King".

6. Un grupo salsero conocido es *La Samba de Brasil, Chico Valdés, Los Hermanos Moreno.*

7. *La India, Gloria Estefan, Celia Cruz* es una famosa salsera puertorriqueña.

8. En Japón hay una orquesta de salsa femenina que se llama *Son Reinas, Fania All-Stars.*

ML2-9 El legendario Tito Puente. Now let's find out more about one of the most important figures of Latin music. Circle the correct information about Tito's life.

guitarra   saxofón   timbales

1. Instruments he played:	guitarra	saxofón	timbales
2. His ancestry:	cubano	dominicano	puertorriqueño
3. His place of birth:	Miami	Santo Domingo	Nueva York
4. The number of Grammys he won:	15	5	25
5. The year he died:	1999	2000	2001

Pronunciación

ML2-10 La división de sílabas. The Spanish language has several rules that you must follow for dividing words into syllables. Learning how to do this properly will help your pronunciation. Listen to the following rules on the division of words into syllables in Spanish, repeat each word after you hear it, and then complete the exercise.

1. Syllables usually end in a vowel.

   ca-sa   **Pa-co**   **ma-pa**

2. A consonant between vowels begins a new syllable.

   ni-ño   **fa-mo-so**   **ca-pi-tal**

3. Two consonants are separated so that the first one ends a syllable and the second one begins the next. Don't forget that the consonants **ch, ll,** and **rr** are considered a single consonant in Spanish and cannot be separated. However, double consonants like **cc** will be separated.

   bron-ce   **bo-rra**   **mu-cho**   **si-llas**   **lec-ción**

4. An exception to rule three is that the consonants **l** and **r** are never separated from the preceding consonant, unless the preceding sound is the consonant **s.**

   ha-blar   **ma-dre**   **is-la**

5. In groups of three consonants, generally only the last goes with the following vowel. However, if the consonants include an **l** or an **r**, the last two consonants stay with the vowel that follows.

   ins-ti-tu-ción   **trans-fe-rir**   **des-crip-ción**

6. Any combination of two vowels involving **u** or **i** and pronounced together form one syllable, a diphthong. It may be broken by a written accent that creates two separate syllables.

   Ma-rio   **vein-te**   **Ma-rí-a**

Ejercicio. Divide the following words into syllables.

   1. droga   _dro-ga_ _____

   2. diez   _____

3. restaurante _____

4. dirección _____

5. día _____

6. carro _____

7. triste _____

8. ciudad _____

9. composición _____

10. nervioso _____

ML2-11 Énfasis. A syllable that is stressed is spoken more loudly and with more force than others. To determine where to place the spoken stress or written accent mark, follow these rules.

1. Words that end in a consonant except **n** or **s** are stressed on the last syllable. Now, repeat each word.

 profe**sor**   universi**dad**   pa**pel**

2. Words that end in a vowel or **n** or **s** have the stress on the next-to-the-last syllable. Repeat each example.

 clase   **ho**la   aparta**men**to

3. Words that do not fall under the categories mentioned above must have a written accent mark on the stressed syllable. Repeat each word.

 lec**ción**   **fá**cil   televi**sión**   ca**fé**

4. Written accent marks are also used to distinguish two words that have identical spelling and pronunciation but different meanings.

él *he/him*	**tú** *you*	**sí** *yes*	**¿qué?** *what?*
el *the*	**tu** *your*	**si** *if*	**que** *that, which*

5. Note that all question words have written accents.

 ¿Cómo? *How?*   **¿Dónde?** *Where?*   **¿Quién?** *Who?*

Ejercicio. Before you listen to the following words, pause your CD and see if you can predict where the stress should fall by underlining the appropriate syllable. Then listen to the words to determine whether the stress falls on the predicted syllable. Write an accent mark if needed.

MODELO: *(You hear:)* America
      (You write:) *América* with an accent over the **e**

Now listen to the words.

usted	examen	hospital	placer
julio	sabado	capital	repitan
instruccion	comprendo	lapiz	Peru

Nombre _____ Fecha _____

De viaje

¡Soy todo oídos! *(I'm all ears!)*

This listening practice is found on your Lab Audio CD. Before listening to each activity, be sure to read the corresponding instructions in this Manual carefully. You may listen to each selection or pause your CD as many times as you feel necessary.

Paso I

ML3-1 Dos amigos hacen planes. Eduardo and Michael have been best buddies since high school and are now roommates in college. They like to do things together, but it's not always easy to agree on what to do or where to go. Listen to Eduardo's questions and select the phrase that correctly answers each question.

MODELO: *(You hear:)* Oye, Mike, ¿quieres ir a la playa mañana?
                   (You read:) **a.** Sí, vamos a un museo.   **b.** No, no quiero nadar o tomar el sol.
                                 c. No, en la playa hay barcos de vela.
            (You select Mike's answer:) **b.** No, no quiero nadar o tomar el sol.

1. **a.** Sí, me gustaría pescar.
   b. No, en el campo no hay un acuario.
   c. Sí, me gustaría esquiar en la nieve.

2. **a.** No, prefiero ir a una discoteca.
   b. ¡No, vamos al extranjero!
   c. No, el museo está cerrado por la noche.

3. **a.** Sí, hay excursiones muy interesantes a Cancún.
   b. No, tengo que limpiar mi cuarto.
   c. Sí, no pienso ir a ninguna parte.

4. **a.** No, no hay cruceros durante las vacaciones.
   b. No, necesito descansar en la biblioteca.
   c. No, me gustaría ir de compras en la Zona Rosa.

5. **a.** No, no pienso comer este fin de semana.
   b. Sí, las chicas practican deportes los fines de semana.
   c. Sí, vamos a un restaurante en la playa.

6. **a.** Sí, no debo salir la próxima semana.
   b. Sí, tengo que comprar unos cuadernos.
   c. No sé. Necesito ir al cine.

ML3-2 ¿Dónde estoy? Listen to the activities that Katherine is doing during her vacation. Then write the place where she most likely is. Choose from the list of places below.

la playa	**el campo**	**las montañas**	**el extranjero**	**una discoteca**
un crucero	**su casa**	**un restaurante**	**el acuario**	**el parque zoológico**

MODELO: *(You hear:)* Voy a tomar el sol. ¿Dónde estoy?
(You write:) Está en la playa.

1. Está en... _____

2. _____

3. _____

4. _____

5. _____

6. _____

7. _____

Paso 2

ML3-3 Un viaje en tus próximas vacaciones. You probably have a vacation coming up. When? How long will it be? Wouldn't you like to take a short trip during that time? Listen to the mini-conversations—you will hear each question and answer. Then, when you hear the question a second time, answer orally with your personal information about the trip *you* would like to take during your next vacation.

ML3-4 ¡Qué día! When people travel, they have to manage time well to be able fit all necessary activities in a day. But nobody beats Otto at filling up a day. Listen to the plan he has for his next trip. As you listen, complete the paragraph with the missing time expressions.

Hoy es el **(1)** _____, primero de marzo. **(2)** _____

voy a viajar a Ciudad México. El vuelo para Ciudad México sale **(3)** _____

de la mañana. El banco abre **(4)** _____. Tengo tiempo para cambiar dinero en

el banco en camino *(on the way)* al aeropuerto. El vuelo llega **(5)** _____.

Puedo ir al hotel y tomar un tour **(6)** _____. Mi agente de viajes me dijo

que **(7)** _____ salen excursiones del hotel **(8)** _____.

Después del tour debo comer. Necesito preguntar en el hotel dónde puedo comer, porque

algunos restaurantes solamente abren **(9)** _____. Como *(Since)* es

(10) _____, probablemente muchos restaurantes cierran antes de

(11) _____. Pero yo no quiero volver al hotel hasta la una o dos

(12) _____. Así que pienso ir a bailar a alguna discoteca.

ML3-5 Preguntas personales. As a college student, you probably have a very busy schedule. Listen to the questions about your schedule. Then write an appropriate response in the space provided.

1. _____
2. _____
3. _____
4. _____
5. _____
6. _____
7. _____
8. _____
9. _____

Paso 3

ML3-6 Quisiera una habitación. Kevin and his wife just arrived at their hotel in Cuernavaca, Mexico. Look at the picture carefully, paying attention to the details. Listen to the questions the clerk asks Kevin. Then, answer the questions as if you were Kevin. Write the answers in the space provided.

MODELO: *(You hear:)* ¿En qué puedo servirle?
(You write:) Quisiera una habitación.

1. _____
_____
2. _____
_____
3. _____
_____
4. _____
5. _____
6. _____
7. _____

ML3-7 Planes para la luna de miel *(honeymoon)*. Casandra and José are planning their honeymoon. They're browsing through brochures, trying to find something that fits their budget and their preferences. Let's eavesdrop and listen to their conversation. Then complete the chart with the different prices.

	un billete de ida y vuelta	dos billetes de ida y vuelta	habitación por día	paquete con todo incluido
1. Maui, Hawai				
2. Acapulco, México				
3. Cancún y Cozumel, México				

Un paso más

La emisora de radio WFIA 103.8 les presenta... "El mundo en tus manos".

You are about to hear a radio program about the conservation of nature (**la naturaleza**), that is, plant and animal species and their natural habitats, in the Yucatan Peninsula, Mexico. Before you listen to the segment, pause the CD and read the instructions to exercises ML3-8 and ML3-9.

Península de Yucatán, México

ML3-8 Las reservas naturales.
Dr. Ramiro González mentioned some of the many natural reserves Mexico has created since the 1970s. Complete the chart with the missing information about these reserves' size and date of foundation. Note that the area is measured in **hectáreas (hts.)**. One **hectárea** = 100 acres

Reserva	Área (hts.)	Fecha de fundación
1. Reserva de la Biósfera Ría Lagartos	47.840	
2. Reserva de la Biósfera Ría Celestún		18 de julio de 1979
3. Reserva de la Biósfera Sian Ka'an		20 de enero de 1986
4. Reserva de la Biósfera de Calamakul	723.185	
5. Parque Marino Nacional, Arrecifes de Cozumel	11.987	

ML3-9 La fauna de la península de Yucatán. Look at the picture of some of the species found in the Yucatan Peninsula. You may want to listen again to the last part of the interview.

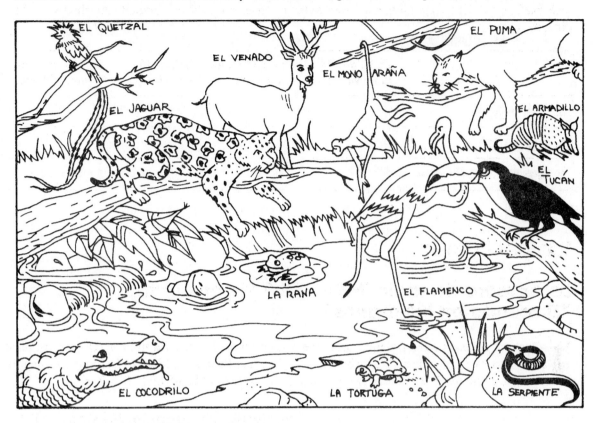

Primera parte: Circle in the picture the eight animals that were mentioned by Dr. González.

Segunda parte: Now, use your knowledge of natural science to write the name of one or two of the animals in the picture under each category.

aves (*birds*)	reptiles	anfibios	mamíferos (*mammals*)
_____	_____	_____	_____
_____	_____	_____	_____

Pronunciación

ML3-10 La entonación. Intonation refers to the rising and falling pitch of your voice as you speak. There are three basic intonation patterns that you need to know. Listen to the following sentences and repeat each one.

1. Statements: The tone of your voice should go down at the end of the sentence.

   El profesor Hernández es mexicano.

2. Yes/No questions: The tone of your voice should go up at the end of this kind of question.

   ¿Es el profesor Hernández mexicano?

3. Information questions: The tone of your voice should go down, as it does for statements.

   ¿De dónde es el profesor Hernández?

ML3-11 Algunos sonidos y letras especiales. Spanish has some special sounds that English does not use. Practice the following sounds by repeating them.

1. **Ch** is pronounced in most areas like *ch* of the English word *church*. Listen to each word or sentence and repeat.

   chocolate   **Ch**ile   mu**ch**o   **Ch**ichén-Itzá   no**ch**e

   Me gusta mu**ch**o el **ch**ocolate de **Ch**ile.

2. **Ll** is pronounced in most areas like the *y* in *you*. Listen to each word or sentence and repeat.

   llave   senci**ll**a   bi**ll**ete   vi**ll**a   **ll**ega

   Aquí tiene su **ll**ave para su habitación senci**ll**a en el hotel Villa del Sol.

3. The letter **ñ** is alphabetized after the letter **n**. It is pronounced like the *ny* combination in the English word *canyon*. Listen to each word or sentence and repeat.

   mañana   montañas   año   baño   señorita

   Señorita, mañana sale una excursión a las montañas.

ML3-12 Rimas tradicionales *(Traditional rhymes)*. Try saying the following traditional children's rhymes.

1. This first rhyme helps preschool children learn the five vowel sounds.

   A   E   I   O   U

   Dime cuántos años tienes tú.

   A   E   I   O   U

   Dime qué nombre llevas tú.

2. This next rhyme is chanted while preparing hot chocolate, as you stir round and round the thick, steaming liquid with anticipation.

   uno, dos, tres, cho-
   uno, dos, tres, co-
   uno, dos, tres, la-
   uno, dos, tres, te-
   bate, bate, chocolate

3. This counting song is very popular in many Spanish-speaking countries.

   Dos y dos son cuatro,
   cuatro y dos son seis,
   seis y dos son ocho,
   y ocho dieciséis,
   y ocho veinticuatro,
   y ocho treinta y dos,
   y ocho son cuarenta,
   y ya se acabó.

4. This next one calls for a white horse or **caballito blanco** to come take the person back to his/her homeland, **mi pueblo donde nací.**

   Caballito blanco,
   llévame de aquí.
   Llévame a mi pueblo,
   donde yo nací.
   Llévame a mi pueblo,
   donde yo nací.

Capítulo **4**

Entre familia

¡Soy todo oídos!

This listening practice is found on your Lab Audio CD. Before listening to each activity, be sure to read the corresponding instructions in this Manual carefully. You may listen to each selection or pause your CD as many times as you feel necessary.

Paso I

ML4-1 La familia de Alejandro. Alex is a Venezuelan college student attending the University of Miami. His dad is Irish and his mom is Venezuelan, so Alex speaks both English and Spanish fluently. Let's hear the questions Alex's new friend, baffled at this red-headed, freckled-faced Hispanic, asks him. Then select the phrase that correctly answers each question.

MODELO: *(You hear:)* Oye, Alex, ¿por qué hablas español tan perfectamente?
(You read:) **a.** Porque estudio en Miami.   **b.** Porque soy de Venezuela.
c. Porque no hablo inglés.
(You select:) **b.** Porque soy de Venezuela.

1. **a.** Porque no soy canoso.
   b. Porque mi mamá es rubia.
   c. Porque mi papá tiene el pelo rojo.
2. **a.** ¡No! Hay muchos hispanos rubios con ojos verdes.
   b. No, el pelo castaño es más popular.
   c. Sí, pero solamente los calvos.
3. **a.** No, mi tía es bonita.
   b. No, es feo, pero muy simpático.
   c. Nadie es guapo.
4. **a.** Todos mis abuelos.
   b. Solamente el gato.
   c. Todo el mundo en Venezuela.
5. **a.** Es delgada, rubia, con ojos color miel.
   b. Tiene una barba roja y bigotes.
   c. Está casada con mi papá.
6. **a.** Mami es más conservadora que papi.
   b. Los jóvenes son más liberales.
   c. Una madre soltera es más estricta.

ML4-2 La familia de Vilma. Vilma and Óscar just got married. Óscar's grandma couldn't attend the wedding, so they e-mailed her a wedding picture. Listen to what Óscar tells his grandma about his bride's family. Then label each family member with the correct name or relationship to the bride.

Paso 2

ML4-3 ¡A comprar una casa! All young couples have a dream house in mind. What does *your* dream home look like? Listen to the mini-conversations between Óscar and Vilma. Then, when you hear the question a second time, respond orally with information about *your* dream house.

ML4-4 ¡Esta casa es una pesadilla (nightmare)! Some people prefer to look for a house on their own, without the help (or fee) of a real estate agent. But, without the aide of an expert you may find, not the house of your dreams . . . but your worse real estate nightmare!

Primera parte: Listen to Rosi's house-hunting horror story, and fill in the missing words.

¡No lo puedo creer! Llamo por teléfono para pedir información sobre la casa de dos

(1) _____ que está en venta en el número 345 de la avenida Vera y la señora me

dice que la casa tiene cinco (2) _____ grandes y una cocina remodelada muy

moderna. Dice que todo está en muy buenas condiciones. Yo pienso: ¡WOW! ¡Qué casa más

fabulosa! ¡Y solamente cuesta $90.000! ¡Qué barata! Pues, conduzco a la casa rápidamente… quiero

comprarla hoy mismo. Cuando llego veo una casa vieja. Entro a una (3) _____

desordenada con mucho polvo. La sala no tiene (4) _____. A la derecha de la sala hay un **(5)** _____ pequeño. Tampoco está amueblado. Pregunto, "¿Dónde están los baños?" Caminamos a la izquierda del comedor y veo el **(6)** _____.

Solamente hay un baño en la casa, el **(7)** _____ está descompuesto y ¡no tiene

(8) _____! Pero eso no es todo. La **(9)** _____ … ¡AY! La cocina. La **(10)** _____ tiene cien años y está rota. Al lado de la estufa hay un **(11)**

_____ lleno de agua negra y platos sucios. Abro las **(12)** _____

y salen corriendo miles de cucarachas. ¡No puedo más! La señora insiste… "Pero señorita, ¿no

quiere ver los dormitorios y el **(13)** _____ donde viven mis doce gatos?" ¡Qué

barbaridad! No me gusta ser maleducada, pero ya no tengo paciencia y estoy muy frustrada. Grito:

"¡Esta casa es una pesadilla!" y salgo corriendo.

Segunda parte: Pause your CD to complete Rosi's opinions about the nightmare house with the correct forms of **ser** or **estar.** Then listen to the full sentences on your CD to check your answers.

1. La casa _____ vieja.

2. La sala _____ muy sucia.

3. Todos los cuartos _____ en malas condiciones.

4. El comedor _____ pequeño.

5. El baño _____ a la izquierda del comedor.

6. Los doce gatos _____ en el garaje.

7. Yo no _____ contenta con la casa.

ML4-5 Preguntas personales. As a college student, you probably live with your parents, in a dorm, or an apartment. Listen to the questions about your living quarters. Then write an appropriate response in the space provided.

1. _____

2. _____

3. _____

4. _____

5. _____

6. _____

7. _____

8. _____

9. _____

Paso 3

ML4-6 No es fácil ser mujer hoy día. Marta Ormes goes to the doctor, fearing that she's ill. She's been feeling weak and exhausted, and is not sleeping well. Listen to her conversation with Dr. Elizabal. Then complete the notes the doctor has taken about Marta's problem.

13 de noviembre

Paciente: Marta Ormes

Tiene dos trabajos:

A las seis de la mañana ella hace las camas y...

A las siete...

A las cuatro o cinco, sale del trabajo y conduce a casa con los niños.

Después de cocinar la cena, Marta pone la mesa,...

y...

De siete a ocho y media ella...

Los fines de semana lava...   y limpia...

Diagnóstico: Tiene mucho estrés en su rutina diaria.

Tratamiento: No necesita medicamentos. Tiene que...

ML4-7 Los peligros (dangers) de una relación cibernética. Teresita has made a new friend in a chat room. She thinks he may be the ideal guy for her, but her roommate has warned her about cyber-relationships. Look at the picture of "Mr. Right" and listen to what he has told Teresita about himself. Then decide if he's being truthful or if he really is "Mr. Wrong." Mark **cierto** if his statement is true; mark **falso** if it is false.

	Cierto	Falso
1.	❑	❑
2.	❑	❑
3.	❑	❑
4.	❑	❑
5.	❑	❑
6.	❑	❑
7.	❑	❑
8.	❑	❑

Un paso más

La emisora de radio WFIA 103.8 les presenta... "El mundo en tus manos".

Before you listen to the segment, read the instructions to Exercises ML4–8 and ML4–9 below. Today's radio program has a contest format. Members of the audience will call to participate in the contest (**concurso**) and try to win (**ganar**) the prize (**premio**): a trip for two to Sir Arthur Conan Doyle's "Lost World" in the jungles of Canaima, Venezuela. To win the prize, the winner (**ganador**) will have to answer correctly three questions about Venezuela.

ML4-8 Simón Bolívar, el orgullo (pride) venezolano. The contestants mentioned places, objects, etc., named in honor of Bolívar, "El Libertador." Check the three that were mentioned.

❑ la moneda *(currency)*   ❑ una ciudad *(city)*   ❑ un río *(river)*

❑ una montaña o pico   ❑ una catarata   ❑ una plaza

❑ un lago   ❑ un estado   ❑ un parque

ML4-9 Y tú, ¿qué sabes ahora de Venezuela? You think you could win the contest? Match the two columns to show how much you've learned about Venezuela.

_____ 1. OPEP

_____ 2. Arepa

_____ 3. Palafito

_____ 4. salto del Ángel

_____ 5. Amazonas

_____ 6. Rómulo Gallegos

_____ 7. Caracas

a. un plato tradicional

b. la cascada más alta del mundo

c. la capital de Venezuela

d. una casa tradicional indígena suspendida sobre un lago

e. el río más largo del mundo

f. la Organización de Países Exportadores de Petróleo *(Oil)*

g. un autor venezolano

Pronunciación

ML4-10 Las letras c y q(u). Here are some guidelines on the pronunciation of the letters **c** and **q(u)**. Listen to the explanations and practice pronouncing the words and phrases with these letters.

• When followed by **a**, **o**, or **u** the letter **c** has an English *k* sound, as in the English word *kite*. In the combinations **que** and **qui**, the **qu** is also pronounced as a *k* sound, and the **u** is silent. The letter **k**, which is not used frequently in Spanish, has the same sound. Listen and repeat the following words and sentence.

canoso	casado	color	corto	cuarto
cuñado	aquel	pequeño	alquilar	kilo

Carlos **q**uiere **c**omer en **c**asa de **C**arolina **c**uando **c**o**c**inan **c**omida **c**ubana.

• In Latin America, the letter **c** has an **s** sound when followed by **e** or **i**. In Spain, when a **c** is followed by **e** or **i**, it is pronounced like the *th* in the English word *thin*. Similarly, in Latin America the letter **z** is always pronounced like an **s**; while in Spain it is pronounced like the *th* in English *thin*, no matter what vowel follows it. Pronounce the following words, using the Latin American pronunciation.

cerca	cena	césped	hacer
decir	Felicia	sucio	tradicional

El once de diciembre cincuenta amigos celebran el centenario de abuela Cecilia.

ML4-11 Trabalenguas (Tongue-twister). Try the following tongue-twisters.

1. "Col colosal"

   ¡Qué col colosal colocó
   el loco aquel,
   en aquel local!
   ¡Qué colosal col colocó
   en el local aquel,
   aquel loco!

   "The Colossal Cabbage"

   What a colossal cabbage
   that crazy man put
   in that place!
   (repeats backwards)

2. "Clava, clava, Clarita"

   Clarita clavó un clavito.
   Un clavito clavó Clarita.
   El clavito que clavó Clarita,
   Clarita lo clavó como un clavito.

   "Hammer, Hammer, Clarita"

   Clarita hammered a nail.
   The nail was hammered by Clarita.
   The nail Clarita hammered,
   was hammered like it should be.

Capítulo **5**

¡Buen provecho!

¡Soy todo oídos!

This listening practice is found on your Lab Audio CD. Before listening to each activity, be sure to read the corresponding instructions in this Manual carefully. You may listen to each selection or pause your CD as many times as you feel necessary.

Paso I

ML5-1 José Manuel estudia la cultura peruana. Joe is a Cuban American music major who is researching Andean music and instruments in Perú. He has just arrived in Lima and is ordering his first meal in a local restaurant. He wants to sample Peruvian dishes to get to know the culture better. Listen to the questions he asks the waiter. Then select the phrase that correctly answers each question.

1. **a.** No, cenamos pescado a la parrilla y arroz con frijoles.

   b. Sí, los peruanos desayunan.

   c. No, preferimos desayunar café, leche, pan con jamón, queso, mantequilla y mermelada.

2. **a.** Ninguno de los dos. La Inca Cola es la favorita.

   b. Nunca bebemos refrescos en Perú.

   c. El más popular es una taza de café con leche y azúcar.

3. **a.** Sí, en los EE.UU. es típico comer hamburguesas con papas fritas.

   b. Sí, los turistas comen hamburguesas y papas fritas.

   c. No. El ceviche es un plato típico. Consiste en pescado crudo marinado en jugo de limón, cebollas y ajo.

4. **a.** Es un vino de tomates peruano.

   b. Es una sopa de camarones, mariscos y pescado con papas, choclo, arroz, chiles y queso.

   c. Es una ensalada de lechuga, tomate y piña, garnizada con mayonesa y pimienta.

5. **a.** Le recomiendo el helado de chocolate.

   b. Nunca debe pedir el plato del día.

   c. Nuestra especialidad son los platos de pescados frescos.

6. **a.** El helado de hucuma, el arroz con leche y el flan son deliciosos.

   b. Los postres tienen mucho azúcar; es más saludable comer un vegetal de postre.

   c. El biftec y el pollo asado están muy frescos hoy.

ML5-2 En la cocina del Restaurante Atahualpa. The Peruvian chef and his kitchen staff are getting ready for the dinner crowd. Listen to Chef Francisco's questions and instructions. Then read the responses and write in the blank the correct direct object pronoun (**lo, la, los, las**).

1. Ramiro _____ está lavando, chef Francisco.

2. Yo _____ voy a poner un poco más tarde.

3. Solamente debo servir_____ con el pescado, no con las carnes.

4. Sí, claro, ya _____ preparamos casi todos.

5. Lo siento, hoy no podemos preparar_____ porque no tenemos pescado fresco.

6. Pues, en realidad no sé; no _____ veo en el refrigerador.

ML5-3 ¿Estás listo para ordenar? Ordering new, interesting food in a different language is an adventurous experience. Listen to the mini-conversations and the questions. Then, when you hear the question a second time, respond orally by giving *your* own food selections. Use the menu to help you in your choices.

Cafetería Canaima

Desayuno
frutas frescas de la estación
cereal
pan tostado con mermelada
huevos revueltos
panqueques

Aperitivos
ceviche
empanadas
anticuchos
sopa de legumbres
chupe de camarones

Almuerzo
hamburguesa
lomo salteado
sándwiches
pollo a la nogal
mariscos cau cau

Acompañantes
papas huacaina
ensalada
maíz
arroz con frijoles
yuca frita

Bebidas
leche
café
cerveza
jugos de frutas
Inca Cola

Postres
helado de hucuma
torta de chocolate
flan
arroz con leche
picarones

Paso 2

ML5-4 La lista de compras de doña Caridad. Doña Caridad buys groceries for the elderly people in a poor neighborhood. She calls in and charges the orders to her account, then the supermarket delivers them because doña Caridad wants to keep her good deed anonymous.

Primera parte: Listen to her orders and match the number of each order with the correct picture.

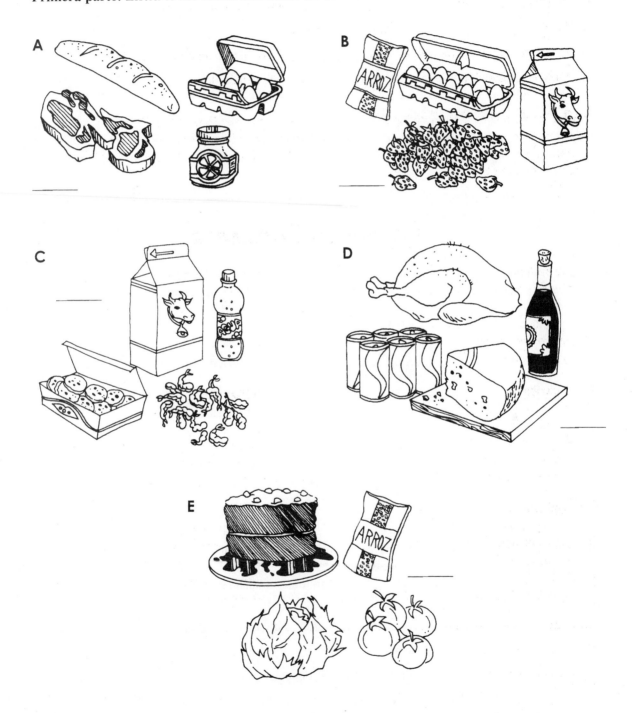

Segunda parte: Now complete the sentences about the grocery orders below with the correct form of the stem-changing verbs in parentheses. Then listen to the full sentences on your CD to check your answers.

1. La Sra. Peters _____ (tener) una docena de huevos y un litro de leche para el desayuno.

2. El Sr. García _____ (merendar) pan con mermelada de naranja.

3. La Sra. Mondi _____ (servir) pastel de chocolate porque es el cumpleaños de su esposo.

4. Margarita_____ (querer) media libra de camarones frescos para preparar una paella.

5. Don Armando _____ (pedir) una botella de vino tinto, medio kilo de queso y media docena de refrescos porque tiene una fiesta en su casa.

6. Doña Caridad _____ (decir) que ella es feliz ayudando a otras personas.

7. El empleado del supermercado _____ (repetir) a doña Caridad las órdenes para verificar que están correctas.

ML5-5 Preguntas personales. Listen to the following questions about the likes and dislikes of people you know and yourself. Then write an appropriate response in the space provided.

1. _____
2. _____
3. _____
4. _____
5. _____
6. _____
7. _____
8. _____

Paso 3

ML5-6 Hay que cuidar la salud. Dr. Castillo has some patients with health situations that need to be taken care of before they become life threatening. Read the ailments of his patients. Then listen to Dr. Castillo's recommendations and match the number of each recommendation to the appropriate patient.

_____ Barbarita Balboa tiene el colesterol y la presión muy altos; está obesa.

_____ Reinaldo Robles sufre de diabetes.

_____ Mario Méndez se siente débil y cansado; no tiene energía y está muy delgado.

_____ Eloísa Efrén está muy nerviosa y no puede dormir bien.

_____ Heriberto Hormes tiene en la familia varios casos de cáncer del colon.

Nombre _____ Fecha _____

ML5-7 ¿Tú comes en la cafetería de tu universidad? Leila and her sister Julia attend different universities. Julia is a health nut and always prepares her own healthy meals. Leila, on the other hand, always eats in the campus cafeteria.

Primera parte: Listen to a conversation the two sisters have and mark the correct information on the chart that corresponds to the comparisons made by Julia.

	<	=	>		
1. La comida en la cafetería				rápida	La comida preparada en casa
2. Las hamburguesas y papas				saludable	Una ensalada
3. La ensalada de frutas				azúcar	La ensalada de vegetales
4. La leche				calcio	El yogur
5. El yogur con frutas				calorías	El yogur sin frutas

Segunda parte: Now, complete the sentences from the chart using the appropriate comparative forms.

1. La comida en la cafetería es _____.

2. Las hamburguesas y papas son _____.

3. La ensalada de frutas tiene _____.

4. La leche tiene _____.

5. El yogur con frutas tiene _____.

Un paso más

La emisora de radio WFIA 103.8 les presenta... "El mundo en tus manos".

Before you listen to the segment, read the instructions to Exercises ML5–8 and ML5–9 that follow. Today, Peruvians in the United States are celebrating Peru's Independence Day. "El mundo en tus manos" is covering this celebration live, directly from the Miami Convention Arena. A number of Peruvian speakers have been invited to give short talks (**charlas**) as part of the day's celebrations. Chico Valdés briefly interviews a few of these experts as they enter.

ML5-8 Profesionales peruanos. Chico Valdés will interview a series of Peruvian men and women in different areas of expertise. Listen to what each one of them says and indicate each one's profession by marking an X.

Profesión	Marcos Alva	Ana Carrera	Tere Arroyo	Israel Meades	Susana Arias
músico(a)					
ecólogo(a)					
chef					
arqueólogo(a)					
lingüista(a)					
fotógrafo(a)					
meteorólogo(a)					

ML5-9 Cada loco con su tema (To each, his own). Each of the experts mentions a few of the topics of his/her talk. Cross out from each list the two items they do not mention. Then complete each sentence with information that each person gives.

1. Marcos Alva:

    Mencionó estos platos: lomo salteado, cupos, anticuchos, ceviche, chaufa de pollo, empanadas

    Dijo que escribió un libro llamado _____.

    También añadió (added) que los platos peruanos van a venderse _____.

2. Ana Carrera:

    Mencionó estos descubrimientos arqueológicos: ruinas, templo, excavaciones, tumbas, artesanía, monumentos

    Dijo que las ruinas recientemente descubiertas están localizadas cerca de _____.

    También añadió que el estilo arquitectónico de este templo es _____.

3. Tere Arroyo:

    Mencionó estos temas: terremotos (earthquakes), fenómenos naturales, El Niño, volcanes, selvas tropicales (rain forests), tornados

    Dijo que el desierto más árido del mundo está en _____.

    También añadió que la precipitación en Perú depende de _____.

4. Israel Meades:

Mencionó: dialectos, lenguas indígenas, aymará, mapuche, quechua

Dijo que *iman sutiki* en quechua significa _____.

También añadió que el número de lenguas indígenas habladas en Perú es_____

_____.

5. Susana Arias:

Mencionó: plantas, pingüinos, llamas, cóndores, alpacas, jaguares

Dijo que en Perú hay tres regiones diferentes. Son _____.

También añadió que un área de rica biodiversidad en Perú es _____.

Pronunciación

Ahora, escucha y repite las palabras con las letras **j**, **h** y **x**.

ML5-10 La consonante j. The letter **j** is pronounced like the strong English *h* in the word *hope*, but with more force. Listen and repeat.

jugo	naranja	jalapeño	jalea
frijoles	aconsejable	mejor	jamón

Juan y Jacinto juegan a jai-alai en Jamaica.

ML5-11 La consonante h. The letter **h** is always silent in Spanish. Listen and repeat.

huevos	habichuelas	zanahorias
horno	hamburguesa	hielo

Heriberto y Hortensia hacen helado en el Hotel Heraldo.

ML5-12 La consonante x. The letter **x** has several pronunciations.

- When an **x** appears before a consonant, as in the word **extraer**, it sounds like the *s* in the English word *sir*. Listen and repeat.

extra	extensión	expresión
exterior	exportar	excepto

- When an **x** appears between vowels, as in the word **exótico**, it sounds like the combination *ks*. Listen and repeat.

laxante	oxígeno	éxito
exilio	exacto	flexible

- The words **México** and **Texas** are written with an **x** in English, but in Spanish they may be written either with an **x** or a **j** (**Méjico, Tejas**) and are pronounced like the Spanish **j** practiced earlier.

Capítulo 6

La vida estudiantil

¡Soy todo oídos!

This listening practice is found on your Lab Audio CD. Before listening to each activity, be sure to read the corresponding instructions in this Manual carefully. You may listen to each selection or pause your CD as many times as you feel necessary.

Paso 1

ML6-1 Gustavo tiene un día complicado. Gustavo is a very busy college student. Listen to what he does on a typical day. Then fill out the chart with short phrases in Spanish. Listen carefully because he does not tell you what he does at every time of the day that appears in the chart. Put an X in the chart to indicate the information that was not provided by him.

Horario		Lugar	Actividad
Por la mañana...	A las 6:15	Su casa (habitación)	
	A las 7:00		Llega al trabajo
	A las 9:45		
	A las 11:20	Edificio de Ciencias Naturales	
Por la tarde...	A las 12:50		Va al laboratorio de química
	A las 3:25		
Por la noche...	A las 7:40	Restaurante de comida rápida	
	A las 10:10		
	A las 12:05	Su casa (su habitación)	

ML6-2 En un concurso de belleza (beauty pageant). Patricia Marín, Miss Argentina, is being interviewed on national television about life as a participant in a beauty pageant. Listen to the questions the reporter asks her. Then complete her answers according to the pictures and the cues.

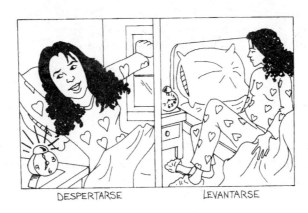

DESPERTARSE   LEVANTARSE

1. Pues, usualmente _____ a las siete de la mañana
_____ a las siete y cuarto.

DUCHARSE   VESTIRSE

2. Pues, antes de _____ tengo que _____

PONERSE   DESPEDIRSE

3. Después de _____ los zapatos, salgo a desayunar. Mi compañera de cuarto
nunca está lista a tiempo, así que (so) _____ de ella y
voy sola (alone) a la cafetería.

SENTARSE, ARREGLARSE   PEINARSE, MAQUILLARSE

4. No, no hay ayuda profesional ninguna. Cada concursante _____

frente a un espejo *(mirror)* en el camerino *(dressing room)* para _____.

Cada una _____ y _____

_____ ella misma *(herself)*.

DIVERTIRSE   ACOSTARSE, DORMIR

5. Casi nunca podemos _____ porque no tenemos tiempo. Practicamos para

el espectáculo todo el día. Además, es necesario _____ temprano para

poder _____ un mínimo de ocho horas. ¡El descanso *(Rest)* es muy impor-

tante para estar bellas el próximo día!

Paso 2

ML6-3 ¿Y qué tal tus estudios? When students from different cities, states, countries, or cultures get together, they like to chat about their studies. It's a topic they all have in common! Listen to the mini-conversations between Octavio and Yolanda. Then, when you hear the question a second time, respond orally with information about *your* major, courses, grades, etc.

ML6-4 Preguntas personales. Listen to the questions about the likes and dislikes of people you know and yourself. Then write an appropriate response in the space provided. Use the verbs **gustar, encantar, interesar, importar,** and **faltar.**

1. _____

2. _____

3. _____

4. _____

5. _____

6. _____

7. _____

8. _____

9. _____

Paso 3

ML6-5 ¿Y de qué planeta llegaste tú? Ermenegildo Tiburcio (called "ET" by those who know his odd habits) is quite eccentric. He never does things like the rest of us or in the order that a "normal" person would. Listen to what ET says about his daily routine and number his activities according to the order in which *he* does them (even though they may not be in the logical order that *you* would do them).

_____ Me levanté y fui al trabajo.

_____ Me cepillé los dientes.

_____ Me bañé.

_____ Me vestí con ropa elegante.

_____ Almorcé en mi cama.

_____ Me despedí de mis padres.

_____ Jugué al golf.

_____ Volví a casa.

_____ Me acosté a las siete.

ML6-6 Un encuentro con una vieja amiga. Katherine and Sarah met in kindergarten many, many years ago. They became instant best friends when they found out that they shared the same birthday: March 1st. They swore to be friends forever, and, although at times life got too complicated to keep in touch consistently, today they have gotten together to celebrate their 80th birthday with their children and grandchildren. Listen to the questions Sarah asks Katherine and pick the answer most likely given by Katherine.

_____ 1. **a.** Lo conocí en la escuela de medicina, cuando estudiaba en Harvard.

        b. Lo conocí ayer por la tarde.

        c. Mi esposo conoció a mucha gente en la universidad.

_____ 2. **a.** Sí, Uds. se graduaron de la univesidad.

        b. No sé cuándo ellos se graduaron.

        c. Él se graduó en 1945 y yo me gradué tres años después.

_____ 3. **a.** No, nos casamos después de que yo terminé mi especialidad en oncología.

        b. Ellos no se casaron.

        c. Sí, se casaron antes de graduarse.

    4. a. Sí, tuvieron muchos hijos.

        b. Tuvimos dos niñas preciosas, Lourdes y Mirta.

        c. Tú tuviste tres hijos, ¿no?

    5. a. No, ellos ya no viven en Tennessee.

        b. Vivió en Memphis antes de mudarse a Boston.

        c. Estuvimos allí unos cinco años; después nos mudamos a Atlanta.

    6. a. Sí, recibí el Premio Nóbel por descubrir la cura contra el cáncer.

        b. No, no hice nada para nadie.

        c. Claro, alguien hizo un descubrimiento fabuloso.

    7. a. Pues, fui a recibir mi Premio Nóbel y escribí un libro.

        b. Mis planes siempre fueron tener muchos hijos.

        c. Pues, quiero escribir y publicar mis memorias.

ML6-7 El trabajo de un detective privado.
Andy dreams of becoming a "pet detective" like the world-renowned Ace Ventura. His dream came true the day that his neighbors' pet anaconda mysteriously disappeared. He is out to prove that the mailman (**el cartero**) kidnapped "Slimy" because of a biting incident last week.

Primera parte: Listen to Andy as he follows the mailman in an attempt to catch him "in flagrante delicto." Then complete his notes with the correct information in the preterite.

---

martes, 31 de octubre

Temprano en la mañana, con una maleta grande en la mano, el cartero...

Primero,...

Después,...

En el puente,...

Me parece que el cartero estaba nervioso porque...

Cuando el hombre del sombrero negro abrió la maleta...

Antes de poder tirar la maleta negra al río,...

Después de hablar con el policía, el cartero...

¡Qué idiota soy! Le perdí la pista (I lost track of) al cartero en la estación del metro.

Segunda parte: ¿Qué crees tú que hizo el cartero entonces? Escribe en el espacio de abajo los próximos pasos del cartero.

_____

_____

_____

Un paso más

La emisora de radio WFIA 103.8 les presenta... "El mundo en tus manos".

Before you listen to the segment, read the instructions to Exercises ML6-8 and ML6-9 below.

ML6-8 Para todos los gustos. You will hear Dr. Sarmiento recommend different schools to students with different interests and majors. Match the schools you would go to according to each major.

_____ 1. Tourism and Hotel Management

_____ 2. Nursing or Physical Therapy

_____ 3. French Language

_____ 4. Odontology

_____ 5. TV Production

_____ 6. Business Administration or Marketing

_____ 7. Web Page Design

a. Universidad de Buenos Aires

c. Centro de Altos Estudios en Ciencias

d. C.E.P.E.C.

e. Universidad de Palermo

f. Universidad Nacional de Córdoba

g. Alianza Francesa

h. ProTec Televisión

ML6-9 ¿Qué dijo la Dra. Sarmiento? Now, answer the questions in complete sentences with specific information from today's radio broadcast.

1. ¿Por qué el programa de hoy está a cargo de la Dra. Sarmiento?

_____

2. ¿Por qué necesitan estas personas llamar o escribir a las universidades o escuelas?

_____

3. ¿Dónde se puede obtener más información sobre cursos y carreras que ofrecen los diferentes centros de estudios en Argentina?

_____

4. ¿Qué puede hacer una persona adulta para continuar sus estudios sin asistir a clases en un campus universitario?

_____

5. ¿Mencionó la Dra. Sarmiento alguna universidad dónde tú podrías inscribirte? ¿Cuál?

_____

Pronunciación

The letter **g** is pronounced in two different ways, depending on which letter follows it.

ML6-10 La letra g con a, o y u.

- When the letter **g** is followed by the vowels **a**, **o**, or **u**, or by a consonant, it is pronounced like the *g* in the English word **gossip**. Listen to the following words and sentence and repeat each one.

gusta	lenguas	tengo	madrugada	gauchos
luego	regulares	negocios	Iguazú	segundo

  Gumersindo **G**ómez es un biólogo muy or**g**anizado que estudia **g**atos y **g**ansos en **G**ambia.

- In the combinations **gue** and **gui**, the **u** is silent and the **g** is pronounced like the *g* in the English word *glory*. But, if the **u** in the **güe** and **güi** combination has a **diéresis (ü)**, the **u** will not be silent. Listen to the following words and sentence and repeat each one.

hamburguesa	guerra	guía	llegué
lingüística	bilingüe	agüero	siguió

  El **gue**rrillero no si**gui**ó en la **gue**rra.

ML6-11 La letra g con e y con i.
When a **g** is directly followed by either an **e** or an **i**, it is pronounced like a hard English *h*. Listen to the following words and sentence and repeat each one.

biología	geología	ingeniero	Argentina
álgebra	germanos	exigente	Ginebra

El **g**erente **g**iró a **G**ibraltar.

Capítulo 7

Somos turistas

¡Soy todo oídos!

This listening practice is found on your Lab Audio CD. Before listening to each activity, be sure to read the corresponding instructions in this Manual carefully. You may listen to each selection or pause your CD as many times as you feel necessary.

Paso 1

ML7-1 ¡Qué divertido! Mira lo que estas personas están haciendo en su tiempo libre. Entonces, escucha las preguntas y escribe una respuesta apropiada.

1.

2.

3.

4.

5.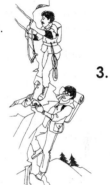

6.

7.

8.

1. _____

2. _____

3. _____

4. _____

5. _____

6. _____

7. _____

8. _____

ML7-2 Una pareja indecisa. Camilo y Francina están en la agencia de viajes, pero no están seguros si quieren ir a Ecuador para su luna de miel. Escucha las preguntas que le hacen al agente de viajes. Después, responde a las preguntas oralmente con la información en tu libro y una oración con el *se* **pasivo** o **impersonal.**

MODELO: *(Escuchas:)* ¿Cuándo es mejor visitar Ecuador?
          (Lees en tu cuaderno:) recomendar/ verano
               (Dices:) Se recomienda el verano.

1. hablar / español y quechua
2. visitar / monumentos históricos
   y ruinas antiguas
3. necesitar / un guía

4. ver / pájaros exóticos
5. vender / productos artesanales
6. visitar más / Quito, Guayaquil y Cuenca
7. ir / en avión

Paso 2

ML7-3 ¿Dónde están y qué hacen? Escucha las conversaciones de estos turistas y decide dónde tiene lugar cada una. Después escribe una oración en el cuadro indicando la transacción o diligencia que el turista está haciendo en ese lugar.

MODELO: —Perdone, ¿hay un banco cerca de aquí?
     —Sí, el Banco del Pacífico queda a cuatro cuadras de aquí. Siga derecho por esta
          misma calle. Está en la esquina con Simón Bolívar.

	en el banco	en el correo	en la farmacia	en la calle
Modelo:				*Pide instrucciones para ir a un banco.*
1.				
2.				
3.				
4.				
5.				

ML7-4 Una profesora típica. Los profesores son como padres; siempre quieren ayudar a sus estudiantes. Ellos desean que sus estudiantes aprendan y saquen buenas notas. Escucha los problemas de los estudiantes y después escoge el consejo más apropiado de la Dra. Echazábal, profesora de español.

_____ 1. **a.** Vayan a estudiar a la biblioteca.

        b. Escuchen música más alta.

        c. No se concentren.

_____ 2. **a.** Salgan de la clase inmediatamente.

        b. Escuchen la explicación otra vez.

        c. Llamen al decano.

_____ 3. **a.** No se preocupen; todos tienen "A".

        b. Sí, estudien mucho.

        c. Sí, sepan la historia de Canadá muy bien.

_____ 4. **a.** No vengan a mi clase mañana.

        b. Tomen dos aspirinas y llámenme por la mañana.

        c. Acuéstense más temprano.

_____ 5. **a.** No, descansen y diviértanse un poco.

        b. Vayan a Miami de vacaciones.

        c. Empiecen a estudiar después del examen.

_____ 6. **a.** Hagan muchas preguntas tontas.

        b. Aprendan todo el vocabulario.

        c. Saquen buenas notas.

ML7-5 Y tú, ¿qué dices? Cuando una persona viaja a un país donde se habla una lengua diferente, es importante estar preparado para hacer diligencias de necesidad básica. Por eso, es necesario saber usar los mandatos formales. Escucha las mini-conversaciones. Después de oír la pregunta por segunda vez, responde tú a la pregunta oralmente con un mandato formal. Usa la información que aparece en tu cuaderno.

MODELO: *(Escuchas:)* —¿Desea algo para desayunar?

                —Sí, tráigame unos panqueques y un vaso de leche.

                —¿Desea algo para desayunar?

     (Lees en tu libro:) Quieres desayunar huevos revueltos con jamón y jugo de naranja.

        (Dices:) *Sí, tráigame unos huevos revueltos con jamón y un vaso de jugo de naranja.*

1. Necesitas unas pastillas porque tienes dolor de cabeza.

2. Quieres saber el precio de un tour al volcán Chimborazo.

3. Sabes dar instrucciones para ir a la biblioteca de tu universidad.

4. Tienes que cambiar tus cheques de viajero por pesos.

5. Deseas comprar dos estampillas para mandar tarjetas postales a los EE.UU.

6. Quieres beber tu bebida favorita.

Paso 3

ML7-6 Preguntas personales. Escucha las preguntas sobre la vida universitaria. Entonces, escribe una respuesta apropiada. Usa el presente del subjuntivo para expresar consejos *(advice)* y recomendaciones.

MODELO: *(Escuchas:)* ¿Qué recomiendas que los jóvenes hagan los fines de semana?
(Escribes:) Recomiendo que *descansen y duerman mucho.*

1. (No) Es necesario que... _____ .

2. Es preferible que... _____ .

3. (No) Es aconsejable que... _____ .

4. Recomiendo que... _____ .

5. Es mejor que... _____ .

6. Quiero que... _____ .

ML7-7 Rosalía, la hipocondríaca. Rosalía se imagina que tiene un problema nuevo cada día. Ella llama constantemente a su doctor con nuevos síntomas y enfermedades. Escucha las quejas *(complaints)* de hoy y después decide si la información en tu libro es **cierta (C)** o **falsa (F)**.

	C	F
1. Rosalía tiene los síntomas de más de una enfermedad.	❑	❑
2. No ha tomado nada para sus dolores.	❑	❑
3. Anoche tuvo fiebre, pero ahora se siente mejor.	❑	❑
4. Ella piensa que el dolor de pecho es un síntoma de un ataque al corazón.	❑	❑
5. Rosalía quiere que la doctora le recete antibióticos y un jarabe para la tos.	❑	❑
6. La doctora piensa que Rosalía está muy enferma y debe ingresar en el hospital de emergencia.	❑	❑
7. Hace tres días que Rosalía tiene diarrea y está deshidratada.	❑	❑
8. La tos es un síntoma típico de una intoxicación.	❑	❑

Un paso más

La emisora de radio WFIA 103.8 les presenta... "El mundo en tus manos".

Antes de escuchar el programa de hoy, lee las instrucciones de los ejercicios ML7-8 and ML7-9 abajo.

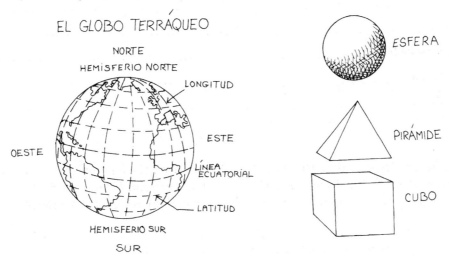

ML7-8 Un poco de geografía. Escucha el programa de hoy y escribe las respuestas a las preguntas.

1. Hay muchas formas de referirnos a *The Earth* o *Planet Earth* en español, por ejemplo, la esfera terrestre. ¿Qué otros tres nombres escuchaste?

   _____

2. La esfera terrestre se divide en dos partes. ¿Cómo se llaman?

   _____

3. ¿Cómo se llama la línea imaginaria que divide la esfera terrestre en esas dos partes?

   _____

4. ¿Cuántos puntos cardinales hay?

   _____

5. ¿Por qué es interesante visitar la "Ciudad Centro del Mundo"?

   _____

6. ¿Qué tiene de especial el Cotopaxi?

   _____

7. ¿Qué hay que ver en las islas Galápagos?

   _____

8. ¿A qué país pertenecen las islas Galápagos?

ML7-9 Le puede pasar a cualquiera (anyone). Chico Valdés pensaba ir en esta excursión a Ecuador preparada por su estación de radio. En tus propias palabras, escribe una breve explicación de por qué Chico no va a poder ir. Usa el pretérito.

_____

_____

_____

_____

Pronunciación

Escucha la pronunciación de las letras **v**, **b** y **d**, y repite las palabras.

ML7-10 Las letras v y b. In English, the letters *b* and *v* are pronounced in two different ways. In Spanish, whether you have a **b** or a **v**, you must follow these rules of pronunciation.

- The letters **b** and **v** are both pronounced like the *b* in *boy* when they are the first letter of a word and when they follow the letters **n** and **m**. They are also pronounced in this way when the **b** or **v** is the letter of a breath group, that is, when you first begin speaking, or right after a pause. Listen and repeat the words and sentences.

  bosque   balsa   vacación   visitar   invitación   invierno   hombro

  Vamos a cam**b**iar dinero al **b**anco.

  ¿A**m**brosio tiene ham**b**re?

- In all other positions, the letters **b** and **v** make a sound that is somewhat like a combination of the sounds these letters make in English. To make this sound, bring your lips close together, but not as close as if you were making an English *b*. Listen and repeat the words and sentences.

  nieve   pluvial   abundante   selva   probar   autobús   antibiótico

  El festival es el sábado, nueve de febrero.

  Por favor, Ovidio, pruebe este nuevo jarabe para el dolor de cabeza.

- Try the following tongue-twister.

Busca el bosque Francisco,	*Francisco is looking for the forest,*
un vasco bizco muy brusco.	*a tough, cross-eyed Basque is he.*
Y al verlo le dijo un chusco:	*And upon seeing him, a witty man said:*
¿Buscas el bosque, vasco bizco?	*Are you looking for the forest, you crossed-eyed Basque?*

ML7-11 La letra d. In Spanish, the letter **d** is pronounced in two ways, depending on its location.

- The letter **d** is pronounced like the *d* in the English word *doll* when it is the first sound of a breath group or when it comes after the letters **l** or **n**. Listen and repeat the words and sentence.

  dolores   descender   dólares   independiente   rebelde   mandar

  Don **D**ionisio, ¿qué me recomien**d**a para el **d**olor de espalda?

- In all other positions, the letter **d** is pronounced with a slight *th* sound, as in the English word *then*. Listen and repeat the words and sentences.

  pedir   ustedes   puedo   oído   radiografía   rodilla

  El sábado es Navidad en los Estados Unidos y Canadá.

  La parada está en la avenida Odalisca, a tres cuadras de aquí.

Capítulo **8**

¡A divertirnos!

¡Soy todo oídos!

This listening practice is found on your Lab Audio CD. Before listening to each activity, be sure to read the corresponding instructions in this Manual carefully. You may listen to each selection or pause your CD as many times as you feel necessary.

Paso 1

ML8-1 Haciendo planes para el fin de semana. A los jóvenes les gusta salir con amigos los fines de semana. Víctor llama por teléfono a sus amigos y hacen planes para salir a divertirse. Escucha las preguntas que Víctor les hace y después escoge la respuesta más apropiada.

1. **a.** ¿Qué película dan?
   b. No sé. ¿Quieres ir al cine?
   c. Lo siento, pero tengo un examen mañana.

2. **a.** ¿Quiénes van a tocar?
   b. ¿Qué exhíben?
   c. ¿En qué cine nos encontramos?

3. **a.** ¡Buena idea! Toca mi conjunto favorito.
   b. ¿A qué hora vamos?
   c. ¡Cómo no! Van a presentar una comedia muy popular.

4. **a.** Te espero en el Cine Triple a las siete.
   b. La primera función es a las cuatro y veinte.
   c. Vamos a las ocho, para llegar temprano.

5. **a.** No te preocupes. Paso por tu casa a recogerte a las cinco.
   b. ¿Por qué? ¿No quieres ir al teatro?
   c. No importa. La segunda función empieza tarde.

6. **a.** Lo siento, pero fui al gimnasio y estoy muy cansada.
   b. No puedo porque no sé jugar a eso.
   c. Lo sé. Siempre tengo mucho que estudiar.

ML8-2 La chica más activa del campus. Maribel siempre hace mil actividades los fines de semana. ¡Nadie sabe divertirse como ella! Escucha a Maribel hablar sobre el fin de semana pasado y escribe los verbos en el pretérito que faltan *(are missing)*.

Pues, como siempre, mi fin de semana **(1)** _____ el viernes. El viernes por la

noche, mi compañera de cuarto, Delia, y yo **(2)** _____ una película interesantísi-

ma de misterio. Después, Delia y yo **(3)** _____ ir a comer en mi lugar favorito,

Café Tucán. Delia **(4)** _____ una ensalada caribeña con frutas tropicales y pollo.

Yo (5) _____ mi pasta favorita, linguini con salsa alfredo y camarones.

La verdad, que toda la comida (6) _____ deliciosa. ¡Y hasta nos

(7) _____ postre gratis, cortesía de la casa!

El sábado, me (8) _____ mi ropa de hacer ejercicios y

(9) _____ para el gimnasio a las diez. (10) _____

ejercicios hasta el mediodía. Por la tarde, mi prima Gabi (11) _____ a visitarme

y me (12) _____ de regalo taquillas para el concierto de Ricky Martin. ¡Gabi se

(13) _____ muchísimo esa noche en el concierto! Y yo también, pero no soy tan

fanática de Ricky como ella. Más tarde, nos (14) _____ con Fausto y Tonino en

una discoteca.

El domingo no (15) _____ levantarme muy temprano porque estaba demasia-

do cansada. Pero, por la tarde, Kenia (16) _____ entradas para el festival de

arte contemporáneo en el Museo Central. Y claro, (17) ¡_____ que ir!

(18) _____ un festival fantástico… y un fin de semana fenomenal.

Paso 2

ML8-3 Depende del tiempo. Es conveniente planificar nuestras actividades con anticipación. Pero, no siempre podemos hacer las actividades que planificamos porque el tiempo no ayuda. Mira los dibujos y escucha los planes de cada persona. Después, decide si el tiempo está favorable para hacer la actividad. Completa la frase apropiada con información sobre el tiempo.

MODELO: *(Miras el dibujo:)*

(Escuchas:) Esta tarde es el desfile de Macy's del Día de Acción de Gracias. Quiero llevar a los niños. ¿Ya viste el pronóstico del tiempo? ¿Crees que vamos a poder ir?

(Escribes:) Sí, ____.
No, *hay una tormenta y está lloviendo.*

1. Sí, _____

_____.

No, _____

_____.

2. Sí, _____

_____.

No, _____

_____.

3. Sí, _____

_____.

No, _____

_____.

4. Sí, _____

_____.

No, _____

_____.

ML8-4 ¿Cómo celebraba tu familia? Recuerda tu niñez (*childhood*) y cómo se celebraban en tu casa los días especiales. Escucha las preguntas y escribe tu respuesta personal. Usa el tiempo imperfecto. Puedes usar las ideas en la lista.

MODELO: *(Escuchas:)* ¿Cómo celebraban tú y tus hermanos el Día de las Madres?
(Escribes:) *Hacíamos una tarjeta muy bonita en la escuela; comprábamos flores y llevábamos a mamá a comer en su restaurante favorito.*

ver un desfile	ver fuegos artificiales	reunirse con la familia
comer pavo	jugar al fútbol americano	salir a comer
abrir regalos	encender las velas del candelabro	ir a la sinagoga / la iglesia
tener una fiesta	apagar las velas en el pastel	reunirse con amigos
decorar el árbol	cantar villancicos	regalar dulces o chocolates
llevar disfraz	pedir dulces	regalar flores
dar una tarjeta	mirar un desfile en la tele	hacer un viaje
brindar con champaña	mirar un partido de fútbol americano	acostarme tarde
hacer una gran cena	no hacer nada en particular	no celebrar ese día

1. _____

_____

2. _____

_____

3. _____

_____

4. _____

_____

5. _____

_____

6. _____

_____

7. _____

_____

ML8-5 ¡No todo cambia! ¿Son las cosas muy diferentes ahora de cuando eras más joven? Escucha las mini-conversaciones. Después de oír la pregunta por segunda vez, responde a la pregunta oralmente. Da información para indicar cómo era tu vida antes. Usa el imperfecto.

MODELO: *(Escuchas:)* —¿Tu vida social era muy diferente cuando vivías con tu familia?

—Sí, cuando vivía en casa no podía salir a divertirme durante la semana.

—¿Tu vida social era muy diferente cuando vivías con tu familia?

(Dices:) **Sí, cuando vivía con mis padres, tenía que regresar a casa antes de las once de la noche.**

Paso 3

ML8-6 Un cuento infantil (*children's*) tradicional.

Primera parte: Escucha el popular cuento "Caperucita Roja" (*"Little Red Riding Hood"*). Después, completa cada una de las secciones con información del cuento.

---

1. Información sobre el ambiente (*setting*):

¿Qué tiempo hacía?

_____

¿Cómo era la casa de Caperucita?

_____

---

2. Descripción de los protagonistas y otros personajes:

¿Qué tipo de niña era Caperucita?

_____

¿Cómo era el Lobo?

_____

---

3. Acciones rutinarias o habituales:

¿Qué pasaba cada domingo?

_____

4. Acciones en progreso:

¿Qué hacía la mamá mientras Caperucita jugaba en el patio?

_____

¿Qué hacía Caperucita mientras caminaba por el bosque?

_____

5. Secuencia de la acción principal:

¿Quién apareció de repente en el camino?

_____

¿Qué hizo el Lobo? ¿Atacó y se comió a Caperucita en el bosque?

_____

¿Qué hizo el Lobo cuando llegó a casa de la abuelita?

_____

¿A quién vio Caperucita cuando llegó a casa de su abuelita?

_____

¿Qué hizo Caperucita cuando el Lobo la atacó?

_____

¿Qué pasó al final del cuento? ¿Se comió el Lobo a Caperucita Roja?

_____

Segunda parte: Mira la información que escribiste arriba. Di si el autor usó el pretérito o el imperfecto en las siguientes etapas de su narración. Escribe **P** (pretérito) o **I** (imperfecto) en cada espacio en blanco. Si quieres, puedes escuchar la historia otra vez para verificar los tiempos usados.

_____ **1.** To establish the time, date, and/or place

_____ **2.** To describe the characters and/or the location

_____ **3.** To describe what was customary, habitual, or routine for the characters

_____ **4.** To describe what was going on at the particular moment in time that the story takes place

_____ **5.** To narrate the main actions or events of the story; to tell what happened; to move the story line forward

Nombre _____ Fecha _____

ML8-7 Un suceso en la vida de Ernesto. Ernesto es un atleta que juega con el equipo de fútbol de su universidad. Pero el mes pasado, algo inesperado *(unexpected)* ocurrió en uno de los partidos. Estudia el dibujo y después contesta las preguntas apropiadamente.

1. _____
2. _____
3. _____
4. _____
5. _____
6. _____
7. _____
8. _____
9. _____

Un paso más

La emisora de radio WFIA 103.8 les presenta... "El mundo en tus manos".

Before you listen to the segment, read the instructions to Exercises ML8-8 and ML8-9 below.

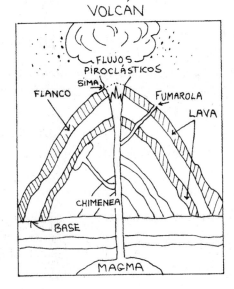

ML8-8 Volcanes alrededor del mundo.

En el programa de hoy se mencionan varios volcanes. ¿En qué lugar queda cada uno de los siguientes volcanes?

_____ 1. Mauna Loa

_____ 2. Stromboli

_____ 3. Hakkoda

_____ 4. Popocatepetl

_____ 5. Arenal

a. México
b. Costa Rica
c. Hawai
d. Italia
e. Japón

ML8-9 La furia de la naturaleza.
Ramiro Laguna narró un ejemplo del impredecible *(unpredictable)* poder que tiene la naturaleza sobre los seres humanos. Después de escuchar la historia, da en español la información que se pide a continuación.

1. ¿Cuál era el estado del volcán Arenal por siglos *(centuries)*?

   _____

2. ¿Cómo vivía la gente a sus alrededores *(surroundings)*?

   _____

3. ¿Qué pensaba la gente del volcán?

   _____

4. ¿Qué pasó en 1968?

   _____

5. ¿Cuáles fueron algunos de los sucesos que siguieron a la erupción inicial?

   _____

6. ¿Cuáles fueron los resultados finales de este evento?

   _____

7. ¿Corre hoy la gente en el área el mismo peligro que corría antes? ¿Por qué?

   _____

Pronunciación

ML8-10 La letra *r*.

* **La letra *r* en medio de la palabra.** When the Spanish **r** is within a word, it is pronounced by lightly tapping the tip of the tongue behind the front teeth. It is very much like the middle sound in the English words *water* and *ladder*. Listen and repeat the words and sentences.

  nevar   concierto   enamorado   primavera   temperatura   imperfecto

  Para celebrar nuestro aniversario vamos a bailar y a divertirnos.
  Ellos quieren ir a escuchar un concierto y pasarlo bien en un bar.

* **La letra *r* al principio de la palabra y la letra *rr*.** The **r** is trilled (pronounced with three or four taps of the tongue) when it is the first letter of a word or when it is written as double **r**.

  recibir   romper   terrible   narrar   terrible   arriba

  Rita viajó a Costa Rica rápidamente para reunirse con Romualdo.
  ¡Ramón me regaló un reloj rojo horrible!

ML8-11 Trabalenguas. Practice the **r** and **rr** sounds with these tongue-twisters.

* Tres tristes tigres toman trigo.   *Three sad tigers eat wheat.*

* Erre con erre cigarro,   R *and* R, *cigar,*
  Erre con erre barril;   R *and* R, *barrel;*
  rápido corren los carros,   *rapidly run the railroad cars,*
  los carros del ferrocarril.   *the cars of the railroad train.*

Capítulo 9

De compras

¡Soy todo oídos!

This listening practice is found on your Lab Audio CD. Before listening to each activity, be sure to read the corresponding instructions in this Manual carefully. You may listen to each selection or pause your CD as many times as you feel necessary.

Paso 1

ML9-1 Un nuevo trabajo. Hortensia finalmente encontró trabajo en una compañía de exportaciones muy importante. Su nueva posición ejecutiva exige *(demands)* un guardarropa *(wardrobe)* más elegante y profesional. Hortensia va de compras a una tienda por departamentos. Escucha las preguntas que les hace a los dependientes y escoge la respuesta más apropiada.

1. **a.** Sí, claro, está en el segundo piso.
   b. No sé. ¿Quiere bajar al primer piso?
   c. Lo siento, no encuentro el departamento de damas.

2. **a.** ¿Qué número de zapato calza Ud.?
   b. ¿Ya la atienden, señora?
   c. Tenemos trajes de falda y chaqueta muy elegantes.

3. **a.** ¡Buena idea! El probador está a la derecha.
   b. Sí, dígame... ¿qué número calza Ud.?
   c. ¿Por qué? Tenemos otro más barato.

4. **a.** Sí, los vaqueros son cómodos y deportivos.
   b. ¡Claro! ¿Qué le parecen estos pantalones cortos?
   c. Estos pantalones de cuadros grises van muy bien.

5. **a.** No se preocupe. Ése está rebajado un 30%.
   b. ¿Por qué? ¿No le gusta la lana?
   c. No importa. La talla más pequeña cuesta menos.

6. **a.** Lo siento, pero las blusas del escaparate no vienen en su talla.
   b. ¿Qué talla lleva y qué colores prefiere?
   c. Comprendo. Las blusas de seda no están rebajadas.

7. **a.** Sí, los tenemos en variedad de tallas y colores.
   b. ¡Pero están rebajados! ¿Por qué no los lleva?
   c. ¿Qué le parecen éstos en tamaño extra-grande?

Nombre _____ Fecha _____

ML9-2 Cada persona tiene su estilo. Hay personas que prefieren la ropa informal y cómoda. A otras les gusta vestir siempre elegantemente. Pero otras varían lo que llevan de acuerdo a la ocasión. ¿Cuál es tu estilo? Escucha las preguntas y las repuestas. Después de oír la pregunta por segunda vez, responde oralmente con información personal. Usa los verbos de la lista.

gustar	**encantar**	**importar**	**parecer**
quedar	**interesar**	**faltar**	

MODELO: (*Escuchas:*) — ¿Te gusta llevar vaqueros a clase?

— Sí, me encantan los vaqueros y los llevo a todas partes: la universidad, el cine, los bares, las reuniones familiares, la iglesia, el teatro…

— ¿Te gusta llevar vaqueros a clase?

(*Dices:*) *Sí, me gusta llevar vaqueros a clase; pero me parece de mal gusto llevar vaqueros para ir a la iglesia o al teatro.*

Paso 2

ML9-3 Nela compra regalitos. Nela está de vacaciones en La Paz, Bolivia. Como todos los turistas, ella compra recuerdos (*souvenirs*) para su familia y amigos. Escucha la conversación de Nela en el mercado.

Primera parte: Marca el regalo que Nela compra para cada persona. Escribe los números 1 a 6.

1. papá   _____ billetera

2. mamá   _____ suéter

3. compañera de cuarto   _____ bolso

4. hermanita   _____ disco compacto

5. novio   _____ brazalete

6. primos   _____ gorros

Segunda parte: Escribe oraciones usando los complementos indirectos **le** o **les** para indicar a quién le compró Nela cada regalo.

MODELO: *Nela **le** compró una blusa bordada* (embroidered) *a su abuelita.*

1. _____
2. _____
3. _____
4. _____
5. _____
6. _____

ML9-4 No puedo recordar. Humberto tiene muy mala memoria. Siempre olvida los nombres de las personas y los objetos. Escucha la explicación que da Humberto y decide a quién o qué está describiendo. Escribe el número enfrente de la palabra en la lista. **¡Ojo!** Humberto no describe todas las palabras de la lista.

MODELO: (*Escuchas:*) 1. Es un accesorio que se lleva cuando hace frío. Se usan para cubrir las manos cuando hace frío. Son de cuero, lana y otros materiales calientes para el invierno.

(*Escribes:*) *1* (enfrente de "guantes")

318 AVENIDAS ◆

acondicionador	champú	farmacéutico	paraguas	suéter
almacén	chef	1 (guantes)	pelota	supermercado
autobús	correo	impermeable	raqueta	traje de baño
avión	dentista	mesero	restaurante	vendedor

Paso 3

ML9-5 ¿Dónde está Carmen? Carmen está de compras. Escucha sus conversaciones con los dependientes de diferentes tiendas y decide dónde está Carmen. Después, enumera las tiendas de acuerdo al orden en que Carmen las visitó.

_____ papelería

_____ almacén o tienda por departamentos

_____ supermercado

_____ farmacia

__1__ tienda de electrónica

_____ mercado de artesanía

ML9-6 Haciendo las maletas. Abel y su esposa Zoila salen de vacaciones para Sudamérica mañana por la tarde. Zoila hizo las maletas *(packed the bags)* y Abel le pregunta constantemente qué puso, para asegurarse de que no han olvidado nada. ¿Cómo contesta Zoila las preguntas de Abel? Mira el dibujo y escribe las respuestas de Zoila usando los complementos directos **lo, la, los** o **las. ¡Ojo!** Zoila olvidó poner algunas cosas.

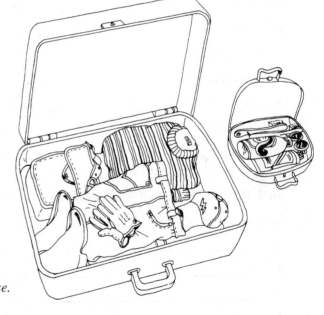

MODELO: *(Escuchas:)* ¿Zoila, ya pusiste mis botas en la maleta?
        (Escribes:) Sí, ya **las** puse.
        o: No, todavía no **las** puse.

1. _____

2. _____

3. _____

4. _____

5. _____

6. _____

7. _____

8. _____

ML9-7 ¡A Emilio le encanta regalar!

Emilio se ganó la lotería e inmediatamente pensó en comprarle regalos a su familia. ¿Qué le regaló a cada persona? Escucha las preguntas y escribe la respuesta correcta según el dibujo. Usa dos complementos.

MODELO: *(Escuchas:)* ¿A quién le regaló Emilio el coche deportivo?

(Escribes:) *Se lo regaló a su sobrina.*

1. Emilio _____ compró a su hijo.

2. _____ compró a su esposa.

3. _____ regaló a su suegra.

4. _____ compró a _____.

5. No, _____ compró a _____.

6. _____ regaló a _____.

Un paso más

La emisora de radio WFIA 103.8 les presenta... "El mundo en tus manos".

Before you listen to the segment, read the instructions to Exercises ML9-8 and ML9-9 below.

ML9-8 ¿Cierto o falso?
Después de escuchar el programa sobre los tejidos bolivianos, decide si la siguiente información es cierta (C) o falsa (F)?

TEJIDO BOLIVIANO

ALPACAS

INDÍGENA QUECHUA TEJIENDO

_____ 1. Los bolivianos inventaron su técnica de tejidos recientemente.

_____ 2. La lana de la alpaca se usa para muchos tipos de tejidos y en la confección de artículos de ropa.

_____ **3.** Los tejidos bolivianos hoy son creados principalmente por indígenas aymará y quechua que viven en el país.

_____ **4.** Es necesario viajar a otros países para encontrar las alpacas que se necesitan para hacer los tejidos de lana bolivianos.

_____ **5.** No todas las alpacas son de color café.

_____ **6.** Los estampados más tradicionales son de cuadros y flores de colores brillantes.

_____ **7.** Hoy los indígenas crean estos tejidos principalmente para la exportación y venta en el extranjero.

ML9-9 Las prendas de vestir. Hoy en día se hacen variadas prendas de vestir siguiendo las técnicas tradicionales de tejido boliviano en combinación con métodos de producción modernos y estilos al gusto de la moda internacional. Según el programa de hoy, ¿cómo llaman los bolivianos a los siguientes artículos? Usa las palabras de la lista.

chaleco   chalina   gorro   manta   chompa

Pronunciación

Los dialectos en el mundo hispano

You are probably aware that there are different speech patterns or dialects in the English-speaking world. They include many varieties of English that are spoken in Britain and in some of the Caribbean islands, as well as in different parts of the United States. Distinctive speech patterns also exist in the Spanish-speaking world. Although you will speak only one Spanish dialect, it is important that you learn to understand all of them. You may already be familiar with some of these dialectal differences. Here are some of the most distinguishing sounds.

A. In some areas, the **y** in words like **yo** and the **ll** in words like **llano** are pronounced somewhat like the *j* in the English word *Joe* or the *z* in *Zsa Zsa*.

B. In other countries, there is a marked difference in the intonation (the pitch pattern), and there is a tendency to lengthen the **s** sound. This "long **s**" is also pronounced when the letter **c** is followed by an **e** or **i**.

C. In most of one country (Spain), the letters **z** and **c** when followed by an **e** or **i** are pronounced like the *th* in English *thin*.

D. In some regions, the **s** is dropped and an "h" sound may be heard in the middle or sometimes at the end of words, as in **buscan** [búhkan].

ML9-10 Los dialectos. Listen as four native speakers introduce themselves. Match each speaker to one of the distinguishing sounds described above.

1. _____   2. _____   3. _____   4. _____

ML9-11 Los países. Now, listen to each one again and check your answers, since each speaker has added his or her nationality at the end of his or her presentation. In which country is each of these distinguishing sounds prevalent?

1. _____   3. _____

2. _____   4. _____

¡Así es la vida!

¡Soy todo oídos!

This listening practice is found on your Lab Audio CD. Before listening to each activity, be sure to read the corresponding instructions in this Manual carefully. You may listen to each selection or pause your CD as many times as you feel necessary.

Paso 1

ML10-1 El profesor Flaco. El profesor Flaco a veces no se siente bien. Mira los dibujos y escucha cómo se siente hoy. En el círculo escribe el número en el dibujo que corresponde a sus malestares.

ML10-2 Mami, la mejor consejera del mundo. ¿No es tu mamá tu mejor doctor, psiquiatra y ministro? Es increíble que una madre pueda aconsejar en caso de todo tipo de malestar físico, problema emocional o crisis espiritual. Escucha los problemas de estos hijos y escoge el consejo más apropiado que les da su sabia *(wise)* madre.

1. **a.** Necesitas alimentarte mejor y hacer ejercicios.
   b. Deberías comer más chocolate.
   c. Que te mejores pronto, mi hija.

2. **a.** Deberías tomar todas tus clases por la mañana.
   b. Te aconsejo que dejes de fumar.
   c. ¿Por qué no te tomas unas vacaciones?

3. **a.** Te recomiendo que empieces a estudiar más.
   b. Deberías tomar cursos más fáciles.
   c. Te sugiero que te tomes unos días libres.

4. **a.** Te recomiendo que le pidas ayuda al profesor de historia.
   b. Te aconsejo que nunca invites a salir a una chica que estudia historia.
   c. ¿Por qué no la llamas con alguna pregunta sobre la clase?

5. **a.** Deberías ir al gimnasio.
   b. Te sugiero que trabajes menos horas.
   c. Lo sé. Siempre tienes muchos exámenes los domingos.

6. **a.** No te preocupes. Tus compañeros saben que tú eres un buen chico.
   b. ¿Por qué no te diviertes y bebes cerveza tú también?
   c. Te aconsejo que busques nuevos compañeros o un nuevo apartamento.

7. **a.** ¡Te prohíbo que salgas con ese chico! No es un buen hombre.
   b. Te sugiero que te cases con él si lo amas tanto.
   c. ¡Deberías reportarlo al decano de la universidad!

ML10-3 ¿Y si tú fueras (were) padre? Algún día, quizás, tú te encontrarás *(you will find your-self)* en la situación de darles consejos a tus propios hijos. Escucha los problemas de tus hijos adolescentes. Después, pulsa el botón de "pausa" mientras escribes tu respuesta. Combina una frase de cada cuadro para escribir el consejo más apropiado para cada situación. Nota el uso del subjuntivo en la cláusula subordinada.

MODELO: *(Escuchas:)* Quiero ir a una universidad en Australia.
   (Escribes:) **¡Te prohíbo que** escojas una universidad tan lejos!

EXPRESIONES DE INFLUENCIA		CLÁUSULAS CON CONSEJOS
Te prohíbo que...	*Te recomiendo que...*	...escojas una universidad tan lejos.
Te sugiero que...	*Te aconsejo que...*	...sean inteligentes y esperen unos años más.
Es mejor que...	*Es preferible que...*	...busques un trabajo antes de mudarte.
Quiero que...	*Es necesario que...*	...dejes tus estudios. ¡Ni lo pienses!
Te pido que...	*Es importante que...*	...sepas todos los efectos peligrosos de ese tipo de anfetaminas.
Prefiero que ...		...vayas a un médico o un psicólogo inmediatamente.
		...estudies leyes. Es una carrera muy lucrativa.

1. _____
2. _____
3. _____
4. _____
5. _____
6. _____

Paso 2

ML10-4 ¿Qué sientes tú? Diferentes personas reaccionan de manera diferente ante una noticia. Escucha las mini-conversaciones. Después de oír la noticia por segunda vez, responde oralmente de acuerdo a tus propias emociones. **¡Ojo!** Tienes que usar el subjuntivo en la cláusula subordinada. Usa emociones de la lista.

Siento mucho que...	**Estoy preocupado(a) de que...**
Estoy contento(a) de que...	**Es triste que...**
Es una lástima que...	**(No) Me gusta que...**
Ojalá que...	**(No) Me molesta que...**
Estoy feliz de que...	**(No) Me sorprende que...**
Tengo miedo de que...	**(No) Es bueno que...**

MODELO: *(Escuchas:)* —¿Ya te dijeron tus padres que van a vender la casa porque es demasiado grande para ellos dos? Piensan comprar un pequeño apartamento de una habitación en la playa.

—Me enfada que vendan la casa. ¡Ahora no tengo adónde ir durante mis vacaciones!

—¿Ya te dijeron tus padres que van a vender la casa porque es demasiado grande para ellos dos? Piensan comprar un pequeño apartamento de una habitación en la playa.

(Dices:) *Me sorprende que vendan la casa. ¡Viven en esa casa desde 1975!*

ML10-5 ¡Estoy harta! (I'm fed up!) Yasmín tiene demasiado estrés en su vida. En casa, la universidad, el trabajo... todo el mundo exige *(demands)* el máximo de ella. Escucha a Yasmín hablar con su psicólogo sobre su atareada *(busy)* vida. Completa las oraciones con los verbos en el presente del subjuntivo.

¡Ay, doctor! ¡Estoy harta! Mis padres están orgullosos de que yo **(1)** _____ _____

tan buena estudiante, pero quieren que yo **(2)** _____ sacando las mejores notas

de la clase, aún ahora que trabajo en una compañía de exportación en el centro. Me molesta que

(3) _____ que tengo suficiente *(enough)* tiempo para estudiar. Necesito que

(4) _____ orgullosos de mí siempre, con notas buenas o mediocres.

¿Y en la universidad? Pues... a veces parece que los profesores no quieren que los estudiantes

(5) _____. ¡Dan horas y horas de tarea cada noche! A los profesores les interesa

que sus estudiantes **(6)** _____ bien el material pero no les importa que

(7) _____ a las tres de la mañana estudiando.

Y, también tengo un trabajo... Tengo miedo de que me **(8)** _____ *(fire)*.

Mi jefe dice que es una lástima que no **(9)** _____ conmigo todo el día. Dice

que mis estudios en la universidad interfieren con mis obligaciones. A veces me pide que

(10) _____ a la oficina después de mis clases por la tarde. Es bueno que me

(11) _____ en la oficina todo el día, pero ¿cuándo voy a estudiar?

¡No puedo más, doctor! ¡Creo que voy a explotar como una bomba de tiempo en cualquier

momento! Es urgente que Ud. **(12)** _____ una solución para mis problemas.

Paso 3

ML10-6 Opiniones personales. Escucha la siguiente información y reacciona de manera personal. Usa las expresiones de certeza si estás de acuerdo y no dudas la información; pero, si tienes dudas, usa una expresión de la otra lista.

MODELO: *(Escuchas:)* En los EE.UU. debemos elegir a una mujer como presidente.
(Dices:) **Creo que** *debemos elegir a una mujer como presidente.*
o:
No estoy seguro de que *debamos elegir a una mujer como presidente.*

EXPRESIONES DE CERTEZA		EXPRESIONES DE PROBABILIDAD, DUDA Y NEGACIÓN	
Sé que...	*Es seguro que...*	*Dudo que...*	*No es cierto que...*
Creo que...	*Es verdad que...*	*No creo que...*	*No es verdad que...*
Pienso que...	*Es cierto que...*	*No pienso que...*	*Es (im)posible que...*
Me parece que...	*Es evidente que...*	*No estoy seguro de que...*	*(No) Es probable que...*
Estoy seguro de que...			

ML10-7 ¿Qué crees tú? Mira el dibujo y escucha las descripciones. Después, decide si estás de acuerdo o si dudas la información. Escoge la frase correspondiente a tu opinión y complétala con la forma correcta del verbo entre paréntesis. **¡Ojo!** Recuerda las reglas sobre el uso del indicativo o del subjuntivo en estos casos.

1. Estoy seguro de que Arnulfo (sacar) _____

No estoy seguro de que Arnulfo (sacar) _____

2. Es evidente que Octavio no (sentirse) _____.

    Dudo que que Octavio no (sentirse) _____.

3. Es verdad que Néstor (dormir) _____.

    No es verdad que Néstor (dormir) _____.

4. Es seguro que Mercedes (estudiar) _____.

    No es seguro que Mercedes (estudiar) _____.

5. Pienso que Cari (entender) _____.

    No pienso que Cari (entender) _____.

6. Es cierto que Héctor (preferir) _____.

    Es probable que Héctor (preferir) _____.

7. Pienso que Zoila (divertirse) _____.

    No pienso que Zoila (divertirse) _____.

8. Sé que Leila (querer) _____.

    Es imposible que Leila (querer) _____.

Un paso más

La emisora de radio WFIA 103.8 les presenta...
"El mundo en tus manos".

Before you listen to the segment, read the instructions to Exercises ML10-8 and ML10-9 that follow.

MOAI

TATUAJES

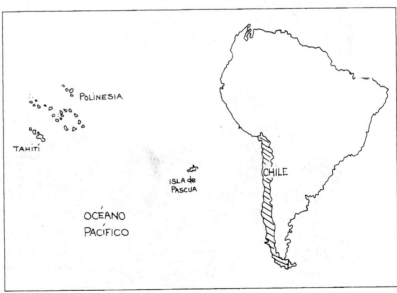

POLINESIA

TAHITÍ

ISLA de PASCUA

CHILE

OCÉANO PACÍFICO

ML10-8 La isla de Pascua (Easter Island). En el programa de hoy, Chico les hace preguntas a su radioyentes sobre Rapa Nui, la isla de Pascua. ¡Participa tú también! Escucha sus preguntas con cuidado y escribe la respuesta correcta.

1. La lengua de la isla es _____.

2. Los indígenas de la isla son _____.

3. Los moai en la isla fueron construidos por _____.

4. Los países más cercanos son _____.

5. La expresión artística de los indígenas es _____.

6. El Parque Nacional Rapa Nui fue creado para proteger y conservar _____

_____.

ML10-9 ¿Lo crees o lo dudas? Después de escuchar el programa, expresa tu opinión sobre la siguiente información. Usa algunas de las frases de la lista.

EXPRESIONES DE CERTEZA (SEGUIDAS [FOLLOWED] DEL INDICATIVO)	EXPRESIONES DE PROBABILIDAD, DUDA Y NEGACIÓN (SEGUIDAS DEL SUBJUNTIVO)
Creo que... *Pienso que...* *Estoy seguro de que...* *Es seguro que...* *Es verdad que...* *Es cierto que...*	*Dudo que...* *No creo que...* *No estoy seguro de que...* *No es verdad que...* *Es (im)posible que...* *(No) Es probable que...*

1. Rapa Nui es una isla en el medio del océano Pacífico sur, a unos 3.800 km de la costa de Chile y a 4.000 km de Tahití.

2. La isla de Pascua es territorio de Chile.

3. En la isla Rapa Nui se habla el quechua.

4. Los aztecas viven en partes de Chile.

5. Los moai en la isla son de construcción extraterrestre.

6. Los chilenos viajan a Rapa Nui en coche.

7. Es muy importante proteger y conservar las reliquias arqueológicas y monumentos de la isla.

Pronunciación: Repaso del énfasis

ML10-10 Los verbos y el énfasis. In both English and Spanish, it is important to pronounce words with stress on the correct syllable. A change in stress may change the meaning of a word, as in the following examples in English:

Stress on first syllable:

desert (noun: *hot, arid place*)
present (noun: *gift*)

Stress on second syllable:

desert (verb: *to abandon*)
present (verb: *to introduce*)

- Stress plays a very important role in Spanish; for example, it may change the tense of a verb. A written accent will often indicate the difference in stress. In the following sentences, for example, the first verb is in the present tense, while the second is in the preterite.

  Trabajo mucho. *(I work hard.)*   Trabajó mucho. *(He worked hard.)*

Listen for the stress in the verb in the following sentences. Repeat each sentence. Then write each verb in the appropriate column to indicate which ones are in the present tense and which ones are in the past.

Presente   **Pasado**

1. _____   _____

2. _____   _____

3. _____   _____

4. _____   _____

- A change in stress may also indicate that the subject of a verb is a different person. In Spanish, the subject of a sentence is often understood from the form of the verb.

Listen for the stress in the verb in the following sentences. Repeat each sentence. Then write each verb in the appropriate column to indicate whether the subject is the first (**yo**) or the third (**él, ella**) person.

Yo   **Él/Ella**

5. _____   _____

6. _____   _____

7. _____   _____

8. _____   _____

ML10-11 Los acentos y el énfasis. You have seen how important it is to write and pronounce Spanish words with the correct stress.

- It is easy to stress the correct syllable when the word has a written accent mark. Pronounce the following words, placing the stress on the syllable with the accent. Then listen to the correct pronunciation on your CD.

energía	ilustración	emoción	bebé
trabajó	está	toqué	tomarás

- But when you encounter Spanish words without a written accent, you need to remember the stress rules you learned in *Capítulo 2.*

1. Words that end in a consonant other than **n** or **s** are stressed on the last syllable.

2. Words that end in a vowel or **n** or **s** have the stress on the next-to-the-last syllable.

Now pronounce the following words and sentences, placing the stress on the appropriate syllable according to the rules above. Then listen to the correct pronunciation on your CD.

trabajo	toque	tomaras	divorcio	bebe	papa

Trabajo en la misma compañía en que trabajó mi papá.

La papa es un elemento principal de la dieta boliviana.

¡Este bebé bebe mucha leche!

¿Se divorció Petra? ¡El divorcio es algo muy doloroso!

Capítulo 11

¡A trabajar!

¡Soy todo oídos!

This listening practice is found on your Lab Audio CD. Before listening to each activity, be sure to read the corresponding instructions in this Manual carefully. You may listen to each selection or pause your CD as many times as you feel necessary.

Paso I

ML11-1 La familia Brens. Altagracia Brens es una chica dominicana que estudia su carrera en los EE.UU. Escucha sus descripciones de lo que hacen los diferentes miembros de su familia y después identifica la profesión u ocupación de cada persona.

1. **a.** Altagracia quiere ser obrera.
    b. Altagracia va a ser una mujer de negocios.
    c. Altagracia espera ser periodista.

2. **a.** Su papá es doctor.
    b. Su papá es farmacéutico.
    c. Su papá es veterinario.

3. **a.** Su mamá es cocinera.
    b. Su mamá es ama de casa.
    c. Su mamá está jubilada.

4. **a.** Don Andrés es agricultor.
    b. Don Andrés es mecánico.
    c. Don Andrés es trabajador social.

5. **a.** Luis Brens es abogado.
    b. Luis Brens es arquitecto.
    c. Luis Brens es agente de bienes raíces.

6. **a.** Venecia Brens es representante de ventas.
    b. Venecia Brens es directora de personal.
    c. Venecia Brens es diplomática.

7. **a.** África Brens es periodista.
    b. África Brens es secretaria.
    c. África Brens es escritora.

8. **a.** El primo Gilberto es bailarín de salsa.
    b. El primo Gilberto está desempleado.
    c. El primo Gilberto es músico y compositor.

ML11-2 ¿Pasado, presente o futuro? Escucha a estas personas hablar sobre sus profesiones. Presta particular atención a las cláusulas adverbiales porque indican cuándo tuvo lugar la acción. Puedes pausar tu disco compacto cuando te sea necesario.

Primera parte: Completa las oraciones con la cláusula adverbial que escuchaste. ¡Ojo! El verbo de la cláusula puede estar en el indicativo (presente, pretérito o imperfecto) o en el presente del subjuntivo.

1. El Dr. Tavarez abrió una oficina después de que _____.

2. Lola sale para su casa tan pronto como _____.

3. La Sra. Márquez siempre se queda en su escuela hasta que_____.

4. Gabriel ganaba mucho menos dinero cuando _____.

5. Nora Prieto quiere buscar un trabajo de programadora tan pronto como_____.

6. Bernardo Vives piensa trabajar en la Bolsa de Valores en cuanto _____.

Segunda parte: Fíjate en las cláusulas adverbiales que escribiste arriba. Marca en el cuadro si la acción ocurrió en el pasado, si ocurre regularmente en el presente o si ocurrirá en el futuro.

	Pasado	Presente	Futuro
1. El Dr. Tavarez abrió una oficina...			
2. Lola sale del trabajo para su casa...			
3. La Sra. Márquez se queda en la escuela...			
4. Gabriel ganaba menos dinero...			
5. Nora quiere trabajar de programadora...			
6. Bernardo quiere un trabajo en la Bolsa de Valores...			

ML11-3 Y tú, ¿qué dices? Escucha los mini-diálogos sobre las ocupaciones y profesiones de diferentes personas. Después, contesta la pregunta oralmente con información personal. ¡Ojo! Presta particular atención a las cláusulas adverbiales porque indican cuándo tuvo, tiene o tendrá lugar la acción. El verbo de la cláusula puede estar en el indicativo (presente, pretérito o imperfecto) o en el presente del subjuntivo. Introduce tus cláusulas adverbiales con conjunciones de la lista.

MODELO: *(Escuchas:)* — ¿Cuándo empezaste la universidad?
— Empecé la universidad tan pronto como terminé la secundaria.
— ¿Cuándo empezaste la universidad?
(Dices:) *Empecé la universidad en cuanto terminé la secundaria.*

antes de que *before*
después de que *after*
cuando *when*
tan pronto como *as soon as*

en cuanto *as soon as*
mientras *while, as long as*
hasta que *until*

Paso 2

ML11-4 ¿Cuál es el mejor trabajo? Estudia los dibujos para ver qué profesión representa cada uno. Escucha lo que dice cada persona sobre sus intereses, talentos y habilidades. Pon el nombre de la persona ideal para cada puesto debajo de cada dibujo.

1. _____

2. _____

3. _____

4. _____

5. _____   6. _____

ML11-5 ¿Qué tipo de trabajo buscan? Escucha lo que dice cada persona y decide qué tipo de trabajo prefiere. Escoge la frase más apropiada y, con una oración completa, indica la preferencia de cada persona.

MODELO: *(Escuchas:)* Estudié leyes porque quiero ser abogado y ganar mucho dinero.
       (Lees:) ...que me dé la oportunidad de practicar mi español.
       ...que sea fácil y no requiera experiencia.
       ...que pague muy bien.
   (Escribes:) *Quiere un trabajo que pague muy bien.*

1. ...que me ofrezca la oportunidad de conocer a muchas personas.
   ...que sea fácil y no requiera experiencia.
   ...que me dé la oportunidad de practicar mi español.

_____

2. ...que tenga un horario flexible y conveniente.
   ...que pague muy bien.
   ...que ofrezca oportunidades de ascenso.

_____

3. ...que ofrezca oportunidades de ascenso.
   ...que me permita desarrollar mis habilidades.
   ...que me permita viajar y conocer diferentes países.

_____

4. ...que me permita trabajar independientemente.
   ...que sea fácil y no requiera experiencia.
   ...que me dé la oportunidad de practicar mi español.

_____

5. ...que tenga un horario flexible y conveniente.
...que pague muy bien.
...que ofrezca oportunidades de ascenso.

_____

6. ...que me permita contribuir activamente a la sociedad.
...que me permita trabajar independientemente.
...que me ofrezca la oportunidad de conocer a muchas personas.

_____

7. ...que me permita contribuir activamente a la sociedad.
...que me permita viajar y conocer diferentes países.
...que me permita trabajar independientemente.

_____

8. ...que pague muy bien.
...que sea fácil y no requiera experiencia.
...que me permita desarrollar mis habilidades.

_____

Paso 3

ML11-6 En una entrevista. Estás buscando trabajo. El Sr. Márquez desea entrevistarte como candidato para un puesto. Escucha las preguntas que te hace el Sr. Márquez en la entrevista. Contesta con información personal sobre tus cualificaciones, estudios, experiencias y aspiraciones. Presta atención especial al tiempo verbal de la pregunta, pues eso te ayudará a formular una repuesta gramaticalmente correcta.

ML11-7 ¡Hasta aquí llegamos! (This is it!) Eulalia es la empleada más eficiente de la compañía; pero su jefe, un machista chauvinista, no le quiere dar oportunidad de ascenso (dice que ella no es "material ejecutivo"). Eulalia perdió la paciencia y le dice al jefe todas las cosas que ella ha hecho por la compañía, por las cuales se merece (she deserves) una posición ejecutiva. Escucha su discurso y complétalo con los verbos que faltan en el presente perfecto.

¡Es increíble que Ud. insista en que yo no tengo cualificaciones para un puesto ejecutivo!

(1) _____ en esta compañía por más de ocho años. En todos esos años

(2) _____ miles de memos, cartas, documentos y contratos. Tambien

(3) _____ miles de llamadas a clientes. Y...dígame Ud. sinceramente... en

esos ocho años... ¿Alguna vez **(4)** _____ Ud. quejas de algún cliente? ¡No!

¡Claro que no! ¡Por supuesto que no! Porque con todos **(5)** _____ absoluta-

mente profesional y eficiente. ¿Podría contar Ud. las excelentes decisiones tomadas por mí bajo pre-

sión y los cientos de problemas que yo le **(6)** _____ a esta compañía? Como

cuando Ud. estaba de vacaciones en Hawai y su cliente de Alaska no había recibido su cheque... ¡Yo

le mandé el dinero de mi propia cuenta de banco!

¡Y hasta (7) _____ mentiras por Ud.! Como cuando Ud. estaba de vacaciones en Aruba y su esposa quería hablar con Ud. ¡Yo le dije que estaba en una reunión importante de negocios! Por ocho años (8) _____ a esta empresa incondicionalmente y ni siquiera (9) _____ un aumento o unas vacaciones. Hace tres años, cuando se fue el Gerente General, Ud. me prometió un ascenso, pero Ud. (10) _____ esa promesa una y otra vez. Cada vez que hay un puesto ejecutivo, Ud. prefiere darle la oportunidad a un hombre. Nunca (11) _____ a alguien tan machista e injusto como Ud. Esto se llama discriminación. ¡¿Dice que no soy "material ejecutivo"?! ¡Ya veremos! Ya me (12) _____ un abogado. ¡Y ella también es mujer! ¡Nos vemos en la corte!

Un paso más

La emisora de radio WFIA 103.8 les presenta... "El mundo en tus manos".

Before you listen to the segment, read the instructions to Exercises ML11-8, ML11-9, and ML11-10 below.

ML11-8 Algunos datos básicos. Ya llevas meses estudiando la cultura hispana y debes conocer alguna información esencial sobre los hispanos en los EE.UU. Chico te recuerda hoy algunos de esos datos. Contesta las preguntas con la información correcta.

1. ¿Cuándo se celebra el mes de la hispanidad?

   _____

2. ¿Cuáles son los cinco países (en orden descendente) con mayor número de hispanohablantes?

   _____

3. ¿Cuántos millones de hispanohablantes hay en los EE.UU.?

   _____

4. ¿Cuáles son algunas ciudades en los EE.UU. en que se nota una evidente influencia hispana?

   _____

5. ¿Cómo se llama la "bomba" artística que Puerto Rico exportó a los EE.UU.?

   _____

6. ¿Cuáles son algunos nombres latinos famosos en Hollywood y en todo el país?

   _____

7. ¿Quiénes son algunas conocidas estrellas de los deportes?

   _____

8. ¿Qué nombres hispanos se destacan en el mundo de la música?

   _____

ML11-9 La profesión de cada quien. Chico habla con orgullo de una serie de hispanos en los EE.UU. que han hecho importantes contribuciones en diferentes áreas. Ahora, relaciona el nombre de cada persona con su profesión u ocupación.

_____ **1.** Ellen Ochoa

_____ **2.** Roberto Goizueta

_____ **3.** Óscar de la Renta

_____ **4.** Severo Ochoa

_____ **5.** Chico Valdés

a. científico, ganador del Premio Nóbel

b. diseñador

c. hombre de negocios

d. ¡¿primer presidente hispano de los EE.UU.?!

e. astronauta

ML11-10 Dos hispanos admirados. Ahora completa las cortas biografías con información específica sobre estos dos hispanos tan admirados por Chico Valdés.

Nydia M. Velázquez

Herencia:

Profesión:

Logros (Accomplishments):

Óscar Hijuelos

Herencia:

Profesión:

Logros (Accomplishments):

Pronunciación: Repaso general

ML11-11 El español en los EE.UU. Now that you have refined your pronunciation of Spanish vowels and consonants, you may begin to give an authentic crisp, clear Spanish sound to many names of places and objects that are of Spanish origin. Read the words; then listen as they are correctly pronounced and repeat each one in your best Spanish accent. To avoid interference from the English sound system, remember that the English *schwa* (ə) sound does not exist in Spanish. The *schwa* causes unstressed vowels to become lazy (like the *a* in the English *sofa* instead of the pure **a** in the Spanish **sofá**).

Florida	Colorado	Amarillo	Sierra Nevada	Nuevo México
San Antonio	Las Vegas	Los Ángeles	Cabo Cañaveral	San Agustín
rodeo	siesta	adobe	estampida	patio

ML11-12 La poesía. Reading a poem is different from reading prose. In a poem, the emotions, rhyme, and rhythm are as important as the words themselves. You have to see the images, hear the music, feel the textures the poet painted with his/her words. Poetry is meant to be read out loud. The following verses are from the Cuban poet, politician, and national hero of independence, José Martí. They have become a popular symbol of Cuban spirit and folk culture since they were set to music in the 1960s. Listen and repeat the stanzas (**estrofas**) as they are read, and then sing along with the song "Guantanamera."

Versos sencillos

Yo soy un hombre sincero
de donde crece la palma
y antes de morirme quiero
echar mis versos del alma.

I am a sincere man
from the land where the palm tree grows,
and before I die, I must share
these verses I carry in my heart.

Mi verso es de un verde claro
y de un carmín encendido.
Mi verso es un ciervo herido
que busca en el monte amparo.

My verse is a light green
and a burning crimson red.
My verse is a wounded deer
seeking shelter in the forest.

Cultivo una rosa blanca,
en julio como en enero,
para el amigo sincero
que me da su mano franca.

I grow this white rose,
January through July,
for that sincere friend who
shakes my hand with frankness.

Y para el cruel que me arranca
el corazón con que vivo,
cardo ni ortiga cultivo;
cultivo una rosa blanca.

And for the cruel fiend who rips
the heart that gives me life,
neither thistle nor nettle,
but a white rose I grow.

Capítulo **12**

¡Vamos a España!

¡Soy todo oídos!

This listening practice is found on your Lab Audio CD. Before listening to each activity, be sure to read the corresponding instructions in this Manual carefully. You may listen to each selection or pause your CD as many times as you feel necessary.

Paso I

ML12-1 ¿Qué te dijeron? Llamaste a la Universidad de Valladolid en España para averiguar información sobre los cursos para estudiantes extranjeros. Una señorita muy amable respondió a todas tus preguntas. Escoge la respuesta que corresponde a la información que te dio.

1. La Universidad de Valladolid fue fundada en _____.
   a. el año 1700
   b. el siglo diecinueve
   c. 1293

2. El número de alumnos que asiste al campus en Valladolid es _____.
   a. 40.000
   b. 27.000
   c. 11.000

3. El campus más pequeño es el de Segovia. ¿Qué porcentaje de estudiantes asiste? _____.
   a. el 2 por ciento
   b. 200
   c. el 10 por ciento

4. ¿Cuántos estudiantes estudian Ciencias Sociales y Jurídicas (Derecho)? _____.
   a. el 63 por ciento
   b. 1.600
   c. 1.100

5. El año en que empezaron los cursos de lengua, cultura e historia para estudiantes internacionales es _____.
   a. 1949
   b. 1700
   c. 325 por año

6. La duración del curso regular de Lengua y Cultura Española es ____.

   a. del 10/2 al 12/5

   b. del 10/10 al 15/12

   c. de enero a mayo

7. Los Cursos Internacionales de cuatro semanas comienzan ____.

   a. el 29/05

   b. el 5/29

   c. de enero a mayo

8. El curso superintensivo es más caro porque ____.

   a. cuesta 68.000 pesetas por cuatro semanas

   b. se imparte 30 horas a la semana

   c. ofrece semanas adicionales por 115 euros

ML12-2 Di lo que piensas. Escucha los mini-diálogos sobre los planes de estudio en España de unos estudiantes norteamericanos. Después, contesta las preguntas oralmente con tus preferencias y opiniones en cuanto a cursos y alojamientos, y tus planes de viaje personales.

Paso 2

ML12-3 ¡Qué modales! Algunos jóvenes no tienen los mejores modales del mundo. Escucha los mini-diálogos y decide si Jimmy actúa apropiadamente en cada una de las situaciones. ¿Apruebas sus modales? Marca tu opinión en la columna apropiada y explica por qué Jimmy tiene buenos o malos modales en cada situación.

1. ☺ ☹ Porque _____.

2. ☺ ☹ Porque _____.

3. ☺ ☹ Porque _____.

4. ☺ ☹ Porque _____.

5. ☺ ☹ Porque _____.

6. ☺ ☹ Porque _____.

ML12-4 ¿Qué quiere Lourdes? Luli está en un restaurante madrileño y le pide varias cosas al camarero. Completa su conversación con los mandatos formales que escuches.

   LULI: Buenas tardes, **(1)** _____ una ensalada césar con una botella de

   agua mineral, por favor.

CAMARERO: Enseguida, señorita. ¿Desea algo más?

   LULI: Ah sí, no le **(2)** _____ mucho aderezo a la ensalada, porque estoy

   a dieta.

CAMARERO: ¿Eso es todo?

LULI: No, (3) _____ el agua en un vaso con hielo. No me gusta beber de

la botella.

CAMARERO: Bien, señorita. Regreso enseguida.

LULI: No, (4) _____ un momento, no se (5) _____,

creo que cambié de opinión. Tengo ganas de comer una tortilla española. Y

(6) _____ una copa de vino tinto.

CAMARERO: ¡Pero no dijo que está a dieta! Mejor (7) _____ la ensalada y

(8) _____ el agua, señorita.

LULI: ¡No (9) _____ metiche! No me (10) _____

lo que tengo que comer.

CAMARERO: Lo siento mucho. Por favor, (11) _____. Sólo quería ayudarla. Mil

perdones.

LULI: No, no. (12) _____, Ud. ¡Esta dieta me tiene de un humor de

perros! No (13) _____ la orden. Me quedo con la ensalada y el

agua.

CAMARERO: Se lo traigo todo de inmediato para que no pase mucha hambre.

ML12-5 ¿Indicativo o subjuntivo? Rafi está planificando su viaje a España y pensando en cómo será esta nueva experiencia. Escucha los segmentos de sus oraciones incompletas y lee la información escrita abajo. Durante la pausa, escoge la forma correcta del verbo, el presente del indicativo o el presente del subjuntivo. Después de la pausa, escucharás la oración completa que Rafi dice para verificar tu respuesta.

MODELO: *(Escuchas:)* Mi mamá quiere que yo…
   (Lees:) (visita, visite) el Museo del Prado en Madrid.
   (Escoges:) (visita, (visite))
   (Escuchas:) Mi mamá quiere que yo visite el Museo del Prado en Madrid.

1. (voy, vaya) a conocer a mucha gente amable.

2. (son, sean) un poco diferentes a las de España.

3. (tiene, tenga) muchos estudiantes extranjeros.

4. (están, estén) de acuerdo conmigo.

5. (gusta, guste) mucho quedarme en una residencia de estudiantes.

6. (puede, pueda) mandar giros a España en unas pocas horas.

7. (hay, haya) muchos lugares de interés histórico y cultural.

8. (habla, hable) con acento castellano.

Paso 3

ML12-6 Para conocernos mejor. Estás conversando con tu familia anfitriona española y ellos quieren saber un poco más de tu vida en los EE.UU. Responde a sus preguntas con información personal sobre tu familia, tu hogar *(home)* y tu vida.

1. _____

2. _____

3. _____

4. _____

5. _____

6. _____

7. _____

8. _____

ML12-7 Diferentes emociones. Mira el dibujo de la familia Otero y escucha las preguntas sobre lo que siente cada persona en este momento. Después escribe las respuestas con la información dada en la página 343. **¡Ojo!** No olvides que se usa el presente del subjuntivo con los verbos de emoción y los verbos tipo **gustar.**

Tita   Doña Erminia

Don Lucas   Javi   abuela   Federiquito

1. abuela / contar historias de su niñez

_____

2. nadie / interrumpir / para leer en silencio

_____

3. los niños / no recoger el baño

_____

4. el jugo de naranja / estar muy lejos

_____

5. muchos chicos / llamarla por teléfono

_____

6. Javi / tener interés en sus historias del pasado

_____

7. en la casa / haber dos baños

_____

Un paso más

La emisora de radio WFIA 103.8 les presenta… "El mundo en tus manos".

Before you listen to the segment, read the instructions to Exercises ML12-8, ML12-9, and ML12-10 below.

ML12-8 Algunos consejos. Puri da algunos consejos básicos para sobrevivir en España (o cualquier cultura extranjera). Contesta las preguntas según lo que dijo Puri.

1. ¿Cuál es la regla de oro *(golden rule)* de O-E-P?

_____

2. ¿Cómo podemos evitar *(avoid)* las nociones preconcebidas y los estereotipos?

_____

3. ¿Por qué no debemos tratar de imponer *(to impose)* nuestra cultura y costumbres a las personas de otros países?

_____

4. ¿Cuál es una verdad evidente que es necesario aceptar antes de vivir en otro país?

_____

5. ¿Por qué es recomendable tratar de conocer las costumbres de otras gentes y otras culturas?

_____

ML12-9 ¿Cómo se celebran? Los días feriados a veces se celebran de manera diferente en diferentes partes del mundo, ¿verdad?

Primera parte: Decide qué día de fiesta representan las costumbres de los dibujos. Escribe debajo de cada dibujo el día de fiesta: Semana Santa, El Día del Santo Patrón, Navidad o Noche Vieja. **¡Ojo!** Algunos días de fiesta se celebran con varias costumbres.

1.

HAY CORRIDAS de TOROS

_____

2.

HACEMOS UNA PROCESIÓN POR LAS CALLES

_____

3.

CANTAMOS VILLANCICOS NAVIDEÑOS

_____

4.

CELEBRAMOS LA FERIA PATRONAL

_____

5.

COMEMOS DOCE UVAS

_____

6.

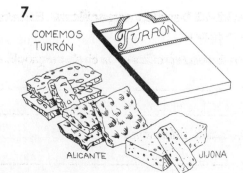

LOS TRES REYES MAGOS
TRAEN REGALOS

_____

7.

COMEMOS
TURRÓN

ALICANTE   JIJONA

_____

Segunda parte: Completa el cuadro comparativo con información del programa de hoy sobre España y después llena la información de las celebraciones en tu pueblo o ciudad.

	España	EE.UU.
Navidad		
Noche Vieja (New Year's Eve)		
Semana Santa (Easter Week)		
Fiestas Patronales (Patron Day Festivities)		

ML12-10 Detalles específicos. Escucha de nuevo el programa de hoy y da la siguiente información.

Dos fiestas específicas y la ciudad española en que se celebran:

1. _____

2. _____

Dos bailes folklóricos:

1. _____

2. _____

Pronunciación: Para conversar con naturalidad

ML12-11 El arte de la conversación. Being a good conversationalist requires a little effort, no matter what language you're conversing in. To keep a conversation going, you need to react, interject comments, show interest in what people say, and encourage them to keep chatting with you. Practice reacting to what people say, paying particular attention to the intonation of each interjection. Use an appropriate phrase to react to each line you hear.

To show agreement:

Es cierto. Ud. (tú) tiene(s) razón.   Estoy de acuerdo.   ¡Ésa es la pura verdad!

To show interest:

¡Ah! ¡Qué interesante!   ¿De veras? No lo sabía.   ¡Mira qué bien!

To show surprise:

¡No me diga(s)!   ¡Qué cosa!   ¡Imagínese/imagínate!

To show understanding:

¡Claro, claro!   Umm… Ya veo.   Sí, comprendo.

ML12-12 El uso del *vosotros*. In *Capítulo 9* you learned about the distinctive speech patterns and dialects that exist in the Spanish-speaking world. If you travel to Spain, it is important that you are familiarized with the distinguishing sounds of Castillian Spanish and the use of **vosotros** (second person plural informal). Repeat each sentence.

1. ¿Es cierto que vosotros sois de los Estados Unidos?
2. ¿Cómo celebráis vosotros el Día de la Independencia?
3. Tenéis razón, chicos, mil ochocientas pesetas es demasiado por esas zapatillas.
4. ¡Vale! Sentáos aquí y os cuento lo que le pasó a Cecilia.